山田邦明

戦国のコミュニケーション

情報と通信

新装版

吉川弘文館

目次

挿図

＊ 図1（下段）・17・18・19・20・48の写真は、東京大学史料編纂所よりご提供いただいた。

プロローグ

天正《てんしょう》十年（一五八二）六月二日の早朝、明智軍の急襲を受け、織田信長は京都本能寺で滅亡するが、変事を告げる早《はや》飛脚《びきゃく》が備中《びっちゅう》高松《たかまつ》城（岡山県岡山市）包囲中の羽柴《はしば》秀吉《ひでよし》のもとに到着したのは、六月三日の亥《い》の刻《こく》（午後十時）だった。急を知った秀吉は、この飛脚を蜂須賀《はちすか》正勝《まさかつ》に預け、書状も隠して人に見せるなと注意し、あとから次々に注進《ちゅうしん》が届くだろうと予想して、道沿いに人を置いて待ち構えた。案の定、異変を伝える飛脚が続々とやってきたので、持っている注進状を取り集め、飛脚には上方《かみがた》に向けて帰るように指示した。

毛利《もうり》方の最前線である高松城を、秀吉は水攻めという手法によって陥落寸前まで追い込んでおり、明日の五つ時か四つ時（午前八時から十時ごろ）に船の上で城主の清水宗治《しみずむねはる》が切腹して、そのかわりに城内のものを無事に城から出し、穏便に開城を実現するという算段になっていた。もし信長横死《おうし》の知らせが毛利方に届いたら、せっかくの和議が水泡に帰しかねない。そう考えた秀吉は、注進状を取り置き、飛脚を追い返すという方法で、情報の漏洩を防いだのである。この工作は功を奏し、明くる六月四日には高松城が開城、毛利と和議を結んだ秀吉は、休む間もなく上方に兵を進めて明智を討つ。

よく知られているこの一連の話は、「川角太閤記《かわすみたいこうき》」という書物にみえる。信長の急死という凶事のなかで、秀吉がなにゆえ短時日のうちに事態を打開し、天下人としての一歩を踏み出すことができたのか。この疑問は多くの人の心をとらえていたとみえ、六月三日から四日にかけての事態の展開についてはさまざまな説があるが、毛利方への情報遮断によって和議締結に成功したという先の話は、かなりの程度事実を反映しているとみてよかろう。羽柴秀吉は情報を正確にキャッチし、これを敵方に悟られないよう周到な工作を行うことで勝利を手中に収めたのである。

同じく六月三日、越中《えっちゅう》の魚津《うおづ》城（富山県魚津市）は落城のときを迎えていた。越後《えちご》（新潟県）の上杉景勝《うえすぎかげかつ》の家臣のうち、山本寺景長《さんぼんじかげなが》・中条景泰《なかじょうかげやす》・竹俣慶綱《たけのまたよしつな》をはじめとする名だたる武将たちがこの城に立てこもり、柴田勝家《しばたかついえ》の率いる織田軍の猛攻に耐えていたが、この日の午《うま》の刻（正午）、城中で枕を並べて自害したのである。

このときすでに信長は滅びていたわけだが、その情報は遠方の魚津にはまだ伝わっていなかった。信長横死の報はまさにこの直後に柴田のもとに届いたらしく、彼は早速兵を収めて越前に引き返している。もし魚津の兵士たちがあと数日もちこたえていれば、敵軍はみずから退散したはずであった。

時代に制約された情報伝達のありようが、人間の運命を左右したのである。もしこのとき無線や携帯電話があったら……。

確かな情報をすばやく伝達することがなかなか難しい環境のなかで、戦国時代の大名や家臣たちは、どのようにしてみずからの意志やさまざまな情報を伝えようとしたのか。彼らが残した多くの書状を分析しながら、この時代のコミュニケーションのありようを見ていきたい。一般に「コミュニケーション」の持つ意味内容はかなり広く、送り手から受け手への情報の送信（通信・伝達）と、両者間の情報の相互通行（会話や討論など）とが、ともに「コミュニケーション」には含まれる。本書で扱うことがらのほとんどは、書状を媒介とする遠隔地の大名や武将の間の通信といった、前者にかかわるものであるが、口頭の会話など、後者に関連する問題にもいくらか言及することになろう。

第一話　風聞と注進
――畠山卜山と長尾為景の交信――

伝わる噂、届かない手紙

永正《えいしょう》十七年（一五二〇）八月二十三日。和泉《いずみ》の堺《さかい》（大阪府堺市）に逗留していた畠山卜山《はたけやまぼくさん》は、どことなく落ち着かない気分でこの日を過ごした。遠く連絡をとりあって越中《えっちゅう》（富山県）攻略を進めていた長尾《ながお》為景《ためかげ》の軍勢が、越後《えちご》（新潟県）と越中の国境で大勝利を収めたという噂は耳に届いていたが、ほんとうに勝ったという連絡は、なかなか来なかったのである。風聞《ふうぶん》だけでは安心できないが、為景の手紙はなかなか来ない。しびれをきらした卜山は、右筆《ゆうひつ》を呼び寄せて為景あての書状を作らせた。

六月廿《にじゅう》六日の書状ならびに一書《いっしょ》以下注進《ちゅうしん》の趣《おもむき》、その意《い》を得《え》、委細《いさい》申し下し候《そうろう》。よって六月十三日出陣已来《いらい》、境川《さかいがわ》の事、種々調略《ちょうりゃく》を廻《めぐ》らし、去る三日、則時《そくじ》に攻め崩し、大利《たいり》を得らるるの由、その聞こえ比類《ひるい》なく候。能州口《のうしゅうぐち》の事、神保《じんぼ》出雲守《いずものかみ》・遊佐新右衛門尉《ゆさしんえもんのじょう》、その動《はたら》きをなし、左衛門《さえもんの》佐疎意《すけそい》なく申し付くるの由に候。示し合わせられ、二上城《ふたがみじょう》早速落居《らっきょ》、本望に候。当手の軍功、感悦《かんえつ》この事に候。なお慥《たしか》なる注進《ちゅうしん》待ち入り候。委細《いさい》榎並三郎左衛門《えなみさぶろうざえもん》申すべく候。恐々謹言《きょうきょうきんげん》。

八月廿三日　　　卜山（花押）

長尾弾正左《だんじょうざ》衛門尉《えもんのじょう》殿

◇六月二十六日づけの書状や一書（箇条書きの書状）で注進のことについては、了解したので委細を指示しました。六月十三日に出陣してから、境川攻略のためにいろいろと調略を廻らし、去る三日に一気に攻め崩し、大勝利を挙げられたということを聞きました。見事なことです。能登《のと》（石川県）口《ぐち》のことは、神保出雲守と遊佐新右衛門尉が軍勢を出し、左衛門佐もきちんと指示を加えるとのことですので、彼らと連絡をとりあって、二上城（富山県高岡市）を早く落としていただければ本望です。あなたの軍勢の功績についてはとても感心しています。それから確かな注進をお待ちしています。委細は榎並三郎左衛門がお伝えします。恐々謹言。

確かな注進がほしいというこの書状を携えた使者が堺を出発したのは、おそらく二十三日の内だったと思われる。ところが使いが出たわずか二日後の二十五日、卜山が待ち続けていた為景の「注進」が到着してしまったのである。広がっていた噂のとおり、境川で大勝利を収めたというのはほんとうで、やっと安心できたが、こんなことなら催促の手紙など出さねばよかったと卜山は少しばかり後悔した。そしてその翌日、あらためて次のような手紙を作った。

今度《このたび》境川の事、調儀《ちょうぎ》をもって則時《そくじ》攻め敗《やぶ》らるるの由、その聞こえ候間、去日《きょじつ》、状をもって申し候ところ、遊佐新右衛門尉に対し、当月九日・十日の書状両通、昨日廿五到来、委細披見《ひけん》し候。よって合戦の様体《ようたい》、すでに自身渡海の儀、比類なき次第に候。為景一身の動《はたら》きにより、かくの如《ごと》く成り立ち候。もっとも高名粉骨《こうみょうふんこつ》この事に候。まことに神妙《しんみょう》の至り、快然《かいぜん》これに過ぐべからず候。なかんずく、能州口の衆申し合わせられ、二上城早速落居《らっきょ》せしめ候様、いよいよ馳走《ちそう》頼み入り候。同じく入国《にゅうこく》の衆へ追々堅く申し下し候。恐々謹言。

八月廿六日　　　　卜山（花押）

長尾弾正左衛門尉殿

◇このたび境川を調略によって攻め破られたという風聞がありましたので、先日手紙を出しました。そうしたところ、遊佐新右衛門尉にあてられた当月九日・十日づけの書状二通が、昨日こちらに到来し、内容を拝見しました。合戦の様子や、とくに貴方ご自身が渡海されたことを知りましたが、まことに比類のないことです。貴方一人の活躍で、このように状況を打開することができました。高名を挙げ、また粉骨を尽くされたこと、ほんとうに見事なもので、これほどの喜びはありません。能登の者たちと協力して、二上城を早く陥落させるように、がんばってください。貴方といっしょに入国した越後の皆様にも、追々手紙を出します。

流れてきた風聞によれば境川奪取は八月三日だったが、勝利を収めた長尾為景は、少し休んだあと、九日と十日に遊佐新右衛門尉（慶親《のりちか》）にあてて手紙を書いたわけである。遊佐は卜山の重臣で、神保出

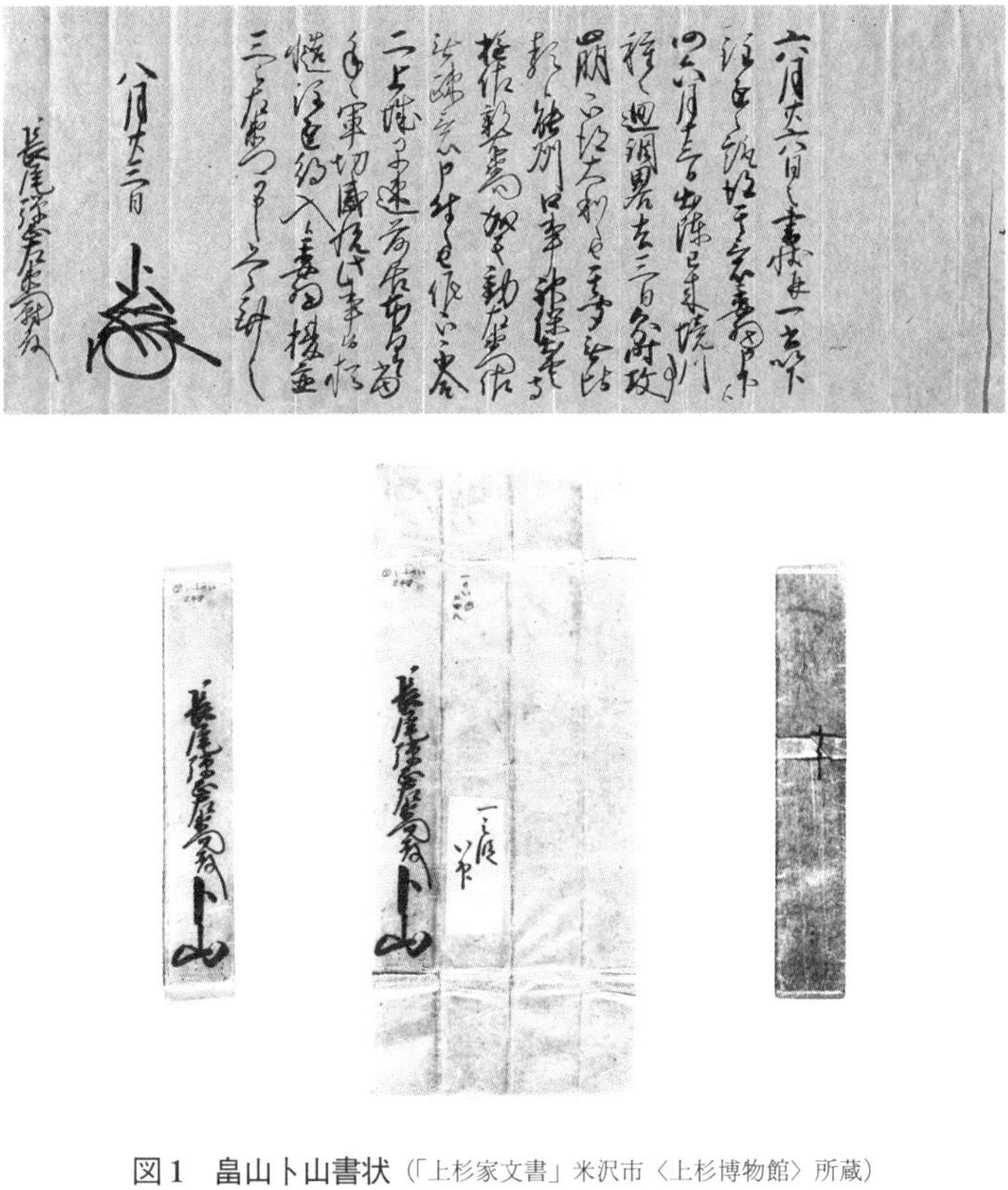

図1　畠山卜山書状（「上杉家文書」米沢市〈上杉博物館〉所蔵）
冒頭に紹介したもの．紙を横半分に切った「切紙」という形式で，右端部分に下から切り込みを入れて紐を作り，文書を巻いたあとにこの紐を巻きつけて最後を折り込み，封の部分に墨で線を入れている（下段右，こうした封式を「端裏切封」という）．そして文書を封紙（下段中央）で包んで完成（下段左）．竪 20 ㎝程度．

雲守（慶明《のりあき》）とともに能登の軍勢を指揮していた。為景はこの書状で勝利の模様を伝え、遊佐が使者を放って書状を堺の卜山のもとに届けたのである。

八月九日・十日づけの手紙は、為景から遊佐慶親を経て、二十五日になってようやく卜山のもとに到着した。越中・能登から和泉の堺まで、十五日ほどの日数を要したことになる。使者がどういう道筋で進んだかは不明だが、加賀国《かが》（石川県）は敵方と親しい真宗門徒《しんしゅうもんと》にほぼ制圧され、京都周辺にも卜山とは対立関係にある勢力が多かったから、こうした敵方の勢力圏を避けつつ進んだと考えられる。十五日という日数はこのような状況を考えれば理解できるもので、これでも比較的早く情報伝達がなされたほうだととらえることもできよう。

書状による情報伝達にはこのような時差が存在していたが、前に書いたように、畠山卜山は書状到来以前に境川奪取の風聞を得ていた。八月三日の勝利を伝える噂がいつ堺に届いたかはわからないが、八月十一日に卜山が書いた為景あての書状の文面（この文書については後述）から、このときはまだ勝利の噂を聞いていなかったことがわかる。為景勝利の風聞は、八月十一日から二十三日の間のある時点で卜山のもとにもたらされたわけだが、おそらく十一日からそう経ない段階で噂を聞き、しばらく書状を待ったあと、がまんできなくなって先の手紙を出したのであろう。

この場合、越中境川での戦いの風聞は、十日ほどあとに堺に届いている。その内容は「八月三日に為景軍が境川を奪取した」という簡単なものだが、「八月三日」という合戦の日付も伝わっていることは面白い。この噂も和泉堺に届くまでには十日ほどかかったわけだが、為景の注進が合戦のしばらくあと（八月九日・十日）に書かれたこともあって、噂のほうが手紙より早く届くことになったのである。

戦国という時代の遠隔地間交信の実態は、このようなものであった。ある情報や意思を伝達するため書状を書き、使者を放ってから、実際にその書状が先方に届くまでには、かなりの日時を要したのである。そして、こうした正式の使いが到着する前に、風聞によって情報がすでに伝わっていることが多く、このときの畠山卜山のように、正確な情報がほしいために無用の催促をしてしまうこともあったのである。

先に見た二通の文書のうち、はじめの一通は、現在のように情報伝達が迅速であれば出す必要のないものである。この手紙はおそらく名のある重臣（榎並三郎左衛門か）が携え、敵地をかいくぐりながら苦労して為景のもとに届けられたことであろう。しかし、わずか二日後に出された文書が届けば、この手紙は必要なくなるし、万一最初の手紙が為景のもとに届かなくても、実質的にはなんの問題もない。最初の使者の努力は、結果的にはほとんど意味がない、ということになってしまうのである。

この時代の情報伝達の様子が、現在といかに異なるか、この事例だけからもうかがい知れるが、実をいうと、このときの為景と卜山の交信に関しては、ほかにも数多くの史料が残されている。試みに両者の交信のありようを全体的にとらえるとどうなるか、かなり細かい話になるが具体的に見ていくことにしたい。

畠山卜山の忍従と栄光

越後から越中に出兵した長尾為景と、畿内を動いていた畠山卜山の交信のありさまを、逐一再現していきたいが、その前に卜山と為景のプロフィールと、為景が越中に出兵するに至ったいきさつについて

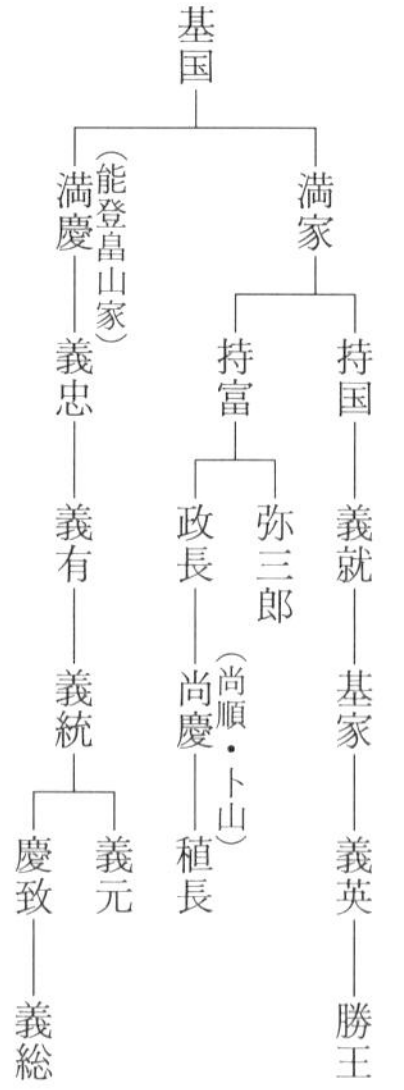

図2　畠山氏系図

概略述べておく必要があろう。

畠山卜山（尚慶《ひさのり》、はじめ尚順《ひさのぶ》と名乗る）は、室町幕府の政治に参与した畠山家の流れで、紀《き》伊《い》（和歌山県）・河内《かわち》（大阪府）・越中三国の守《しゅ》護《ご》として勢力を振っていた。永正十七年（一五二〇）当時、彼はすでに四十六歳に達し、家督を子の稙長《たねなが》に譲っていたが、ここに至るまでの軌跡は平坦なものではなかった。

幕府の管領《かんれい》を交互につとめた斯波《しば》・細川・畠山三氏のうち、細川氏は勝元《かつもと》・政元《まさもと》と続いて幕政を主導したが、斯波・畠山の両家は一族の分裂によって急速に衰退した。畠山家の全盛期は持国《もちくに》の時代で、将《しょう》軍義教《ぐんよしのり》の横死と細川持之《もちゆき》の死去により幕閣《ばっかく》の中心に立ったが、家督問題がこじれて家中が両派に分裂し、これが畠山家の抗争と衰退を招いたのである。

持国ははじめ弟の持富《もちとみ》を養子にしたが、のちに実子の義就《よしなり》を家督相続者と決め、この変更に異議を唱えた家臣たちが持富の子の弥三郎《やさぶろう》を擁立した。享徳《きょうとく》四年（一四五五）に持国が死去すると、両派の対立は激しさを増し、弥三郎の死後はその弟の政長《まさなが》がまつりあげられ、畠山家中は義就派と政長派に完全に分裂する。応仁《おうにん》元年（一四六七）に起きた京都の戦乱も、この両派の抗争を主因とするものであった。

戦いは長く続いたが、文明《ぶんめい》九年（一四七七）に義就が京都を捨てて河内に入り、一応は政長派の勝利ということで落ち着いた。京都に残った政長は、細川政元と協力しつつ義就派との戦いを続け、将軍義《よし》尚《ひさ》や義材《よしき》（のち義尹《よしただ》・義稙《よしたね》）に従って政治に参与した。しかし、しだいに力を伸ばした細川政元と対立し、明応《めいおう》二年（一四九三）に河内正覚寺城《しょうがくじ》（大阪市平野区）を政元軍に包囲され、力及ばず自殺してしまう。
このとき十九歳だった政長の子が陣中から脱出して紀伊に逃れたが、この青年こそ若き日の畠山尚順（卜山）その人であった。彼は家臣たちに支えられながら、しばらく再起の機会をうかがうことになるのである。

図3　第一話関連地図（その1）

政長敗死のとき、将軍義材は正覚寺の陣にいて捕えられたが、運良く脱走して越中に赴いた。越中は政長が守護をつとめる国であり、放生《ほうじょう》津《つ》（富山県新湊市）に根拠を構える重臣の神保越前守長誠が義材を迎え入れ、しばらく放生津は将軍（前将軍）の御座所《ござしょ》となった。そして義材の復帰作戦も、紀伊の畠山尚順と連絡をとりあいながら進められたのである。

明応六年（一四九七）、尚順はライバルの畠山基家《もといえ》（義就の子）と戦って河内を掌握、さらに大和《やまと》（奈良県）も手中に入れて、紀伊・大和・河内一帯を勢力下に収めることに成功した。こうした尚順の勢力拡大を受けて越中の義材（このころ義尹と改名）の上洛《じょうらく》計画も本格化した。そして明応八年、尚順（このころ尚慶と改名か）はついに基家を討って京都回復に乗り出し、義尹も越中を出発して近江坂本《おうみさかもと》（滋賀県大津市）まで進んだ。

しかし細川政元とその与党の抵抗は手強かった。尚慶は結局敗れて紀伊に引き戻り、義尹は大内氏《おおうち》を頼って周防《すおう》（山口県）に逃れることになる。尚慶の夢はこうして潰《つい》えたが、彼はくじけることなく勢力圏の確保につとめ、永正《えいしょう》元年（一五〇四）にはかつて討ち取った畠山基家の子の義英と和睦《わぼく》し、京都の政元政権に対抗するための基盤を固めた。

こうした情勢に対応するために、細川政元は本願寺《ほんがんじ》の勢力と強い同盟を結んだ。このころ加賀はすでに一向一揆《いっこういっき》によって掌握されていたが、永正三年（一五〇六）に政元の要請を受けた加賀の一揆が尚慶の守護国である越中に乱入し、またたくまに一国を軍事制圧した。そして畠山方救援のため越後の守護代長尾能景《よしかげ》が越中に攻め入るが、芹谷野《せりだんの》（富山県礪波市）で一揆勢に敗れ、無念の戦死を遂げてしまう。この能景こそ、この話の一方の主役、長尾為景の父である。

こうして尚慶は越中を失うが、間もなく幸運が舞い込むことになる。翌永正四年（一五〇七）六月、京都の細川政元が家臣に暗殺され、政局は一挙に尚慶に有利に展開するのである。政元の養子の澄元《すみもと》と高国《たかくに》の争いは結局高国の勝利に決し、周防にいた前将軍義尹が大内義興《よしおき》に擁せられて京都に向かい、永正五年には上洛を果たして将軍職に復帰した。そして紀伊にいた尚慶も、晴れて中央政界への復帰を果たしたのである。こうした転回のなか、後ろ盾を失った一向一揆は越中からほぼ撤退し、越中の回復も実現した。

このあと幕政は細川高国と大内義興の主導で運営され、畠山尚慶はこれに次ぐ実力者として勢力を誇った。十五年に及ぶ忍従の末、ようやく正当な将軍の臣下として認められ、紀伊・河内・越中三国の守護にも正式に任命された。念願を果たした彼は、永正八年（一五一一）には家督を嫡子の稙長に譲り、河内高屋《たかや》城（大阪府羽曳野市）から紀伊の広《ひろ》城（和歌山県広川町）に移った。

神保慶宗の反乱

紀伊に戻った畠山尚慶は、出家して卜山と号し、平穏な余生をと念願していたが、残念ながら望みどおりにはならなかった。越中の守護代として彼の命に従い、その復活作戦を支えてきた神保越前守慶宗《のりむね》が、事もあろうに平然と反旗を翻《ひるがえ》したのである。

神保慶宗はかつて将軍義材を引き取った神保長誠の子で、文亀《ぶんき》元年（一五〇二）に父が死去すると越中最大の実力者となった。もともと越中には守護が在国することはなく、その被官《ひかん》である遊佐《ゆさ》・椎名《しいな》・神保の三家が地域を分けて管轄していた。このうち神保氏は最も新しく越中に入部したらしいが、やがて遊佐・椎名を凌《しの》ぐ実力随一の武家として台頭した。この神保氏が、守護に対する反乱を起こしたのである。

彼が謀叛《むほん》を起こしたのはなぜか。そのいきさつは明らかでないが、長く越中を統括し、一向一揆などと対応しているなかで、しだいに真宗門徒とのかかわりを深めたことが影響していることは推測できる。永正三年（一五〇六）に越後軍が越中に入り、長尾能景が不慮の戦死を遂げたとき、神保慶宗は積極的に越後勢と協力しなかったらしいふしがある。この件に関連して、後年、長尾為景は「あのとき畠山氏が越後勢の救援を怠ったのは、つまりは神保のせいだ」と、一族の長尾房景《ふさかげ》あての書状に書いている。これは神保討伐を開始するときの檄文《げきぶん》だから、若干差し引いて考えねばなるまいが、永正三年（一五〇六）の乱のとき、越後軍と協力すべき立場の神保慶宗が、本気で救援しなかったことは確かであろう。

その後、細川政元の横死によって門徒の多くが加賀に退いたが、その影響力は衰えず、神保慶宗としても一向一揆との対決姿勢を貫くことができず、むしろこれと共同歩調をとっていこうと方針を転換していった。そして結局は主家に弓を引く結果になったとみることができよう。

しかし、それにしてもこうした事情だけで彼が反乱に踏み切ったと考えるのはやはり難しい。客観状況を判断しての行動であっても、それが名分的には主家への謀叛である以上、決断にはよほどの意志が必要だと思えるからである。いったい彼をつき動かした要因はなんだったのだろうか。

この問題の答えを出すのは困難だが、神保家の歴史とその立場、さらにこの時代の周囲の状況を考えれば、それなりの推測はできよう。前に書いたように、彼の父である神保長誠は、将軍義材を迎えた張本人だが、京都を追われた将軍が放生津の神保を頼ったことは、彼が当時の政界でもかなり名の知れた実力者であり、周囲の信頼を得ていたことを推測させる。長誠は畠山政長の重臣として、応仁の乱では越中衆の中心となって活躍し、義材を引き取ったあとは、みずからの居城を将軍の御座所として開放して、義材の復帰のために尽力したのである。

神保長誠はこのような大人物であったが、当時彼は中風《ちゅうぶ》に冒《おか》されていたというから、放生津において実質的に義材を支えていたのはその子の慶宗であった可能性が高い。義材の進軍にあたっては慶宗が軍勢を率いて活躍しており、その実力のほどは周知のものだったと思われる。

このような形で台頭した重臣が、時ならずして主家と対立するのはこの時代によく見られた現象である。あの細川政元が将軍を放逐したのがその典型例だが、当の政元自身が結局は家臣に暗殺されることになる。また越中で戦死した長尾能景の子の為景は、永正四年（一五〇七）に主君である上杉房能《うえすぎふさよし》を討ち取っている。室町幕府や守護大名の権威がゆらぎ、戦国動乱に突入しつつあるこの時期、こうした下剋上《げこくじょう》の風潮は急速に高まっていた。そして主家に弓引くクーデターはかなりの確率で成功を収めていたのである。

前将軍を擁立しながら天下の形勢を注視してきた慶宗が、こうした動きを敏感に受け止めたことは容易に想像できよう。越中において基盤を固めていくなか、遠くにいながら操作を続けようとする守護畠山氏との関係を断ち切り、独自の領国経営を進めていこうと彼は考えていたのではなかろうか。

しかし紀伊の畠山卜山にとって、神保慶宗の自立はなんとしても阻止せねばならないものであった。慶宗の反乱のとき、その一族（弟らしい）の神保出雲守慶明と、遊佐新右衛門尉慶親が反乱鎮圧の使命を帯びて活動しているが、慶宗と対立するこうした武士たちをまとめながら、越中の確保を図るというのが卜山側の作戦だった。越中の国人《こくじん》たちのほとんどが慶宗に従っていたわけではなく、逆に守護家に従属しながらその勢力拡大を阻止しようとする人々もかなりいたのである。

神保慶宗は越中における最大の実力者ではあったが、一国全体をまとめきっていたわけではなく、反乱が成功する確証はなかった。しかし、彼は守護家に従属することを潔しとせず謀叛を起こしたのである。

長尾為景の活躍

こうして越中は混乱状態となり、守護畠山家の依頼を受けて隣国越後の長尾為景が出兵することになるわけだが、ついで一方の主役である長尾為景のこれまでの歩みを紹介したい。

前に書いたように、彼は永正三年（一五〇六）に戦死した長尾能景の子で、父のあとを継いで越後の守護代となった人物だが、家督継承の翌年、主君である守護上杉房能と対立し、これを滅ぼしてしまう。

越後は面積の広い大国で、室町時代を通じて上杉氏が守護として統治し、守護代の長尾氏がこれを補佐していた。関東や畿内で戦乱が続くなか、越後国内はしばらく平穏で、守護上杉房定《ふささだ》の時代、越後府中《ふちゅう》（府内、新潟県上越市）は繁栄をきわめ、一国の支配体制も順調に強化された。そしてこうした守護勢力の伸張を実質的に支えたのが、守護代の長尾能景だったのである。

長尾能景は越後国内だけでなく、関東周辺においても厚い信頼を得た武将だった。房定が死去して子の房能が守護になったあと、能景は房能の実兄である関東管領《かんとうかんれい》上杉顕定《あきさだ》の依頼を受けて、関東の内乱を収めるべく越後軍を率いて出兵し、顕定軍の勝利に大きく貢献した。こうした活躍もあって、能景の実力と名声は守護を凌ぐものがあったが、彼は主君との対立を避けつつ、共同して一国支配を進めようと模索していたようである。

しかし、能景の配慮によって安定を保っていた守護と守護代の関係は、永正三年に彼が戦死すると大きく崩れる。両派の対立は間もなく表面化し、守護代による守護討滅という結果を招いたのである。

父が越中で戦死したとき、長尾為景はまだ十八歳の若年だったらしい。後年、その子の長尾景虎《かげとら》（上杉謙信《けんしん》）が残した書状に、亡父為景が二八《にはち》（十六歳）のころに能景に従って関東に出陣したと書かれており、これが永正元年（一五〇四）の関東出兵を指すと推測されるからである。永正元年に十六歳だから、家督を継いだときはまだ十八歳だったことになる。

四十八歳という熟年の能景から、わずか十八歳の為景への交代は、守護上杉家の勢力を伸ばす好機と房能の眼には映ったかもしれない。しかしこの若き守護代は、こうした動きをキャッチし、先手を打って主君を府中から放逐した。そして逃走した房能は天水《あまみず》（新潟県松之山町）の地で自害してしまう。

この為景の行動は、典型的な下剋上のようにみえるが、実をいうと彼は房能の一族の定実《さだざね》をかつぎあげてこの挙に及んだのであり、名目的にみれば房能から定実への守護交代を促したにすぎなかった。こうした形を調えて、彼は幕府に働きかけ、やがて定実は正式の守護として補任《ぶにん》された。これだけのクーデターを起こしながら、幕府との関係を築き上げ、謀叛人の汚名を纏《まと》うのを避けたその政治的力量は見事なものであった。

こうして為景の地位は安定するかにみえたが、永正六年（一五〇九）になって事態は急転する。関東管領上杉顕定が、軍勢を率いて突如越後に攻め込んできたのである。関東の安定した統治のために越後を領国に組み入れようという意図によるものであろうが、「弟の仇《かたき》を討つ」という名目もあり、兵力も勝る関東勢は、またたく間に府中を制圧した。しかし定実とともに越中に逃れた為景は、さらに佐渡《さど》に渡って再起を期し、翌永正七年（一五一〇）には為景方の反撃が開始された。各地の戦闘は為景方有利に展開し、顕定は関東に戻る途中に長森原《ながもりはら》（新潟県六日町）で戦死してしまう。

関東勢を追い払った為景の名声は一挙に高まったが、これが守護定実とその一派の反感を生み、永正十年（一五一三）にはこうした勢力の挙兵を招く。しかし為景は決起した定実を幽閉《ゆうへい》して内乱を終息させ、越後国内におけるみずからの卓越した地位を確固たるものとした。定実の権威は剝奪《はくだつ》され、守護不在のまま、守護代の長尾為景が実質的に国内統治を進めることになったのである。

畠山卜山から出兵依頼を受けたころの長尾為景の立場はこのようなものであった。若年で家督を継ぎ、七、八年に及ぶ混乱状態を克服して、ようやく安定した地位を得ていたのである。永正十七年（一五二〇）当時、彼は三十二歳。武将として最も勢いのある時期であった（ちなみに上杉謙信が小田原城を包囲し、川中島〈長野県長野市〉で武田と会戦したときも三十二歳である）。

出兵催促のありさま

神保慶宗討伐作戦の大将となったのは、畠山勝王《かつおう》という少年だった。彼は畠山卜山と競っていた畠山上総介《かずさのすけ》義英の子である。この当時、両畠山家は仲直りしていたらしく、この越中出兵も畠山家共通の課題と認識されていたらしい。この勝王は卜山の養子となっていたというから、両畠山家統合のシンボルだったわけで、こういう事情もあって大将にまつりあげられたのだろう。

勝王は加賀まで進み、能登守元近《もとちか》という人物が中心となって越後の人々に対する出兵要請が開始された。その証拠として最も早い史料は、七月十日づけの中条藤資《なかじょうふじすけ》あての勝王書状である。

越中国発向《はっこう》の儀につき、長尾弾正左衛門尉方へ、合力《ごうりき》の事申し談じ候。然《しか》るべき様、自他御取合馳走《じたおとりあいちそうた》…

走憑《そうたの》み入り候。なお委細能登守方申されべく候。恐々謹言。

七月十日　　　　　勝王（花押）

中条殿

◇越中発向のことについて、長尾弾正左衛門尉（為景）に、合力のことについて相談しました。うまくいくよう、いろいろとりなしていただければと思います。委しくは能登守がお伝えします。

畠山勝王の使い（おそらく能登守元近）は、これより先に長尾為景に書状を届け、出兵要請をしていたのである。文書に年次は書かれていないが、出兵が実現する永正十六年（一五一九）の前年、永正十五年のものとみてまちがいなかろう。

この書状の宛名の中条は、越後北部にいた有力国人の一人である。こうした国人たちは、身分的には長尾氏より由緒正しく、守護上杉氏に対しても従属的立場にはなかったから、為景に従う姿勢は見せず、あくまで独立の国人として行動していた。畠山勝王は、為景を説得するだけでなく、各地の国人たちに対しても直接書状を出し、出兵が実現されるよう依頼していたのである。

この書状の文面から、永正十五年七月以前の段階で、畠山勝王から長尾為景に対して出兵要請がなされていたことがわかるが、為景への出陣依頼は多方面から殺到していた。神保慶宗の謀叛によって、越中の武士たちの多くが越後や能登・飛騨《ひだ》（岐阜県）に逃走して合力を依頼してきたし、越中に残った者からも出兵要請の文書が届いた。さらに管領細川高国の家臣の上原なる者が、主人の意を受けて越中の太田保《おおたのほ》（富山県富山市・大山町）に在宿しており、加賀にいる高国の被官たちにも出兵命令が下ったということだったし、大将の畠山勝王が加賀の武士たちをまとめて西から越中に乱入する手筈も整っていた。こうした加賀の情勢は勝王の書状と、加賀三か寺とよばれた門徒寺院（本泉寺《ほんせんじ》〈金沢市〉・松岡寺《しょうこうじ》〈小松市〉・光教寺《こうきょうじ》〈加賀市〉）連署の書状で為景のもとにもたらされた。神保謀叛という状況下で、加賀の門徒寺院は畠山家に対してとりあえず中立の立場を表明していたらしいのである。

こうした情勢を知った為景は、永正十六年になってようやく出兵準備にとりかかり、二月二日には一族の長尾弥四郎房景《ふさかげ》にあてて長文の書状をしたため、三月上旬に出陣する予定だから、軍勢をまとめて参陣してほしいと頼んでいる。先に見た越中や加賀の情勢はこの書状に詳細に書かれているが、その内容の信頼度を高めるために、為景は越中から届いた「切紙《きりがみ》」と、畠山勝王の「御書」、そして加賀三か寺よりの書状の写しを作って、みずからの書状とともに房景に届けた。

長尾房景は越後のほぼ中央に位置する古志《こし》郡一帯を支配した古志長尾氏の当主である。守護代《しゅごだい》をつとめた府内長尾氏と、この古志長尾氏とは、かなり早い時期に分立しており、その関係は朋輩《ほうばい》というのがふさわしい。長尾為景は越後一国を統括する実力者ではあるが、古志長尾氏や上田長尾氏（魚沼《うおぬま》郡の上田庄を支配する）といった一族を従者として配下に置くことはできず、彼らの出陣を要請する場合も、ひととおりの出兵命令で済ませるわけにはいかなかった。この為景の書状には、好機到来という客観情勢だけでなく、父能景や多くの兵士を失った永正三年の戦いの遺恨《いこん》を晴らすという名分が懇々《こんこん》と書かれている。出兵要請にあたってその意義と勝利の見込みを具体的に説かなければ、こうした国人たちの腰を上げさせることができなかったのである。

三月になると出兵準備は進み、長尾房景も兵を動かしたようである。そして四月二日、為景は使者に三か条からなる文書を持たせて房景のもとに送った。この文書の一条目に次のようなことが書かれている。

◇畠山勝王殿の使いの山田伊賀守《いがのかみ》が、越後の皆々の出陣を慰労する旨の勝王の書状を持ってきました。すぐに持参したいと言っていましたが、かえってたいへんだろうと説得し、私のほうでしばらく預かり、いまお届けすることにしました。

大将の畠山勝王から越後の国人たちにあてた書状が、使者によって届けられてきたのである。こうした国人たちは為景の家臣ではないから、その出兵を促すためには大将から直接書状を出すことが必要だったわけだが、為景はこれらの書状をいったん預かり、そのあと自分の手で国人たちに届けている。身分的には同格で独立性の高い各地の国人たちを、みずからの指揮下に置きながら従者として編成したいという為景の指向を、こうした行動から読み取れるかもしれない。

越中出兵と撤退

国人たちの兵をまとめた長尾為景は、まもなく越中に向けて出陣した。まず越後と越中の国境の境川での戦いに勝って越中に攻め込み、真見《まみ》（富山県富山市駒見《こまみ》）・富山に陣を張り、敵方の中核である二上城の麓《ふもと》を放火して勝利をほぼ手中にしたが、ここで異変が起こり、冬になって寒気が強まるなか、為景は撤退を余儀なくされる。

予期せぬ異変とは、為景と同盟していた能登の畠山軍の敗北と、加賀から進んでいた畠山勝王軍の退陣であった。能登の畠山家（このときの当主は義総《よしふさ》）は紀伊の畠山卜山と深い関係を持ち、為景に呼応して能登から越中に乱入することになっていた。しかし義総を中心とする能登軍の行動は緩慢で、氷見《ひみ》

（富山県氷見市）のあたりで大敗を喫してしまう。また加賀から出兵するはずだった畠山勝王の軍勢も、中立を誓っていた加賀門徒と軋轢《あつれき》を起こし、結局撤退を余儀なくされた。加賀や能登からの援軍の出兵をあてにして出陣した為景の努力は、畠山軍の無策のために実を結ばなかったのである。

こうした永正十六年（一五一九）の戦況は、翌永正十七年正月二十七日づけの畠山卜山書状によって知ることができる。

去年の働《はたら》き、たびたび両人注進せしめ候といえども、十月六日の書状、具《つぶさ》に披見を加え候。堺川一戦の次第、誠に希代《きだい》の名誉、比類あるべからず候。真見・富山において張陣《ちょうじん》、軍功を励まさる様体、柴山藤兵衛尉委細申し候。すでに二上の麓まで放火、彼の城落居に及ぶばかりの刻《きざみ》、能州口不慮出来《しゅったい》、無念この事に候。両口此《かく》の如く成り立ちといい、寒気に向かうといい、当年帰陣余儀なく候。行《てだて》の事、当年へあい延べられ候。武略注進の趣、然るべく候。その国の衆、為景家風《かふう》、おのおの戦忠、もっとも感悦至極《かんえつしごく》に候。それにつき状をもって申し下し候。頼み入るの由、諷諫《ふうかん》を加えられ候らわば、簡要に候。この刻の出陣本意に属すべきの段必然《ひつぜん》に候。惣国《そうこく》いよいよ馳走祝《しゅう》着《ちゃく》たるべく候。神保出雲守・遊佐新右衛門尉調談《ちょうだん》せしむべく候。なお榎並三郎左衛門申すべく候。恐々謹言。

正月廿七日　　　卜山（花押）

長尾弾正左衛門尉殿

◇去年の戦いぶりについては、たびたび両人（神保出雲守と遊佐新右衛門尉か）から注進が届いています

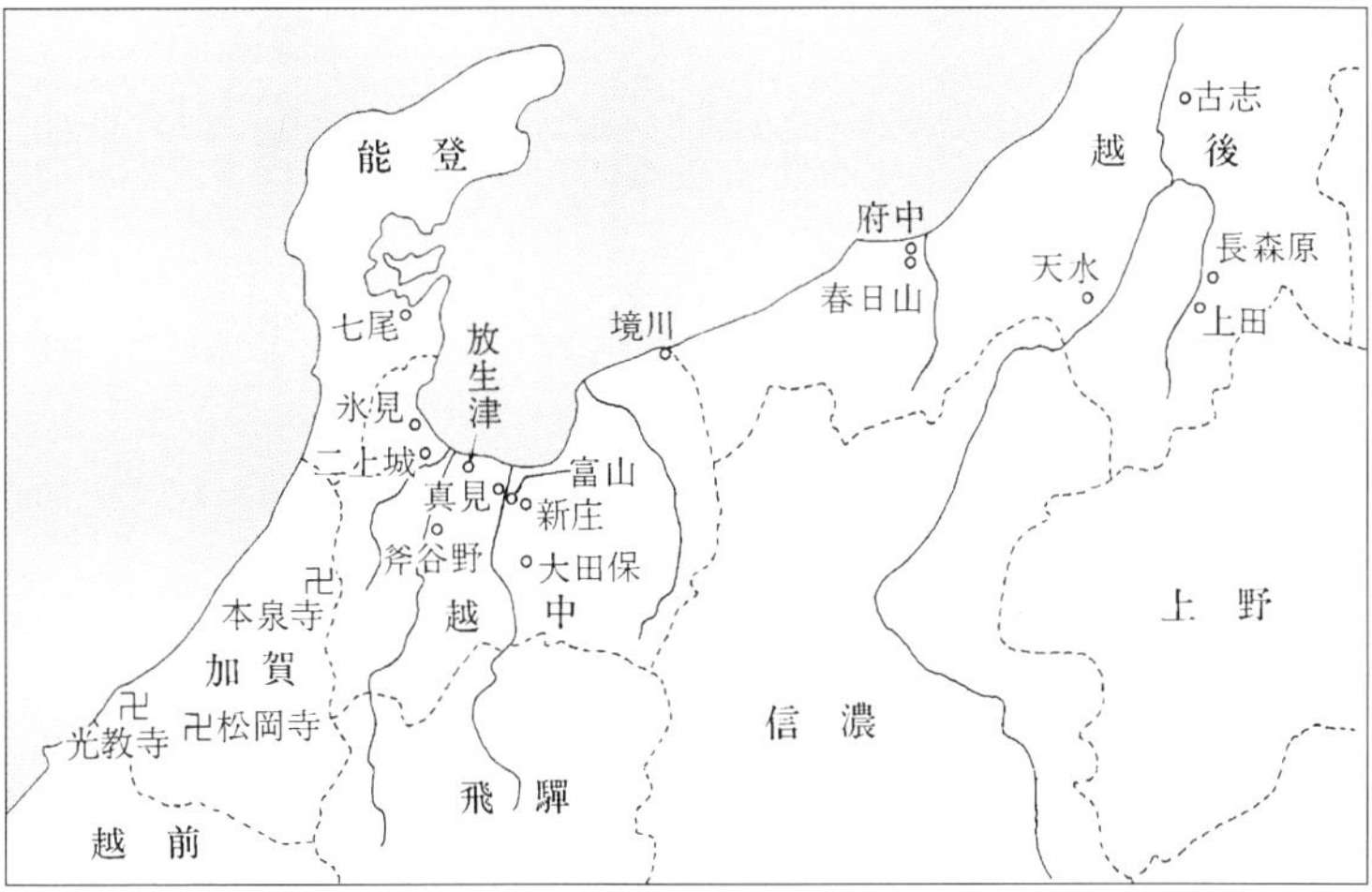

図4　第一話関連地図（その2）

が、あなたからの十月六日づけの書状、つぶさに拝見しました。境川での一戦の様子は、まことに希代の名誉、ほかに比べようがありません。また真見・富山に陣を張り、軍功を励まれた様子について、柴山藤兵衛尉が詳しく申しました。もう二上城の麓を放火し、落城間近という段になって、能登方面で不慮の事態が起きたことは、ほんとうに無念です。両口（能登口と加賀口か）がこのようになったのと、寒気が迫ったために、年内に帰陣されたのは、しかたのないことです。出陣は今年に延期ということですが、戦略についての注進を望みます。越後の方々（国人たち）や為景の家臣たちの戦功については、ほんとうに感心していますので、このように手紙を書いてお届けします。私がこのように頼んでいることを、皆々に伝えて説得してください。こんどの出兵はきっとうまくいくでしょう。国中が一致して奔走していただければ祝着です。神保出雲守・遊佐新右衛門尉がいろいろ相談します。なお榎並三郎左衛門がお伝えします。

畠山卜山の書状は、このように詳細なものであった。これ以前に出された文書もあったかもしれないが、この前後の文書の残り具合がかなり良いことを考慮に入れると、これが為景あてにはじめて出された卜山の書状である可能性が高い。永正十六年の出兵を促したのは畠山勝王であり、畿内にいた畠山卜山自身は表立った活動をしていなかったようなのである。

書状の冒頭に見られるように、越中における戦況は神保慶明・遊佐慶親の両人から逐一畿内の卜山のもとに届けられていたが、そのうち十月六日づけの為景の書状がもたらされた。あとの史料に「柴山藤兵衛尉上洛の時、条々注進候」と見え、ここでも柴山が戦況について伝えたとあるから、この為景書状を携えてきたのは柴山藤兵衛尉という人物だったと考えられる。京都に上《のぼ》って卜山に拝謁した柴山は、為景の書状を渡すとともに、境川の戦いの様子や、真見・富山での張陣のさまを詳細に伝えたのである。能登畠山軍の敗北はほかの史料から九月のことだったことがうかがえるから、十月六日の時点で為景は退却を決意し、柴山を使者として出発させたと考えられる。能登・加賀の畠山軍の不振によって撤退を余儀なくされた為景は、畠山家の総帥である卜山その人あての書状（実際の宛名は卜山の重臣であろう）を書き、信頼できる臣下の柴山にこれを持たせたのである。

為景の書状が書かれたのが十月六日、卜山の返事が出たのが翌年正月二十七日である。返事が出されるまで三〜四か月が経過している。卜山が手紙を出すのを怠っていたとも考えられるが、戦乱状況のなかで柴山の上洛が大幅に遅れたことが原因と考えるべきであろう。

為景の書状を手にした卜山は、畠山軍のふがいなさを恥じるとともに、為景にあらためて出兵する用意のあることを知り、安堵したことであろう。そして彼はここではじめて為景あての書状を書く決意をする。

昔に比べて衰微したとはいえ、彼は代々管領をつとめた畠山家の当主であり、一方の為景は守護上杉氏の家臣にすぎなかった。二人は身分的に隔絶していたのであり、このたびの越中動乱に際しても、卜山が直接的働きかけを避けたのは、彼の持つ自尊心のなせるわざであった。しかし畠山軍の失点によって為景の退却を招くという事態に直面した彼は、ことの深刻さを実感し、みずから動かねばならないと悟ったのである。

この書状では為景はじめ越後軍の戦功を褒めるとともに、越後の国人たちにも自分の気持ちを伝えてほしいと頼んでいる。為景一人だけでなく、多くの国人たちに対しても要請するという姿勢を見せているのである。書状がどのようにして届けられたかは確言できないが、末尾に見える榎並三郎左衛門（この人物はこれからよく登場する）がみずから持参した可能性が高いと思われる。

三日後に出された書状

この書状がいつごろ越後に届けられたかは明らかにできないが、長尾為景は雪明け早々から出兵準備を進め、四月十日と十三日に早速出陣するという意向を記した書状を書き、卜山のもとに送った（このときの使者は不明）。しかしこの書状が着く前に、卜山から二度目の書状が出されることになる。

柴山藤兵衛尉上洛の時、条々注進候。別して入魂《じっこん》の子細共、祝着至極に候。時宜《じぎ》すなわち申し下すべく候ところ、都鄙《とひ》忩劇《そうげき》の半《なかば》、彼の落居《らっきょ》の体《てい》に随い、調談を加えべき覚悟に候条、延引せしめ候。

しかる間、榎並三郎左衛門を差し下し、委細申すべく候。早速行《てだて》を成されべき事簡要に候。なお能州より両人申すべく候。恐々謹言。

卯月廿一日　　　　卜山（花押）

長尾弾正左衛門尉殿

◇柴山藤兵衛尉が上洛したとき、いろいろ（箇条書きで）注進がありました。特別に熱心に奔走されたこと、祝着至極です。こちらの存分を伝えるべきでしたが、京都とその周辺の混乱が収まらず、安定してから相談しようと考えていたので、遅れてしまいました。そこで榎並三郎左衛門を差し下し、詳しく気持ちを伝える予定です。早く出兵してください。なお能登の両人（神保慶明と遊佐慶親か）からも連絡します。

こんどこそ越中平定を、と望んでいた卜山は、為景と密接な連絡をとりあおうと考えていたが、事もあろうに畿内で擾乱《じょうらん》が起き、それどころではなくなってしまったのである。当時の将軍は義稙（義尹の改名）で、細川高国が管領として実権を握っていたが、これに対立する細川澄元の一派が俄然《がぜん》盛り返し、畿内は混乱状態になった。永正十七年（一五二〇）二月、高国は義稙を京都に残したまま近江に出奔し、澄元派が義稙をかかえて京都を掌握しかけたのである。

畠山卜山は細川高国と懇意な間柄にあったが、一時卜山と同盟していた畠山義英は、自立の好機到来とみて澄元派に加わり、卜山の子稙長の拠《よ》る河内高屋城を攻めてこれを陥落させた。こうした混乱状態のなかで、越中攻略にかかわる指示を出しそびれていた卜山ではあったが、いつまでも放っておくわけにもいかないと思い、榎並三郎左衛門に書状を持たせて越後に下らせたのである。
ところがこの書状が出されたわずか三日後の四月二十四日、卜山はあらためてもう一通の書状を書いた。その文面は次のとおりである。

越中の儀につき、柴山藤兵衛尉をもって条々申され候。始めてならざる儀に候といえども、いよいよ心底を残されず入魂の段、誠にもって祝着至極に候。彼の成敗においては、為景申し合わせ候上は、本意に達すべきこと勿論に候。しかるところ遅々《ちち》、世上の覚え無念の条、このとき意見に任せ、卜山進発すべく候といえども、都鄙錯乱《さくらん》手前の様に候条、去り難く候。それにつき始中終《しちゅうしゅう》の次第、懇談すべきため、榎並下総守入道《しもうさのかみにゅうどう》を差し下し、委細一書をもって申し含め候間、その意を得られべく候。国の体、去年の働きにより力を失うの由に候。この刻調儀安《やす》かるべく候。能州へ堅《かた》く申し下し候。時剋《じこく》を移されず、行《てだて》を全《まっと》うせられべき事、頼み入り候。隣国の儀、委曲《いきょく》神保出雲守・遊佐新右衛門尉申し合わせべく候。なお下総申すべく候。恐々謹言。

四月二十四日　　　　卜山（花押）

長尾弾正左衛門尉殿

◇越中のことにつき、柴山藤兵衛尉を使いとしてお伝えいただきました。いつものことですが、心から努力されていること、ほんとうに祝着至極です。敵の成敗については、あなたが協力してくれるので、まちがいなく実現するでしょうが、いろいろ遅れているのはみっともないので、あなたの意見に従い、卜山みずから進発しようと考えました。しかし畿内は錯乱状態なので、ここを離れるわけにはいきません。そこでいろいろのことを丁寧に懇談するため、榎並下総入道を差し下します。委細は彼に持たせた一書のとおり申し含めましたので、了解してください。越中の敵は、去年の出兵によって勢力を落としているということなので、こんどの作戦は簡単でしょう。能登にもきちんと申し下しました。時刻を移さず出陣してください。お頼みします。隣国とのことは、神保出雲守・遊佐新右衛門尉と詳しく相談しあってください。なお榎並下総入道がお伝えします。

前の書状に比べて内容が多く、丁寧な書き方になっているが、要点は三日前の書状と同じである。二十一日の書状では、詳しい指示は使者の榎並三郎左衛門が伝えるとのみ記されているが、三日後のこの書状では、為景の意見に従いみずから下向しようと考えたが実現できない事情を述べ、榎並下総入道を派遣するからこれと懇談してほしいと書かれている。為景の注進に接した卜山は、とりあえず簡単な返事を書き、榎並三郎左衛門に持たせたわけだが、なんらかの事情でその直後により詳しい書状を書かねばならなくなった。そして彼は前のものより格段に丁寧な書状をしたためるとともに、みずからの気持ちを詳細に記した「一書」なるものを作成し、使者の榎並下総入道に内容を説明したうえで出発させたのである。

榎並三郎左衛門から榎並下総入道へと使者が変わっていること、この両通とも為景のもとに届けられたとみられること(でなければ「上杉家文書」のなかには残らない)からみて、最初の書状を携えた榎並三郎左衛門はすぐに出発し、二度目の書状を出すときにはその一族の下総入道を使者とせざるをえなかったと考えることができよう。そして二度目の書状を携えた下総入道は、前に出発した三郎左衛門に追いつこうとしたが、結局二人とも別々に為景のもとに到着したと考えられる。

最初の書状はとりあえずの簡単なもので、委細の伝達は使者の榎並三郎左衛門に委《ゆだ》ねられていた。ところがその後、ただちに事情が変わり、二人目の使者が派遣された。考えてみれば、主人の内意を受けて難路を進んだ榎並三郎左衛門の努力は、実質的には空しいものだったのである。

手日記の中身

それでは、使いをあらためて派遣してまで伝達したかった卜山の内意とは、いかなるものだったのか。前述のとおりその詳細は「一書」に記されてあったわけだが、まさにこの「一書」そのものと思われる文書が現存する。

「越後江《へ》条々手日記」というタイトルをつけられた十か条の事書がそれである。とりあえず最初の第一条を見てみよう。


屋形《やかた》息《そく》下向《げこう》なき事、この儀は毎々慶明・慶親申す儀に候らえども、信用なく候。為景申さるる事に候間、如何様《いかよう》の儀候とも、許容あるべき事に候。しかりといえども、この子細は、家の儀につき一段遠慮を成さるる儀に候条、一端の申され事に非ず候。左様の子細、為景存知なく、自然《しぜん》慶宗の事真実思い入れられざる様に、不審これあるべく候か。すでにこの成敗の儀は、宝印《ほういん》を翻し、誓詞《せいし》をもって申し合わせらるる上は、ゆめゆめ違篇《いへん》の儀、これあるべからざる事。

◇屋形（卜山）の子息が下向しないこと。この件についてはつねづね神保慶明・遊佐慶親の両名が申

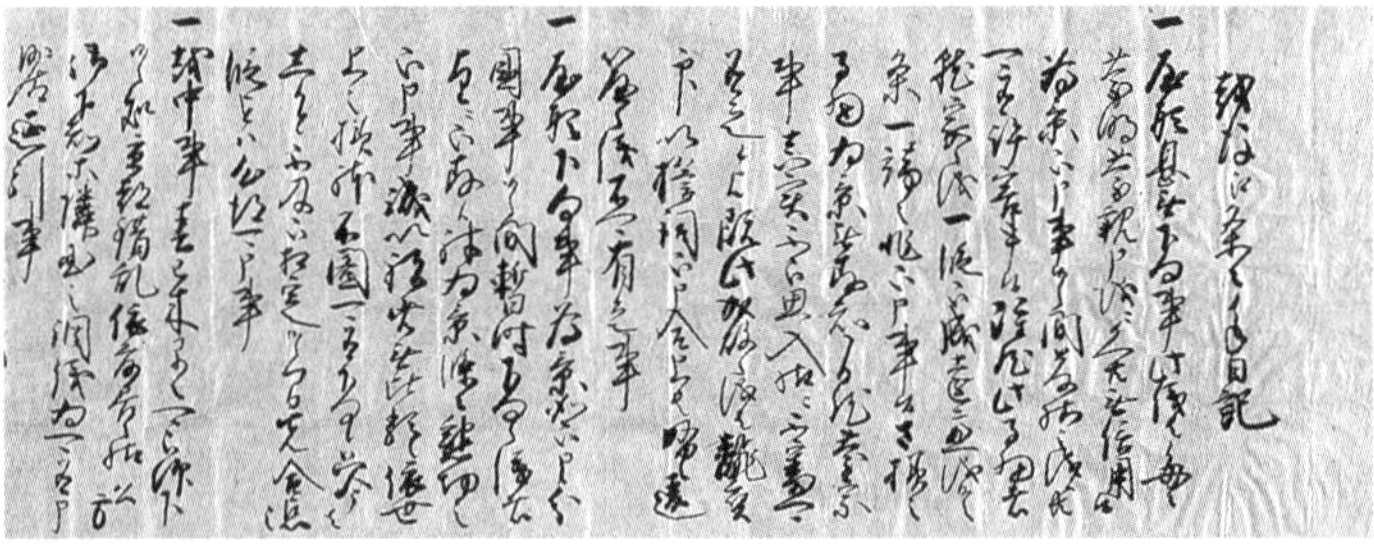

していますが、信用していただけておりません。為景が要請されることは、どんなことでも望み通りに行いたいと思いますが、このことだけは、畠山家にかかわることなので、実行しかねます。熟考の末の結論で、なまはんかなことではありません。こうしたことをご存知なく、卜山は慶宗退治をまともに考えていないとの不審を抱かれているのではないでしょうか。慶宗成敗のことは、牛玉宝印《ごおうほういん》を翻して起請文《きしょうもん》を作り申し合わせたことなので、絶対に方針変更はありません。

ここで問題になっているのは、為景の要請を受けて畠山卜山の子息が下向するかどうかということである。この件に関して卜山は、家の事情があるので実行できないことを説明しながら、だからといって慶宗討伐をいいかげんに考えているわけではないと述べている。前年度の失敗を繰り返さないために、為景は卜山本人かその子息の下向を望んだのであるが、その実現は困難であった。こうしたなか、「いったい卜山様はやる気があるのか！」という声が越後の兵士たちの間に広まっていき、状況を察知した卜山が、これはいけないと、自分の意志を明記して使者の榎並下総入道に託したのである。

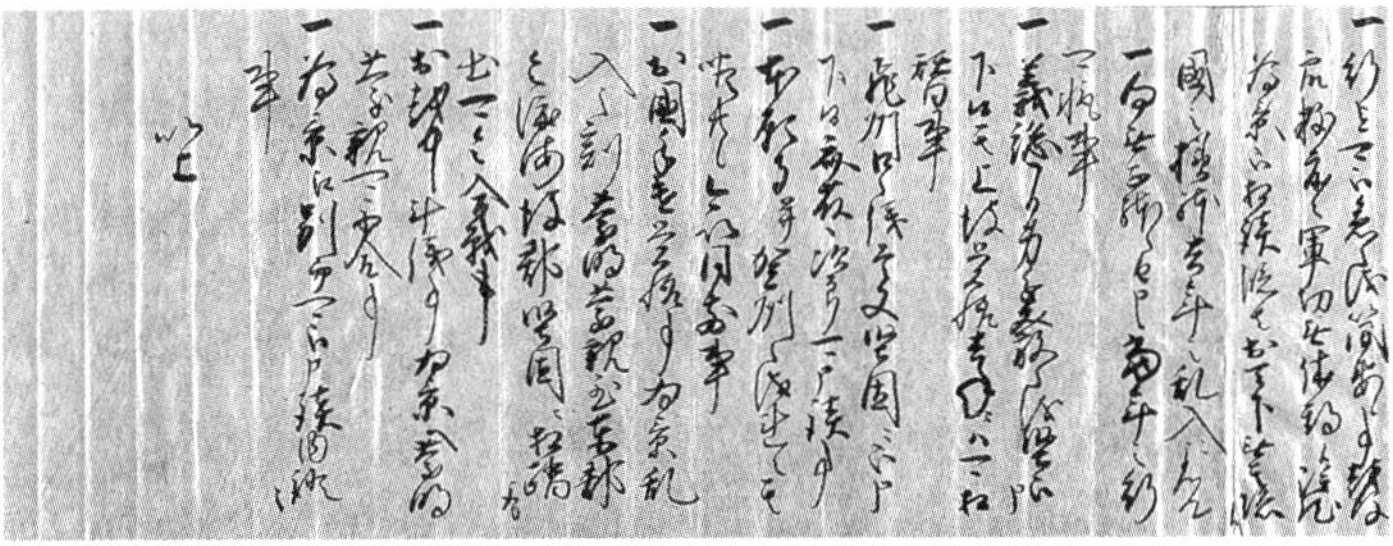

図5　越後江条々手日記（「上杉家文書」米沢市〈上杉博物館〉所蔵）
切紙を貼り継いだ，横に長い文書で，細く巻き込まれている．

続く第二条は卜山本人の下向のことにかかわる。越中は分国《ぶんこく》なので、ぜひ下向したいが、世上の状況を見て実行したい。いまは情勢が不明確なので動けないが、下向の意志があることは心得てほしいと記されている。三条目は「越中の事」についての下命が遅れている事情を説明している。

そして四条目から軍事行動にかかわる具体的指示が並ぶ。いまその内容を列記すると次のようになろう。

一、出陣を急ぐことが肝要です。越後の衆は数度にわたり休みなく軍功を励んだわけで、たいへんでしょうが、為景がこちらと相談していることは、もう天下に隠れないことになっています。越中は去年の乱入によってまったく混乱していますので、今年の出兵は容易だと思います。

一、能登の畠山義総に対して、自身出陣するよう堅く命令しました。このうえは能登軍の戦意も、去年とは違うはずです。

一、飛騨口のこともきちんと申し下しました。斎藤藤次郎が相談します。

一、本願寺や加賀の人々とは、ずっと交渉を続けています。

一、越中における作戦ですが、為景が乱入するとき、神保慶明と遊佐慶親が東郡に向かって渡海し、東郡を押さえたうえで合力する手筈です。
一、越中における作戦については、為景から慶明・慶親に指示してください。

条文の中身は簡略だが、越中出兵に際しての注意事項と、自分から周囲に命令したことがらが、要領よくまとめられている。こうした案件については、使者の榎並下総入道がより詳細に説明したことであろう。

そして最後の十条目は「為景へ別して申し談ぜられべき内証の事」と結ばれる。これは文字どおり「ないしょの話」で、手日記にも書けない秘密事項である。こうしたことがあるとだけここには書かれているわけで、榎並は手日記を見ながらト山の言葉を思い出し、為景と交渉したと考えられるのである。

榎並下総入道が携帯した手日記の内容はこのようなものであり、ト山の具体的指示の中身がわかる。ここでの指示は多岐にわたるが、ト山がもっとも伝えたかったのは、前述した第一条であろう。子息を下向させることはできないが、慶宗討伐の覚悟は本物だということこそ、中核となるメッセージであり、このことを伝えるために榎並下総入道は派遣されたのである。

いったん書状を出しながら、三日後に別の書状と「手日記」を使者に持たせなければならなかった事情は明確にはわからないが、「いったいト山様はやる気があるのか！」という越後軍のいらだちをなんらかの事情で知ったト山が、これは困ったと思って真面目に対処したということであろう。

ところで榎並が携帯した「手日記」は、ト山の書状のなかでは「一書」と見え、榎並がこうしたメモを持っていることは為景にも伝えられていた。為景と榎並の「懇談」は、おそらくこの手日記を見ながら進められたことであろう。そしてそののち「手日記」は卜山の書状とともに為景の手中に収められた。この文書が「上杉家文書」のなかに現存するのは、これが榎並のもとに返されず、証拠書類として為景に渡された結果と考えられるからである。

考えてみれば、使者が口上で主人の意を述べる場合、それがほんとうに主人の内意なのかを確認するすべはない。書状の内容が詳細であればよいが、そうでない場合は使者に対する信頼関係のみが根拠とされることになろう。こうした状況のなか、使者が持参した手日記は、一方で使者の備忘録《びぼうろく》の役割を果たしながら、他方で使者の口上がまぎれもなくその主人の内意であることを証明する文書としても機能したのである。

飛脚の登場

四月二十一日の書状を携えた榎並三郎左衛門と、二十四日づけの書状と手日記を持った榎並下総入道が、越後をめざして進んでいるころ、四月十日と十三日づけの為景の書状を抱えた使者は、逆に越後から進んで畿内に迫っていた。為景も三日違いで二通の書状を作ったわけで、こちらも使者は二人だったかもしれない。前に書いたように、畿内と越後の間の通行にはかなりの日数を要したから、為景の使者が畿内に着く前に卜山の使者が出発することになり、互いの通信が行き違う結果となったのである。

為景の書状がいつ卜山のもとに届いたかは定かでないが、五月十三日になって卜山は返事にあたる書状を書いた。為景の書状の内容は早速出陣するというものであり、卜山はこの返事で為景の態度を称《たた》え、能登の畠山義総にきつく命じたから、協力して油断なく作戦を進めてほしいと頼んでいる。なおこの書状で卜山は「あなたが若年より調練していることは有名なので、申すまでもありませんが、軍事行動は油断なく進めてください」と書いている。十六歳の初陣以来はなばなしい活躍を続けてきた為景の自尊心をくすぐるような文面をそれとなく入れているのである。

この書状には近日中に神保出雲守（慶明）が下向するから綿密に相談してほしいと記され、最後は「委細なお榎並三郎左衛門申すべく候」と結ばれている。四月二十一日の書状に見える榎並三郎左衛門がここでも登場しているが、四月二十一日に越後に下向した榎並が五月十三日には卜山のもとに戻っており、休むまもなく使者となったと考えるか、榎並は続けて越後に滞在し、卜山からの詳しい指示を彼が受け取って為景に伝える段取りができていたとするか、今のところはなんともいえないが、とりあえずは前者とみるのが自然であろう。

このころから為景と卜山の交信は頻度を増す。卜山の書状に対する為景の返事も何度か届き、卜山はすぐに飛脚を発して返書を送った。そして六月十三日になって神保出雲守の下向を告げ、早速の出陣を要請する内容の卜山書状が作成された。この書状にも「なお榎並三郎左衛門申すべく候」と記されている。確証はないが、五月十三日の書状を携えた榎並は、一月以内で畿内と越後を往復し、ここでまた使者として出発したと考えたい。

ところでこの書状で注目したいのは、「委細先日飛脚をもって申し候らいき」とあるように、書状発給の前に「飛脚」によって為景に対する連絡がなされていることである。後述するように八月十一日にも卜山の書いた書状（五か条からなる条書）が「飛脚」によって送られており、このときに「飛脚」が携帯したのも同じような条書だったと推定される。この文書自体は残っていないが、これが卜山と為景の交信で飛脚が登場する最初の事例である。

なぜこのとき使者ではなく飛脚が遣わされたか、その理由は定かでないが、適切な使者がいないときに代替措置として飛脚を用いていたことが、あとの考証からもわかるので、ここでも使者不在のなかで飛脚が派遣されたと考えるのが自然であろう。例の榎並三郎左衛門は五月十三日の書状を帯びて卜山のもとを離れており、彼が帰ってきたのは次の書状が出される六月十三日の直前だったと考えられる。榎並が出発してから為景の書状が何度か届き、早く返事をと思っても使者がいないという状況のなかで、とりあえず書状をしたためて飛脚に持たせるという方法が選ばれたのであろう。そして飛脚派遣のあとに榎並が帰国し、卜山はあらためて書状を書き、また彼にこれを持たせたのである。

ところが榎並三郎左衛門が出発して間もなく、またあらためて書状を出さねばならない事態になった。あの神保慶宗が和睦を求めてきたがどうしようかという為景の書状が届いたのである。形勢不利を悟った慶宗は、竜珠院《りゅうじゅいん》という人物を通して為景に和睦を要請した。これを受けた為景が、自分だけでは決められないからと、ひととおりの注進をしてきたのである。

六月十九日、卜山は返事を書いた。「慶宗の言い分はとんでもないことだが、二上城の城中を分裂させようと画策している最中なので、あるいは好都合かもしれない。越中入国のあとに調法するのがよいか。まああなたの思いどおりに、連絡しあって、うまくいくようにしましょう」というようなもので、卜山としても確固とした方針が出せなかった。神保慶宗討伐はやり遂げたいが、越中平定のためにはその降伏を認めるのも一策である。書状で心のゆれを示しながら、原則的には為景の意見に任せると述べている。

しかし事は重大なので、この件に関しては適切な使者を派遣する必要があった。しかし例の榎並三郎左衛門はちょっと前に出発したばかりでここにはいない。困った卜山は、前にも榎並三郎左衛門を追って使者をつとめてくれた榎並下総入道にまた頼むことにした。この書状の末尾には「なお榎並下総守申すべく候」と記されている。この榎並下総守は前出の榎並下総入道と同一人物であろう。

飛脚で申し訳ない

このように六月十三日と十九日に卜山は紀伊から書状を発しているが、ちょうどこのころ、長尾為景はついに軍勢を動かし、越中に向かって進軍していた。六月十三日に出陣した為景は、二十六日に書状と「一書」(詳しい条書か)を書き、卜山のもとに送った。

卜山の希望どおりに事は運んでいたが、為景が越中境川の城を攻略しつつあるころ、彼の身の上に一大事が起こった。湯川氏を中心とする紀伊の国人たちが反乱を起こし、卜山は紀伊広城を逃走して和泉の堺に退いたのである。

思いがけなくもみずからの領国から追放された卜山ではあったが、こうした苦境を打開するためにも越中における為景の活躍を切望した彼は、八月十一日に箇条書きの書状を書いた。

急度《きっと》飛脚をもって申し候。よって彼《か》の国に至り進発の由に候。肝要《かんよう》に候。いよいよ調儀申し談ぜられ、大利を得られべきこと専一に候。

一、今度紀州の儀、中意雑説《ちゅういぞうせつ》により、不慮の題目出来《しゅったい》候。無念至極に候。さりながら泉州堺津において無事に取り退き候《の》。心安く存ぜられべく候。紀州国民已下《いか》子細を申し候間、遊佐河内守と調談せしめ、その行《てだて》を成し、則時本意に属し、重ねて申すべく候。
一、其方《そのほう》儀肝要に候。時宜においては前々申し下し候といえども、なおもって慶明によくよく異見を加えられ、国中計略已下あい調えられべきこと、第一肝要に候。
一、先度《せんど》柴山藤兵衛尉をもって申され候一書の内、卜進退の事、只今其方より異見に随い、その意を成すべく候や。書状には申し分け難く候間、推量あるべく候。
一、能州肝心の儀に候間、何事異見を加えられ、彼方《かのほう》と相談せられ、注進肝要に候。
一、此方《このほう》より急度使者を差し下し、万端申したく候といえども、不案内の事に候間、その儀に及ばず候。其方より慥なる仁体《じんたい》早々差し上せられ、其方時宜速《すみやか》に承るべく候。此方の儀においては、かえすがえす心安く存ぜられべく候。軈《やが》て軈て本意に達すべく候。委細なお神保出雲守申すべく候。恐々謹言。

八月十一日　　　　卜山（花押）

長尾弾正左衛門尉殿

出陣を伝える為景の書状と「一書」は届いていたが、変事が起きたために手紙を出す余裕がなかったのであろう。しかしようやく堺に落ち着いた卜山は、急いで飛脚を使って畿内の状況を伝えようとしたのである。「急度飛脚をもって申し候」という書き出しはこうした卜山の思いを端的に示している。

箇条書きの一条は紀州での変事と堺への退却を記し、紀伊を奪回できたらまた連絡するとしている。そして二条で神保慶明と協力して越中平定を急ぐように指示し、四条ではとにかく能登の者どもと相談して注進せよと念をおしている。

面白いのは第三条である。これは「先に柴山藤兵衛尉を使いとして届けられた一書（条書）のなかの、卜山の進退についてのことですが、いまあなたの意見どおりにするのがよいのでしょうか。書状にはとても書けないことなので推量してください」というような内容で、いまひとつ具体性に欠けるが、早く越中に発向してほしいという為景の要請に対して、こういう状況なので難しいということを婉曲に表現したものと考えるのが適当であろう。

卜山の下向については、先に見た四月二十四日の「手日記」にも書かれており、彼が下向の意志を持ちながら畿内の混乱により実行できない状態にあったことが知られる。そして紀伊から堺への逃亡という事態になって、どうみても越中への下向はできなくなってしまったのである。ただこれは自分のほうの失態だから、胸を張って「事情が変わっていけません」とは言えない。そこで前記したような婉曲な表現を用いたのであろう。「書状には申し分け難く候間、推量あるべく候」という文面は、恥ずかしい話だがわかってほしいという卜山の苦渋の表われなのである。

このような弁解めいた表現は、最後の五条目にも見える。ここで卜山はこの書状を使いではなく飛脚に持たせた事情について次のように説明している。

◇こちらから急ぎ使者を差し下し、万端を申したいところなのですが、不案内なために、それはやめにしました。そちらからは慥かな人物を早く遣わしてください。そちらのことを早く聞きたいのです。

「不案内」なので使者が出せないというのは、越中の地理に明るい者がいないということであろう。いつも使者になっていた榎並三郎左衛門は、八月二十三日の書状には登場するが、このころは卜山のもとにいなかったのではあるまいか。卜山の逃走という事態のなかで、その重臣たちも混乱をきわめていたと想像される。ようやく堺に落ち着いた卜山が、為景にあてて書状を出そうと思ったときに、頼りになる家臣は一人もいなかった。そして彼は次善の策として、政治情勢とみずからの意思を記したこの書状を飛脚に持たせたのである。

使者を送らず飛脚で済ませたことを弁明している卜山ではあったが、為景に対しては「慥かな使者をよこしてほしい」と頼んでいる。調子のよい話だともいえようが、やはり飛脚によって届けられる情報より、れっきとした重臣が使者となって伝える情報のほうが安心感があったのである。

使者は多忙

紀伊を追われた卜山がみずからの窮状を伝える飛脚を出したころ、長尾為景に率いられた越後軍は、境川の要害を攻め落とし、越中の中央部めざして進んでいた。そして間もなく境川陥落の風聞が卜山のもとに届く。

読者は思い出していただけただろうか。ここから第一話の冒頭の場面に話がつながっていくのである。

噂は届いたが正式な注進がないのにいらだった卜山は、八月二十三日になって為景に書状を出した。このときは榎並三郎左衛門も卜山のもとに帰ってきており、この書状を携えて越中に赴いたらしい。為景から進上された白布五端に対する礼状も同時に書かれ、榎並が二つの書状をまとめて抱え出発している。

ところがその直後に境川陥落を伝える為景の書状が届き、喜んだ卜山は二十六日に為景の活躍を称える書状を書いた。ここには使者の名を示すような記載がないから、榎並不在という事情から飛脚を放ったと推測される。さらにその二日後の二十八日、卜山はまた別の書状を書き、為景が越中新川《にいかわ》郡で椎名の一類を破ったことを褒め、「皆々の陣中における苦労推察します。皆に書状を出すべきですが、なんとかこちらの気持ちを伝達してください」と頼んでいる。国人衆に書状を出す余裕はないが、感謝の気持ちは伝えてほしいというわけである。

そして一か月後の九月二十八日、卜山はまた次のような書状を書いた。

その方出陣につき、先度書状をもって申し候。定めて参着あるべく候。よってこの方の事、都鄙申し合わせ、近日入国すべく候。しかれば即時本意に達すべく候間、心安かるべく候。ついでその国の儀、おのおの示し合わせられ、堅固にあい踏まれべきこと肝要に候。安本彦左衛門をもって申すべく候といえども、爰許《ここもと》手遣いの儀につき、使のこと申し付くる子細候間、その儀なく候。なお神保出雲守申すべく候。恐々謹言。

九月廿八日　　　　　　　　　　　卜山（花押）

長尾弾正左衛門尉殿

◇越後軍の出陣のことについて、前に書状を出しました。きっと到着したことと思います。さて、当方のことですが、京都と紀伊とで連絡をとりあって、近日中に紀伊に攻め込む予定です。きっとすぐに平定するでしょう。ご安心ください。越中のほうは、皆で相談しあって、きちんと押さえてください。安本彦左衛門を使者としてお届けしたいと思ったのですが、ちょうどこちらの用で別の所への使者を命じてしまったので、これは叶いませんでした。なお神保出雲守が連絡します。

紀州回復の可能性が高いから安心して越中経略に励んでほしいというのが伝達の内容だが、ここにも使者が出せない事情が書かれている。安本彦左衛門という家臣を使者として派遣するつもりだったが、ちょうどよそに行くことになったので無理だというのである。紀伊回復を志す卜山にとって、連絡を常時とりあう必要のある大名や国人たちは数多く、有能な使者はほとんど出払っていたのである。

それではあの榎並三郎左衛門はどうしたのか。彼の動向は文面に直接には見えないが、はじめの部分にある「先度書状をもって申し候。定めて参着あるべく候」という文言は注目に値する。「前に出した手紙、きっと着いたことでしょう」と手紙に書くということは、卜山が書状が届いた確証をつかんでいないことを示している。為景の出陣にかかわる書状というのは八月十一日・二十三日・二十六日・二十八日と立て続けに出した四通を指すと思われるが、このうち最初の書状は飛脚に持たせ、二通めは榎並三郎左衛門が抱えていったものであり、あとの二通はおそらく飛脚が運んだと思われる。飛脚によって書状が運ばれる場合、返事を出してくれなければ書状が着いたかどうかはわからず、使者が持参する場合も、彼が帰らなければ安心はできない。榎並が書状を為景に届けたことは、この文書が「上杉家文書」に現存することから確実であるが、おそらく一か月あまりたっても彼は堺の卜山のもとに帰れなかったのだろう。そして軍事に忙しい為景も書状の返事を出せなかったと推察される。こうした事情であの書状が確実に着いたという手がかりを卜山は得られなかったのである。

　この書状を出してからしばらくの間、卜山の書状は見えなくなる。文書が紛失した可能性もあるが、戦闘の本格化によって為景の連絡も途絶えたし、為景にやる気がある以上、頻繁に励ましの書状を送る必要もないと判断したのかもしれない。

　卜山の熱意は後退ぎみだったが、神保討伐を実現させようという為景の決意は本物であった。冬になっても退却せず、十二月二十一日、新庄（富山市）で決戦の末、慶宗はじめ数千人を討ち取り、宿願を果たしたのである。

　畠山卜山が慶宗滅亡の知らせを受けたのは、年が改まってしばらく経たころであった。永正十八年（一五二一）正月十九日、卜山は為景の功績を称《たた》える手紙を書き、太刀《たち》と武具を進呈した。

　久しく張陣《ちょうじん》、粉骨に候。殊に十二月廿一日、新庄において合戦、神保越前守慶宗を始めとして、数千人討ち捕《と》られ候。当手の衆数か度鑓《やり》を合わせ、あるいは討死《うちじに》、あるいは疵《きず》を被《こうむ》るの由に候。戦功比類なく候。殊更《ことさら》自身の働き、古今の高名、筆に尽し難く候。一戦により当国時日を移さず本意に属し候事、満足是非に及ばず候。はたまた、太刀一腰《ひとこし》、腹巻一領《はらまきいちりょう》、薫肩赤《くすべかたあか》（甲《かぶと》これあり）これを遣わし候。いよいよ越度《おつと》なきの様、慶明に対し異見頼み入り候。なお神保出雲守申すべく候。恐々謹言。

正月十九日　　　　　　　　　卜山（花押）
　長尾弾正左衛門尉殿

著者のコメント

長くてこまごまとした話におつきあいいただき、ありがとうございます。何月何日に手紙が出て、何日に着いたといった話ばかりで、しかも今と違って手紙が着くのに十日以上かかるといった状況なので、話が錯綜《さくそう》してしまいました。ただここで述べたかったのは長尾為景がどうやって神保慶宗を討伐したかという普通の戦国ストーリーではありません。畠山卜山と長尾為景の通信のありようを再現しながら、この時代の遠隔地交信の特徴をつかみたいと考えてみたわけです。ですから話が錯綜してわかりにくいとすれば、そうした「わかりにくさ」こそ、当時の通信・伝達の特徴だと言うことができるでしょう。

手紙を出してもすぐには着かないわけですから、相手から新しい手紙がきたら、こちらも返事を書くというやりかただと、せいぜい月に一度しか手紙が書けなくなるわけです。しかし手紙を書かねばならない事態はしばしば訪れますし、最初のところで述べたように、手紙の前に噂が流れてくることもよくあることでした。したがって相手の返事が来る前に、新たな手紙を出さねばならず、その結果両方の使者（あるいは飛脚）がすれ違うという事態が頻発していたと考えられます。

自分の出した情報が、いったい相手に通じているのかという不安は、当時はきわめて深刻なものでした。使者が帰るまでに一月はかかり、飛脚の場合は着いたかどうか確かめられないことが多かったのです。そういう状況ですから、新たな文書を出す場合、前の連絡が届いていることを前提としながらも、ほんとうに相手がわかっているか不安な状態で手紙を書くことが多かったと推測されます。

越後と紀伊・和泉という遠隔地の交信を見ながら、現在では想像しにくい情報伝達の時間的ロスと、それによってひき起こされる事態を考えてみる、というのがこの第一話の主題ですが、さすがに内容豊かな文書なので、ほかの論点も同時に示すことができたと思います。とくに注目できるのは使者と飛脚の問題でしょう。

畠山卜山と長尾為景の交信において、卜山側の使者としてたびたび登場したのが榎並三郎左衛門で、為景の使者としては柴山藤兵衛尉という人物が現われます。このような信頼できる使者が主人の文書をみずから抱えて遠路を進み、着実に先方に届け、さらに文書の文面だけでは表現できない主人の気持ちを口頭で伝え、そのあと早めに帰国して主人に報告するというのが、基本的な外交の方法だったことがわかります。

ところがこの紀伊・和泉と越後の交信では途中から使者が出せない状態になり、かわって飛脚が派遣されることが多くなります。使者が出せない事情については、卜山自身が書状で弁明していますが、地理が不案内だとか、使者になれそうな家臣がいても他所に派遣されているといったことがその理由だったことがわかります。ここで見たようなきわめて重要な外交交渉には、有能で健康な家臣で、しかも当面自分のほうで用のない者を選ばねばならず、そうした人物はそう多くいなかったようなのです。

そこで飛脚が使われるわけですが、卜山の書状に見えるように、きちんとした使者による伝達こそが正式で、飛脚は略式であるという意識が存在していたことは確かなようです。

ほかにもいろいろありますが、とりあえずはこの「使者と飛脚」という問題を頭に入れて、第二話に進んでください。

第二話　出羽山伏

——北条氏綱と長尾為景の交信——

使者は山伏

神保《じんぼ》を討ち取ったことにより、長尾《ながお》為景《ためかげ》の武名は一挙に高まった。越中《えっちゅう》の混乱はこのあともしばらく続き、為景もあらためて出兵せざるをえなかったが、ほどなく内乱は鎮定され、大永《たいえい》元年（一五二一）の十二月、為景は畠山卜山《はたけやまぼくざん》から正式に越中新川《にいかわ》郡の守護代《しゅごだい》に任命された。このことは越中出兵の当初から約束されてはいたが、抜群の戦功によって、越後《えちご》とつながる越中東部を管轄する権利を為景は獲得したのである。

畠山卜山は結局紀伊《きい》を回復できないまま、淡路《あわじ》（兵庫県）に逃れ、大永二年に死去したが、一時京都を追われていた管領細川高国《かんれいほそかわたかくに》は、ライバルの細川澄元《すみもと》が早世したこともあって幕府の政治を再び掌握した。そして越後の長尾為景は、高国を中心とする幕府と密接な関係を築き上げ、みずからの地位を堅固なものとすることに成功した。これからしばらくの間、彼の人生のうちでもっとも平穏で自信に満ちた時代が続く。

そして、大永四年から五年に年が変わる前後のある日、為景の春日山《かすがやま》（新潟県上越市）の館《やかた》に見慣れぬ山伏《やまぶし》がやってきた。彼は関東の北条氏綱《うじつな》に頼まれて、遠路はるばるここに来たと言い、大切に抱えてきた書状を提出した。その書状は十一月二十三日づけの、かなり長いもので、冒頭には次のように書かれていた。

岩堀罷《いわぼりまか》り帰るの刻《きざみ》、口上《こうじょう》をもって御懇《ねんごろ》に仰せを蒙《こうむ》り候。畏《かしこ》み入り候。その已後《いご》申し入れべく候といえども、路次断絶《ろじだんぜつ》の間遅延候。爰元様体《ここもとようたい》につき、出羽《でわ》山伏を進《まい》らせ候。

◇岩堀がこちらに帰るとき、貴方の内意を口頭で懇切に（岩堀に）お話しくださり、恐縮しております。その後、ご連絡しようとしたのですが、路次が塞がれている状態なので、遅れてしまいました。こちらの様子についてお伝えするために、出羽山伏を遣わしました。

北条からの使者はこんどが二度めだった。かなり前に岩堀という人物がやってきて、主人氏綱の頼みを伝えたが、このとき為景はそれなりに返事をし、岩堀は関東に帰っていったのである。あれからしばらく連絡がないと思っていたところに次の使いが到着したわけだが、為景が目にしたのは岩堀ではなく「出羽山伏」だった。そして使者が遅れ、しかも「出羽山伏」が起用された理由が「路次断絶」にあることを、為景は書状を読んで理解したのである。

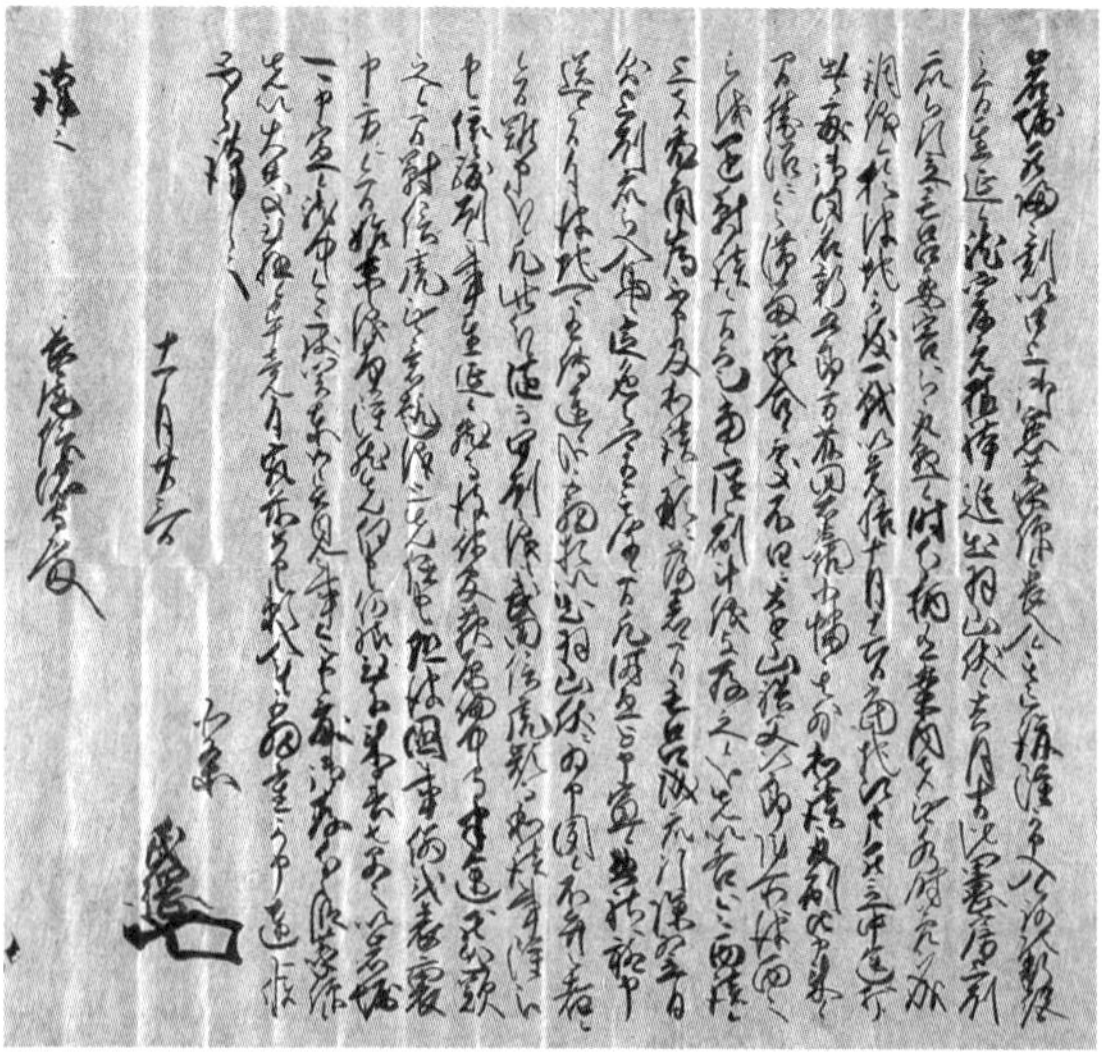

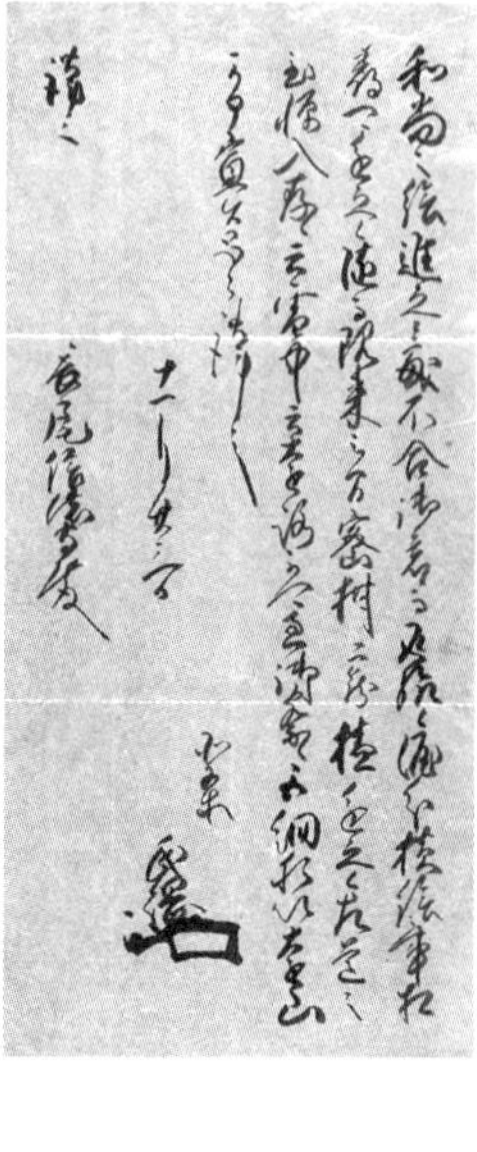

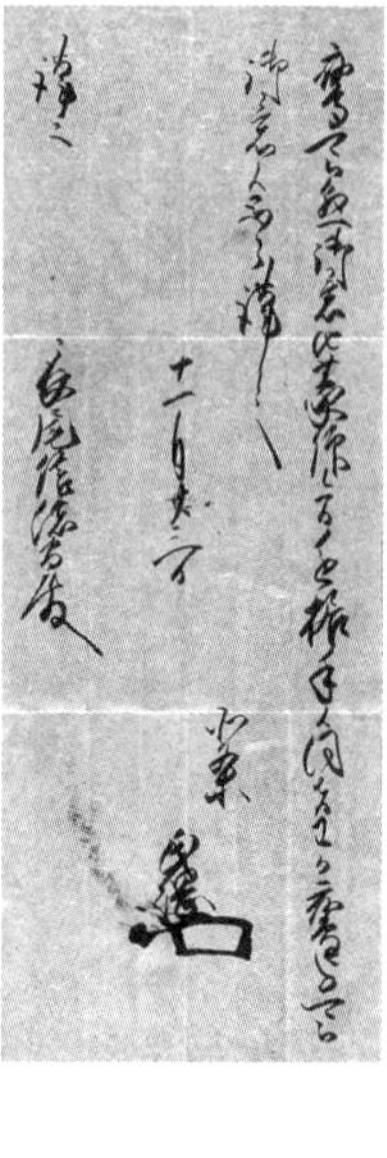

図6　北条氏綱書状（「上杉家文書」米沢市〈上杉博物館〉所蔵）

十一月二十三日づけの三通の書状。下段の二点は紙を縦長に切っており、「竪切紙」とよばれるもの。上段のものは横に四つ折りしたあと細く巻き込んでおり、下段の二点は三つ折りして、やはり細く巻いている。「出羽山伏」が運んだ文書は、このように小さく折りたたまれていた。

出羽山伏は不弁者

書状の文面は長く続いた。

去月十日ごろ、憲房《のりふさ》、上州衆《じょうしゅうしゅう》引き立てられ、毛呂《もろ》要害へ取り懸けられ候。時分柄案内者《あないしゃ》あり、無水《むすい》の時節調儀《ちょうぎ》を成され候。彼《か》の地において一戦致すべき覚悟をもって、十月十六日、当地江戸《えど》罷《まか》り立ち、中途へ打ち出で候ところ、御同名《ごどうみょう》新五郎方・藤田右衛門佐・小幡《おばた》、そのほか和談取り刷《あつか》う由、申し来り候間、勝沼《かつぬま》に滞留せしめ、承《うけたま》り合わせ候ところ、不日《ふじつ》に遠山秩父次郎陣所《とおやまちちぶじろうじんしょ》へ、彼の面々越えられ、対談を遂げ候間、定めて当座の刷《あつかい》ばかりの儀と、これを存じ候ところ、まずもって各《おのおの》へ面談せしめ候上は、兎角《とかく》申すに及ばず、和談の形に落着し候間、毛呂城衆引き除《よ》け、翌日すなわち上州衆馬を入れられ候。定めて色々その聞こえあるべく候間、およその時宜《じぎ》を申し宣《の》べ候。惣社《そうじゃ》へいささか申し送り候間、彼の地より伝達あるべく候や。巨細《こさい》なおもって出羽山伏に申し聞かせ候。不弁《ふべん》の者に候間、申し分け難く候。およそこの分に候。

◇去月十日ごろ、上杉憲房が上州（上野国《こうづけ》、群馬県）衆を率いて毛呂（埼玉県毛呂山町）要害へ攻め込みました。ちょうど事情に明るい人がいたので、水が枯れきっている時期をみはからって行動したのです。そこで私は毛呂で決戦しようと、十月十六日に江戸を出発し、中途まで進みました。そのとき長尾新五郎（憲長）や藤田右衛門佐・小幡などが「私たちが和儀を斡旋《あっせん》しましょう」と申してきたので、勝沼（東京都青梅市）に滞留して連絡を待っていたところ、こうした面々がすぐに遠山秩父次郎の陣所に行って対談しました。きっととりあえずの相談だと思って傍観していたのですが、も

図7　北条氏綱
（神奈川県箱根町 早雲寺所蔵）

うみんなで面談して決めたということなので、あれこれ言えない状態になり、和談ということで落着してしまいました。そして毛呂に籠っていた北条方の兵が城から退出し、翌日上州衆が入城しました。

きっといろいろの風聞が流れていると思い、だいたいの状況を説明しました。惣社（群馬県前橋市）へも連絡しましたので、そちらから伝達もあろうかと思います。詳しいことは出羽山伏に言い聞かせましたが、不弁の者なので、うまく話せないと思います。だいたいはここに書かれたとおりです。

書状には毛呂をめぐる北条氏綱と上杉憲房《のりふさ》との争いの経緯が詳細に書かれていた。毛呂要害には北条方の兵が籠っていたが、憲房に率いられた上州の武士たちがここに攻め込み、江戸にいた氏綱は早速救援に向かった。ところが、ここで足利《あしかが》（栃木県足利市）の長尾憲長や、藤田・小幡といった武士たちが仲裁に入り、氏綱が勝沼に滞留している間に、遠山秩父次郎と相談して和談をまとめてしまい、結局毛呂要害は開城して上杉方に渡されたのである。

この書状の文面は、事の経緯を詳しく伝えながら、自分の立場への理解を求める氏綱の心情が滲《にじ》み出るものであった。「色々その聞こえあるべく候間、およその時宜を申し宣べ候」とあるように、氏綱はあらぬ風聞《ふうぶん》が広がるのを恐れ、自分が毛呂を捨てた理由を書状で懇々《こんこん》と述べたのである。氏綱があっさり毛呂を放棄したという噂が広まれば、「北条はまともに戦う意志がない」と為景に思われかねない。そう考えた氏綱は、自分はやる気があったが、まわりの武士たちが先走って和議を調えてしまったのだと、自分の立場を説明したのである。

相手を納得させるために、事件の推移とみずからの立場を細かく書状にしたためた氏綱であったが、彼がこうした詳しい書状を書いた理由はほかにもあった。使者である出羽山伏に自分の気持ちを話し、為景への伝言を頼んだものの、彼が「不弁の者」だったため、これはあてにならないと判断して詳細な書状をしたため、「詳しくは出羽山伏に言い聞かせましたが、彼はあてになりません。この書状に書いてあるとおりです」という注意書きまで加えたのである。

最初に使者となった「岩堀」なら、こんな心配をする必要はなかった。ただ「路次断絶」という状態のなかで大切な彼を派遣するわけにはいかない。そこで道の状況にかかわらず山を越えてどこにでも行く能力のある「出羽山伏」を起用したのである。しかし彼は足こそ強いが、自分の話す複雑なことがらをきちんと理解できない。こうした状況に直面した氏綱は、それならと詳しい内容の書状を書き、山伏に持たせたのであった。

氏綱の希望と為景の立場

このように大永四〜五年（一五二四〜二五）のころ、北条氏綱は遠く越後の長尾為景に対して、たびた

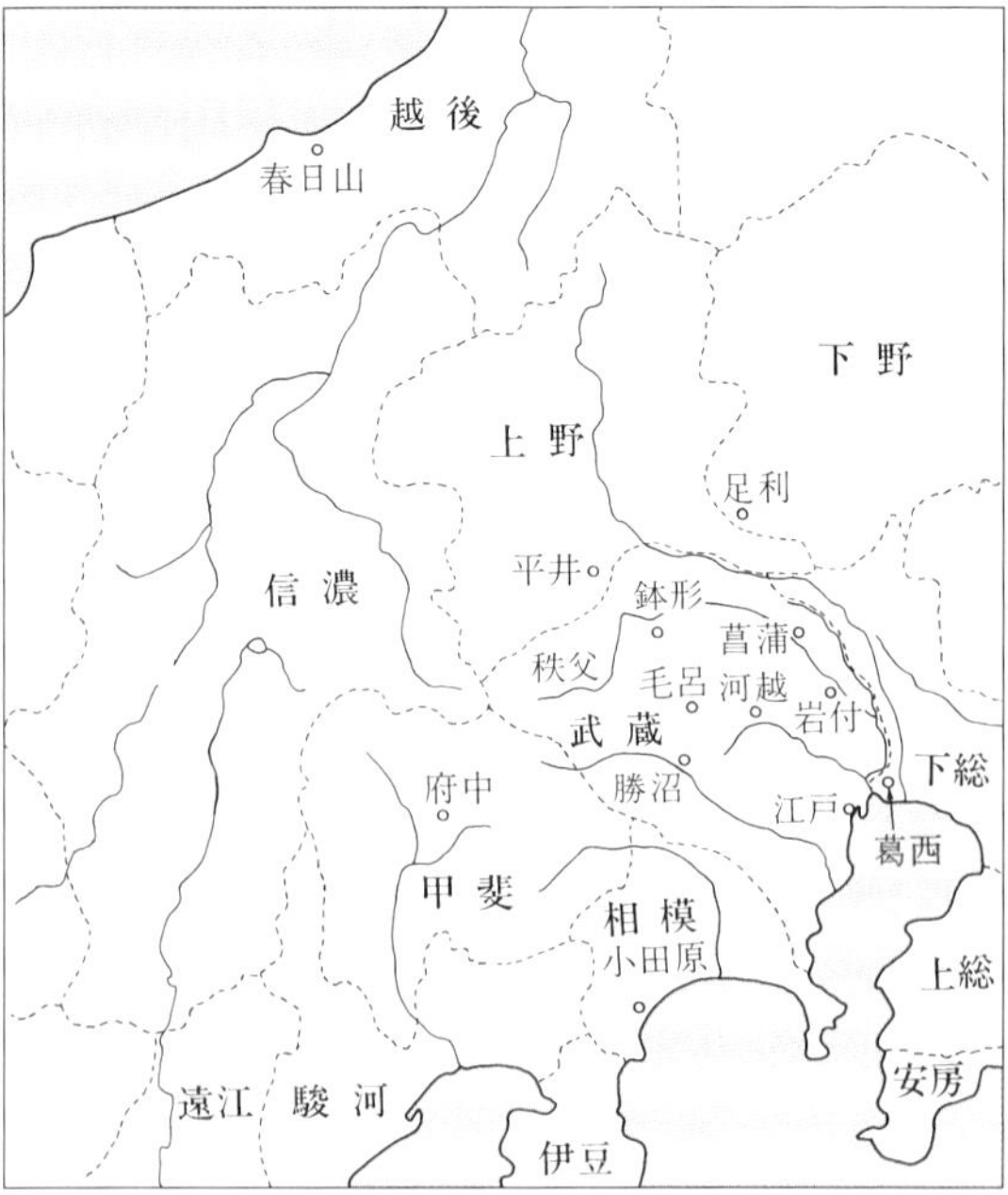

図8　第二話関連地図

び使者を派遣して協力を求めていたが、そもそもこのような事態が起きたのはなぜか、当時の関東の政治情勢と北条氏綱の立場について、簡単に見ていくことにしたい。

北条氏綱は言うまでもなく小田原《おだわら》北《ほう》条《じょう》氏の第二代当主で、有名な伊勢《いせ》宗《そう》瑞《ずい》（北条早雲《そううん》）の子である。宗瑞は明《めい》応《おう》二年（一四九三）に伊豆《いず》に攻め込んでこれを掌握し、明応四年には小田原（神奈川県小田原市）を押さえて相模《さがみ》（神奈川県）の西部を領地に組み入れた。そして永正《えいしょう》九年（一五一二）、相模東部を押さえていた三浦義同《みうらよしあつ》を破って一挙に東に進み、やがてこれを滅ぼして相模一国を手中に入れた。

永正十六年（一五一九）に宗瑞が死去したとき、子の氏綱はすでに三十四歳の壮年だった。彼の当面する敵は、河越《かわごえ》（埼玉県川越市）・江戸（東京都千代田区）を中心として武蔵《むさし》南部を押さえていた上杉（扇《おうぎ》谷《がやつ》）朝興《ともおき》だったが、伊勢の姓を改めて北条を名乗った氏綱は、まず江戸城の奪取を試み、大永四年正月、とうとうこれをわがものとすることに成功する。

江戸を奪われた上杉朝興は、上州平井《ひらい》（群馬県藤岡市）を中心に上野と武蔵北部を押さえていた上杉（山内《やまのうち》）憲房《のりふさ》と連合することによって事態を乗り越えようとした。この上杉憲房は、長尾為景によって討たれた上杉顕定《あきさだ》の養子で、関東管領《かんとうかんれい》の職にあった。要請を受けた彼は結局これを受け入れ、新興の大名北条氏と、伝統ある山内・扇谷両上杉氏が全面的に対決することになる。

こうした情勢の緊迫のなかで、俄然《がぜん》注目を浴びることになったのが越後の長尾為景であった。越後一国の統一を果たし、京都の幕府の信頼も厚い為景が、この関東の混乱に際してどう動くか、誰もが注目するようになったのである。

氏綱が為景に熱烈なラブコールを送り続けた理由はここにあった。氏綱にしてみれば、もし為景が味方になって出兵してくれれば、両上杉軍を挟み撃ちにできるし、それは無理でも、上杉方に呼応せず中立を守ってくれるだけでもありがたい。そう考えた彼は、まず信頼できる直臣《じきしん》の岩堀を派遣したのである。

武田は信用できない

ここでもとの場面に戻りたい。山伏が持参した氏綱の書状には、まだ文章が続いている。

随《したが》って甲州《こうしゅう》の儀も、武田信虎《たけだのぶとら》頻《しき》って和談の事申され候といえども、駿州《すんしゅう》のことにより遅延候。しかれども、彼《か》の被官《ひかん》荻原備中守、半途《はんと》へ罷《まか》り出で、これを歎き候間、信虎に対し意趣《いしゅ》なき儀に候上、先ず任せ申し候。ただし彼の国の事、例式表裏《れいしきひょうり》の申し方に候間、始末《しまつ》の儀如何《いかが》、しかりといえども、先ず任せ申し候。

何様《いかよう》来春に至りては、早々岩堀をもって申し宣ぶべく候。なかんずく、今度関東御異見のこと申せしめ候ところ、御存分の段、仰せを蒙《こうむ》り候。まずもって大慶至極《たいけいしごく》に候。畢竟《ひっきょう》最前より申し候ごとく、頼み入るばかりに候。巨細重ねて申し達すべく候。恐々謹言。

◇それから甲斐（山梨県）のことですが、武田信虎がしきりに和談のことを言ってきましたが、駿河《するが》（静岡県）の件もあって遅れていました。しかし、信虎の被官の荻原備中守が半途まで出てきて、嘆願しましたので、信虎に別に恨みもないので、彼に任せることにしました。ただあの国は、いつも言うことが変わるので、どうなることやら。それでもとりあえずは荻原に一任しました。なんとかして来春には岩堀を使いとして遣わし、気持ちをお伝えするつもりです。とくに、こんど関東のことについてご意見を伺いましたところ、お考えのほどをお聞かせくださり、大慶至極に存じます。とにかく前から言っているように、お頼みするばかりです。詳しくは重ねてお伝えします。

関東の形勢に続いて、氏綱は甲斐の武田信虎との講和について為景に説明する。信虎のほうから和睦の話があり、あまり信用できないがとりあえず熱心な荻原の言うとおりに和談を進めてもらうことにしたと述べているのである。

当時、北条氏綱は甲斐の武田信虎と争っていたわけだが、両上杉氏と全面対決に至った氏綱は、武田氏との関係回復も必要と判断したに違いない。この書状には和議が武田主導でなされたように書かれているが、北条の側にもそれを望む要因があったことはまちがいなかろう。

氏綱がこの書状でわざわざ甲斐との問題にふれた理由はわからないが、両上杉氏と対決している氏綱にとって、越後の長尾と甲斐の武田とは、なにより提携をとりつけねばならない大名であり、この三者が連合して両上杉を囲い込むことができないかと、彼は日夜夢想していたのであろう。そういうことになれば、長尾と武田の連合も日程に上《のぼ》せなければならなくなる。そうした将来を見越して、当面は関係ないように見える甲斐との交渉の様子を、詳しく書状にしたためたのであろう。

それにしてもここで氏綱が「武田は信用できない」と感情を吐露《とろ》していることは面白い。これも政治的駆け引きと考えることもできようが、常日頃から約束を違《たが》えられていた氏綱が思わず漏らした一言と、素直に考えてもよかろう。

突き返された贈り物

長く続いた氏綱書状の末尾は、春になったらあの「岩堀」を派遣するとの約束と、「とにかく頼み入るばかりです」という低姿勢な文言《もんごん》で結ばれる。こんどのことは氏綱からの一方的な依頼であり、為景のほうには無理して北条と結ぶ理由はないのである。氏綱の文面がひたすら丁重なのは、こうした事情によるものであった。

長尾為景の気を引くために、氏綱はかなり気をつかっていたわけだが、実をいうと彼は、書状で懇願するだけでなく、気のきいた贈り物を為景に届けていた。例の書状と同日に書かれた次の書状から、その内容が具体的にわかる。

和尚《おしょう》の絵、これを進《まい》らせ候ところ、御意《ぎょい》に合わず候らいて、返し給わり候。涯分横絵《がいぶんよこえ》のことあい尋ね、これを進らすべく候。随って現来《げんらい》の間、蜜柑《みかん》二籠《かご》・榼《たる》、これを進らせ候。左道《さどう》の至り、憚《はばか》り入り存じ候。雪中といい、遠路といい、御察《おさつ》し過ごすべからず候。巨細なお遠山をもって申し宣《の》ぶべく候。恐々謹言。

十一月廿三日　　　　北条

氏綱（花押）

謹上　長尾信濃守殿

図9　牧谿筆「羅漢図」
（東京都 静嘉堂文庫美術館所蔵）

◇和尚の絵をお贈りしましたが、お気に召さず、お返しいただきました。なんとか横絵を捜し出して、お贈りするつもりです。今回はちょうど手に入ったので、蜜柑二籠と酒樽をお贈りします。つまらないものでお恥ずかしいのですが、雪中を遠路はるばるお届けするのですから、そこのところはお気にとめていただきたいと思います。詳しいことは遠山がお伝えします。

「和尚の絵」とは、中国の画家、牧谿法常《もっけいほうじょう》の絵をさす。牧谿は宋《そう》から元《げん》にかけて活躍した禅僧《ぜんそう》画家で、その作品は日本で熱狂的に珍重《ちんちょう》された。政治的交渉を有利に進めるために絵を贈ることは、古くからよく行われていることであったが、最高級ブランドともいえる牧谿の絵を氏綱は贈ったのである。

ところが為景の応対は意外なものだった。この絵はおそらく使者の岩堀が携えてきて、為景の面前で披露されたのだろうが、為景は絵を見て「気に入らない」と突き返してしまったのである。為景がなぜせっかくの贈り物を返したのか、その理由は定かでない。こんなたいそうなものをもらってしまっては、氏綱の頼みを断ることができなくなると考え、とりあえず「気に入らないから」といって引き取ってもらったのかもしれないが、ほんとうにこの絵自体が好みに合わず、「もっと別のものがほしい」と言ったのかもしれない。

岩堀はしかたなく絵を携えて帰国し、主人に一部始終を伝えた。意外な展開にとまどった氏綱ではあったが、彼はすぐに気を取り直し、為景が気に入りそうな、横長に描かれた「横絵」を捜し始めた。そして二度目の使者（出羽山伏）を派遣する段になって、いま横絵を探していることを告げるとともに、蜜柑と酒樽をとりあえずの品として贈ったのである。この贈り物は、おそらく例の出羽山伏（あるいはその従者）が雪のなかを遠路はるばる背負って運んだのであろう。なんとか為景の気を引こうとつとめた氏綱は、気に入ってもらえそうな絵を捜し続け、やがてめぼしいものを手に入れることになる。

できることなら若鷹を

ところで十一月二十三日に氏綱が為景あてに書いた書状は、実をいうと、もう一通あった。

鷹御意《たかぎょい》に懸《か》けられべき由、仰せを蒙《こうむ》り候間、据手《すえて》を進らせ候。同じくは若鷹《わかたか》を御意に懸けられべく候。恐々謹言。

北条
十一月廿三日　　氏綱（花押）
謹上　長尾信濃守殿

◇鷹をお贈りいただけるとのことですので、据手を派遣しました。同じことなら若鷹をいただければと思います。

使者の岩堀が帰る際、為景は「こちらから鷹を差しあげましょう」と約束したのである。この申し出を聞いた氏綱は、喜んで「据手」を派遣した。鷹を運ぶにはこれを自在に操る鷹匠《たかじょう》が必要だが、為景からのありがたい申し出に応えるために、氏綱はわざわざ有能な鷹匠を越後に派遣したのである。この鷹匠が山伏とともに行動したかどうかは定かでないが、越後に入ったあと山伏と「鷹」がいっしょに動いていることがわかるので、越後に至るまでの道中も、山伏と鷹匠は連れ立って動いたと考えたい。このときの一行は、三通の書状を携えつつ蜜柑二籠と酒樽を運んでいたわけで、隊長の山伏と鷹匠、そしておそらくは荷物持ちの従者によって構成されていたのではあるまいか。

それにしても「同じくは若鷹を御意に懸けられべく候」という氏綱の申し出は面白い。鷹をいただけるのなら、できれば若鷹にしてほしいというわけで、疎遠な関係の人には頼みにくいようなことである。鷹をもらえるということで喜んだ氏綱は、少し調子に乗ってこうした希望をはしなくも書いてしまったのかもしれない。

氏綱の望みは叶えられた。為景はこの鷹匠に二羽の鷹を与えたが、そのうちの一羽はそれなりに若い鷹だったらしい。しかしこの鷹は、事もあろうに甲斐の武田信虎によって抑留されてしまう。

春日山で役目を果たした山伏と鷹匠は、山越えで信濃《しなの》（長野県）に入り、甲斐《かい》に進んで武田信虎のもとに赴き、そのあと北条氏綱のところに戻ったのであるが、この過程で彼らはかなりの苦労をし、鷹も押さえられるということになったらしい。このあたりの経緯は、出羽山伏が再び為景あての使者となるとき（三月十日）に氏綱が書いた追伸の手紙に詳しく書かれている。

追って申せしめ候。鷹所望《しょもう》申し入れ候ところ、二つ御意に懸けられ候。畏《かしこ》み入り忝《かたじけな》く候。しかる間、甲州において押し留《と》められ候を、色々申し抜け、罷《まか》り越え候。しかりといえども、一つはあい留められ候。この間に至りて返され候。若き方所望の義をもって候かと存じ候。重ねて据えさせ候らいて遣わし候。如何候や。出羽の事も、彼の国不思議に無為《ぶい》に罷り通り候。是非なく候。

図10　武田信虎
（甲府市 大泉寺所蔵）

◇追ってお伝えします。鷹をほしいと申し入れましたところ、二羽もいただきまして、ほんとうにありがたいことです。それで、甲州で鷹を抑留されそうになったのですが、なんとか言い逃れて通過しました。ただ一羽だけは押し留められてしまいました。この一羽もこのごろ返されましたが、若い方をほしいということらしいので、あらためて据手に渡して届けさせました。どういうことでしょうか。出羽山伏も、甲州をなんとか無事に通り抜けました。とにかくしかたのないことです。

為景からもらった二羽の鷹は、氏綱のもとに送り届けられるはずであった。ところが甲斐の信虎が、むりやり自分のものにしようとし、このうちの一羽を押さえ取ってしまったのである。鷹匠はしかたなく一羽だけを携えて氏綱のもとに戻り、事情を説明した。またあの出羽山伏も、苦労の末になんとか甲州を通り抜けることができた。山伏と鷹匠の長い旅は苦労の連続だったのである。

そしてしばらくのち、甲斐から例の鷹が送り戻された。これはきっと「若い鷹のほうがよい」という武田の意向の表われと判断した氏綱は、もう一羽の鷹（つまり最初は甲斐を通り抜けたほう）を武田のもとに遣わし、為景にも報告した。

武田信虎がなぜ鷹を抑留したのか、よくはわからないが、越後からやってきた二羽の鷹を目にした信虎が、その見事さに感動し、「為景が北条に二羽送るというのは、そのうちの一羽を武田に届けてほしいという意味だ」というような理屈をつけて一羽を要求したのではあるまいか。両上杉を相手に戦いを続けている氏綱に比べて、信虎の立場は安定していたから、こうした要求ができたのかもしれないが、困った鷹匠（そしておそらくは出羽山伏）は、結局「若くないほうの」鷹を信虎に渡したのである。「若い鷹がほしい」という主人の希望をよく心得ていた彼らは、なんとか言いくるめて若鷹だけは氏綱に届けることにしたのであろう。しかしあとでこれを知った信虎は「私も若鷹がほしい」といわんばかりに例の鷹（若くないほう）を返してきた。そして武田との関係修復を迫られた氏綱は、断腸の思いで若鷹を手放したのである。

出羽山伏の再起用

出羽山伏と鷹匠が越後から甲斐を巡って苦労していたころ、関東の戦局は北条有利に展開していた。大永五年（一五二五）二月四日、氏綱は岩付《いわつき》（埼玉県岩槻市）城攻撃の軍を発し、六日に終日戦って陥落させた。そしてここを渋江《しぶえ》という武士に守らせて自らは江戸に帰る。岩付は河越・江戸と並ぶ扇谷上杉氏の拠点で、荒川《あらかわ》に面した交通の要衝でもあった。北条氏綱は江戸に続いて岩付も接取《せっしゅ》することに成功し、その版図《はんと》を大きく広げたのである。

三月になると上杉憲房の養子の四郎憲寛《のりひろ》が、北条配下の金田が籠《こも》る菖蒲《しょうぶ》（埼玉県菖蒲町）の城に押し寄せた。困った金田は、もとから知音《ちいん》だった岩付の渋江に援兵を乞い、岩付から百人ばかりの兵が菖蒲に移った。こうしたなか、岩付が手薄になることを恐れた氏綱は、弓を二百ばかり遣わして守りを固めさせた。

三月十日になって氏綱はまた為景あての書状を書いた。ここには二月以降の関東の情勢（その要点は直前に書いたとおり）が事細かに書かれ、「菖蒲や岩付の要害がもちこたえられるか心配で、よくない事態も覚悟しています。いろいろの場所で、うまくいくよう工夫することに、心を尽くしている毎日です。恐れながら、このようなことをご理解いただければと思います」と、みずからの心中を吐露する文章が続く。詳しく情勢を書いているうちに、日々の苦労を理解してもらいたくなったのであろう。

ところでこの書状の最初の部分に「爰元《ここもと》の事、定めてその聞こえあるべく候や」と書かれており、関東の政治情勢についての「風聞」がきっと越後にも届いているだろうと氏綱が予測していたことがわかる。前の書状にも、いろいろの噂が届いているだろうから、誤解のないように詳しく状況を記したとあるが、どこで合戦があり、どちらが勝ったというような情報は、書状によってもたらされる前に「風聞」の形で伝わることが多かったのである。

この書状はやはり例の出羽山伏が持参することになった。このへんの事情については書状の後段に書かれている。


なかんずく、甲州の事、某《それがし》へ別義これなき由申され候間、まずもって知音《ちいん》の至りに候。しかれば出羽を、これを進らすべく候の由、武田方へあい頼み候ところに、其方に対し申し遺恨《いこん》の段を申され、返事しかとこれなく候間、色々調法《ちょうほう》をもって、関東秩父《ちちぶ》を進らせ候。相違なく罷り通り候らえかしと念願候。

また申し候。御同名中《ごどうみょう》の御事も、彼の者口上《こうじょう》に申し候。よくよくお尋ね畏《かしこ》み入るべく候。恐々謹言。

◇甲州の武田も、私に対して別儀はないということで、とりあえず仲良くしています。ただ、こんど出羽山伏を（越後に）派遣したいと武田に頼んだところ、あなたに対して恨みがあるとか言って、きちんと返事をしてくれないので、いろいろとお膳立てをして、関東・秩父（埼玉県北西部）を通行させることにしました。相違なく通過できればと念願しています。それから、御同名中（同じ長尾名字の方々）のことも、かの者（出羽山伏）が口上で申し上げます。よくよくお尋ねください。

出羽山伏の越後派遣に際し甲斐の武田に協力を依頼したところ、為景に対して遺恨があるという理由で断られ、氏綱はしかたなくいろいろ工面して、秩父を越えて越後に行くコースをとらせることにしたのである。武蔵一帯が混乱しているなか、最も安全なのは甲斐に出て信濃を通り越後に至る道だったわけで、また甲斐を通してほしいと氏綱は信虎に依頼したがうまくいかず、結局秩父の山を通り抜けるコースを選択せざるをえなかったのである。

武田信虎がなぜ為景を恨んだのか、この文面からはまったくわからないが、例の鷹の件が関連していると想像することもできよう。北条の使者が甲斐を通って帰国することは為景も知っていたわけだから、武田に対する礼儀のひとつもあってしかるべきだと、信虎は腹を立てたのかもしれない。あの鷹のうちのひとつは自分がもらってもよいという理屈は、それなりに筋の通るものともいえるのである。

甲斐を通る通常のコースは進めず、秩父越えが選択されたわけだが、あの出羽山伏なら大丈夫だと氏綱も判断したのであろう。雪が降り続き、戦乱状態で交通が遮断されているなか、出羽山伏は越後までの往復を果たし、見事に仕事を成し遂げた。彼が自分の前に戻ってきたときの氏綱の喜びはいかばかりだったろうか。そして力量を認められたこの山伏は、すぐまた越後への使者を頼まれることになったのである。

この書状の末尾には「御同名中の御事も、彼の者口上に申し候。よくよくお尋ね畏み入るべく候」とあるが、出羽山伏は長尾一門の動静にかかわる詳しい情報を氏綱から与えられ、これを口上で為景に述べるよう命じられたのである。思いおこせば数か月前、詳しい話を理解できず、「あの山伏は頭が悪い」とまで言われた（書状に書かれた）山伏は、ここでは口頭での伝達を期待されている。山伏は確実に氏綱の信用を獲得したのである。

前に述べたように、この書状には追伸にあたる書状が一通あり、鷹が甲斐で押さえられたこと、出羽山伏がなんとか甲斐を通過したことが述べられている。書状の後半では「寒山《かんざん》」の絵を尋ね出したので、後日路次を調法して、岩堀を派遣するときに持参すると約束しているが、その末尾には「条々は愚意のとおり口上でお伝えしますが、それでも書状に書いて申し述べました。きっと出羽が申し上げるでしょうから、よくよくお尋ねくだされば本望です」と書かれている。去年十一月の書状と同じように、氏綱の書状の内容は詳細だったが、今回は前と違って出羽山伏の「口上」もあてにされていた。

ところで前に見た三月十日づけの書状（追伸ではないほう）には「猶々《なおなお》、密々《みつみつ》の事は大熊《おおくま》方へ申し候条、定めて申されべく候」という「追而書《おってがき》」が細かい字で記されている。「この書状には書けない隠密のことは、為景の重臣である大熊（政秀《まさひで》）に伝えたから、そちらから連絡があるでしょう」というわけである。この秘密事項の連絡が書状で行われたか、口頭でなされたかは不明だが、大熊あての書状を出羽山伏がいっしょに携えて運んだ可能性も高いと思われる。ごく秘密のことは重臣あてに連絡したわけだが、その内容は残念ながらわからない。

使者岩堀の再登場

出羽山伏が秩父の難路を越えられるか、氏綱は心配でたまらなかったが、山越えには熟練していた彼は、見事に国境を突破して春日山に赴いた。再び山伏に対面し、氏綱の書状を読んだ為景は、ここで自分のほうからもしかるべき使者を遣わそうと決意する。そして四月のある日、為景の使者と例の山伏が同道して氏綱のもとに来た。このとき為景の使節は口頭で主人の意向を伝え、氏綱もこれを了承する。

ところがこの直後、過労のためか氏綱は病気になり、湯治療養をすることになった。体調が悪いため為景への返事も書けなかったが、こうした氏綱のもとに「飛脚」がやってきた。これは為景の使いが放った飛脚らしく、早く北条側の使者を派遣してほしいという意向を伝えにきたのであった。「路次断絶」という状況のなか、二度にわたって出羽山伏を派遣したわけだが、こんどはあの「岩堀」に出てもらうしかないと判断した氏綱は、湯治から帰ったしばらくあとの五月十八日、為景あての書状を書いて岩堀に持たせた。この書状には「私の心底は岩堀につぶさに話しました。きっとお伝えすることでしょう。あなたのご返答によりこちらもきちんと準備をします。岩堀が着いたらご返事をください」と書かれている。やはり岩堀は主人の内意をよく理解し伝達できる家臣だったのである。

このときも為景あての書状はもう一通出されている。こちらには上野惣社《そうじゃ》の長尾孫五郎（顕方《あきかた》）の進退について聞いたが、当方もおろそかにしないとの旨が記されているが、「巨細の段、岩堀に申せしめ候らいつる」とあり、この件についても氏綱が岩堀によくよく話したことがわかる。

さらにこの書状の後段では例の鷹のことが記される。為景からもらった二羽の鷹のうち、若い方は甲斐の武田のもとに届けられたわけだが、その後、なぜか武田から氏綱のもとに戻されてきた。念願の若鷹を手中にできたと氏綱は喜ぶが、それもつかの間、ちょうど京都のある人から鷹がほしいと要請があり、その従者がわざわざ関東まで来てくれたので、断れずにこの据手に若鷹を手渡すことになった。こうした鷹をめぐる一部始終を氏綱はきちんと為景に報告している。

鷹をめぐる問題はこうして一応解決したが、例の絵のことはどうなったか。前に書いたように、最初に贈った絵は気に入らないと返され、苦労の末氏綱は「寒山」の絵を手に入れた。三月十日の書状では、後日岩堀を派遣する際にこの絵を持参すると約束した氏綱であったが、とにかく早く送ったほうがよいと判断したのであろうか、四月二十日に為景あての書状を書き、同時にこの絵も使いに持たせている。このときの中心となる書状は残らず、絵を贈るという内容の書状と、榼《たる》と「両種」を贈るとの書状の二通が残るだけだから、このときの使いが誰かはわからない。あるいはこのときすでに氏綱は出羽山伏と為景の使者に面会しており、出羽山伏がまた絵と酒樽と抱えて出発したのかもしれない。

この書状（絵のほうの送り状）には「和尚の寒山二幅一対《にふくいっつい》、これを進らせ候。哀《あわ》れ御意に合い候らえかなと存ぜしめ候。前に御物《ごもつ》の由承り及び候。外題《げだい》は能阿弥《のうあみ》これを仕《つかまつ》り候」と書かれている。こんどの贈り物も牧谿の絵で「寒山拾得《かんざんじっとく》」の二幅一対であったが、これはなんと室町将軍家の御物だった逸品で、外題（タイトルバック）は将軍の相伴衆《しょうばんしゅう》をつとめたあの能阿弥が書いていると、贈り物の値打ちを説明し、「こんどこそお気に召せばと祈っています」と切実な気持ちを伝えている。氏綱の為景あての書状は、しだいに感情のこもったものになっていく。

酒樽と「両種」（酒の肴になるようなものか）の送り状には「左道の至りに候といえども、遠路の儀、一《ひと》入《しお》に御賞翫《ごしょうがん》あるべく候」と、遠路はるばる運んできた贈り物だから、きちんと賞味してほしいという希望が述べられている。氏綱の書状の文面も、かなりくだけたものになっているが、この書状でとくに注意を引くのは差出人（氏綱）と宛先（為景）の名前の書き方である。氏綱はいままで自分の名前は「北条氏綱」と書き、為景に対しては敬意を表して「謹上　長尾信濃守殿」などと書くのが普通だったが、この書状ではなんと自分の名を「岡」と書いて、花押ではなく黒印を据え、宛名は「為へ」とだけ記しているのである。

この「岡」はおそらく「氏綱」の「綱」の右半分からきたもので、「為」はもちろん「為景」の上の字である。こうした名前の一部だけを書いて手紙をやりとりするのはよくあることだが、普通はごく親しい間柄の場合に限られる。四月二十日にはじめて登場したこの書き方は、五月十八日に出された二通の書状でも踏襲されているが、氏綱がこうした「なれなれしい」書きぶりをしたのはなぜか。書状をやりとりしているうちに、遠くの為景との間に心情的な親近感が生まれてきたとか、ひたすら低姿勢

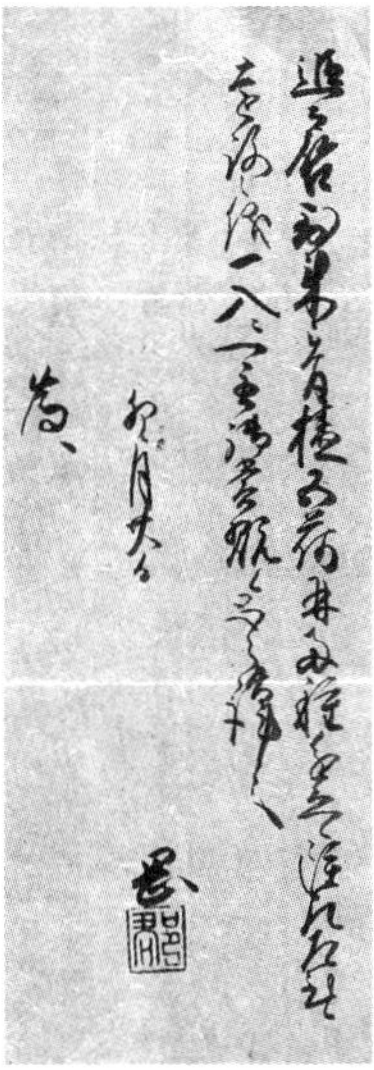

図11　北条氏綱書状
「岡」から「為」あて
（「上杉家文書」米沢市〈上杉博物館〉所蔵）

で相手を尊重するだけでなく、身内のような親愛の情を示すことも、相手の心を動かすためには有効だと判断したとか、楽しい想像をめぐらすことも許されよう。

四か月もかかった使者

為景の気を引こうという北条氏綱の熱意と努力はたいそうなものであったが、一方の上杉陣営はどうだったか。越後の長尾がどう動くかは、北条の勢いを押さえつけようとする上杉氏側にとっても、きわめて重要な関心事だったはずである。そして北条軍の侵攻に直面していた扇谷上杉朝興も、事態を打開するために長尾為景に協力を求めようと決意し、みずからも書状を書くことになる。

朝興が武蔵の政情を記した書状を書いたのは大永五年（一五二五）のはじめごろらしいが、彼はこの書状を使者ではなく「飛脚」に持たせて送った。これを見た為景は返事をしたため、三月十九日にはこの返事が朝興のもとに届く。そして四日後の二十三日、朝興は佐枝《さえだ》若狭《わかさ》入道《にゅうどう》という家臣を使者に任命し、「他国の凶徒《きょうと》」が蜂起《ほうき》して「関東破滅」に及びそうなので、ぜひ為景自身合力《ごうりき》してほしいとの書状を書き、甲《かぶと》一刎《はね》と金覆輪《きんぷくりん》の鍔刀《つばがたな》を贈り物として持たせた。

このときの朝興書状の内容は簡略で、詳しい情勢は重臣の三戸《みと》駿河守《するがのかみ》義宣《よしのぶ》が同日づけの書状で伝えている。先代能景《よしかげ》のときから長尾家と当方（三戸家）は誼《よしみ》があると話を始め、江戸陥落以来の武蔵の情勢を事細かに記述する。いったん失った河越は回復できたものの、太田《おおた》道可《どうか》の居城岩付は奪われ、大石石《いわ》見守《みのかみ》が守っている葛西《かさい》（東京都葛飾区）も攻撃を受けている。もし葛西が陥落するようなことになれば武蔵全体が滅亡すると、具体的に危機を伝えている。政治情勢の記述の細かさは、先に見た氏綱の書状と共通する。

こうした危機的状況を述べたあと、三戸駿河守は為景に救いを求める。「承る如くんば、前々も関東滅却《めっきゃく》の刻は、その国より引き立てらるるの事、度々《たびたび》に及び候か。今度においても、御越山あり、爰元《ここもと》引き移らるるに至りては、御名望これに過ぐべからず候」。いままでも関東がたいへんなときには、越後の軍勢が助けてくれた。このたびもぜひとも越山されて敵を退治し、名声を轟《とどろ》かせてくださいと、熱意をこめて為景を説得しているのである。

またこのときは岩付から逃れていた太田道可の書状も作成された。使者の佐枝若狭入道は、朝興の書状二通（一通は贈り物の件）と道可の書状、そして詳細な三戸の書状を携えて出発したのである。

図12　上杉朝興書状と三戸義宣書状の封紙

「大永五　七　卅日　到」という書き入れが見える．筆跡が同じことに注意．

（「上杉家文書」米沢市〈上杉博物館〉所蔵）

ところがこの書状はなかなか届かなかったらしい。今残るこの四通の書状の包紙にはいずれも「大永五　七　卅日　到」と書き込みがあり、七月三十日になってようやく届いたことが知られる。書状の日付が三月二十三日だから、なんと四か月以上もかかったことになる。この使者はなぜこんなに遅れたのか。

先に見た北条氏綱の書状にも、当

時関東が「路次断絶」の状態にあることが記されており、こんどの朝興の書状にも、「近年は路次不自由により、あなたとの音信も途絶えていました」と見えるから、この時期関東から越後に至る道の通行は困難をきわめていたと推測される。別に冬で雪が積もっている時期でもないのに四か月もかかったのは、こうした道路事情の悪さと政治的不安定さによるものと推察できよう。

なんとか為景の援軍をほしいという気持ちは、扇谷上杉家のほうも強かったと思われる。先に見た三戸駿河守の書状はかなりの名文で、よくできたものだったが、やはり先方に届くのに四か月もかかるというのは問題だった。佐枝というこの使者は、扇谷家の重臣で、使節の力量という点では申し分なかったが、「路次断絶」という状況のなかで危険を冒して進む意欲と技量を、持ち合わせていなかったのである。

北条氏綱が岩堀ではなく「出羽山伏」を起用した事情は、こうした上杉方の様子と対比するとよく理解できよう。岩堀は有能な家臣で、主人の意を正確に理解し、その気持ちを先方に伝えるとともに、みずから主人の代理として政治折衝を行える人物であった。しかし当時の「路次断絶」状況にあっては、こうした普通の使者は無事難所を通過できるかどうかおぼつかなかった。このような事態に対処すべく、氏綱は発想を転換して（おそらく岩堀の進言によるのだろうが）、理解能力はいまひとつだが足腰だけは強く、地理にも明るい山伏を起用し、詳細に政治情勢を記した書状を持たせたのである。

見事につとめを果たした山伏は、氏綱にようやく信頼され、口頭での伝達も依嘱されて再び使者として出発した。しかし山伏の話を聞いた為景は、やはりきちんとした使者でないと埒《らち》が明かないと思ったのではあるまいか。自分の家臣を山伏に添えて派遣した為景は、氏綱に「やっぱりあの岩堀がよい」と申し入れたのではないか。そして岩堀が再び越後に旅立つことになる。
一口に「使者」といってもこのようにいくつかのタイプがあり、どういう使者が適切かは、そのときの状況によって違っていた。多様な方法を使い分けながら書状を送り続けた北条氏綱は、並外れて気の回る武将だったのである。

著者のコメント

大永四年（一五二四）から五年にかけての、北条氏綱と長尾為景の交信のさまを、詳細かつ具体的に見てきました。「交信」といってもじつは北条側の一方的片想い状態で、詳しい書状を送るだけでなく、高級な贈り物を気に入られるまで届け続けた氏綱の熱意はたいへんなものでした。どうすれば相手の気持ちを引き付けられるか、氏綱は工夫を凝らしていました。第三話でもふれますが、このときの政治情勢を冷静に見れば、為景が北条方に加担すべきいわれはまったくなかったのです。ですから氏綱としては、並の方法では彼の心を動かすことはできないと考えたのでしょう。

ところでこの第二話の主役は、やはりなんといってもあの「出羽山伏」です。ここでの主題は「使者」ですが、岩堀のような有能な使者ではなく、理解能力は劣るが難路を越える確かな力量を持つこうした人物が、「路次断絶」という状況のなかで使者として起用されたのでした。一口に「使者」といっても、主人の内意を伝え、外交折衝をすることを期待されている、ごくノーマルな使者と、書状の確実な配送を主要な任務としていた使者がいたのです。この「出羽山伏」は、出羽羽黒の山伏か、「出羽房」とかいう名の山伏だったと思われます（あるいは「出羽房」という名の、羽黒の山伏かもしれません）。とにかく足腰には自信があり、山越えの方法も体得していたわけで、氏綱の狙いどおり、見事に難所を越え、書状を着実に先方に届けたのです。

しかし彼が岩堀のような人物に比べて言語の理解力や記憶力に劣るのはいかんともしがたいことでした。岩堀ならば詳しく説明したことをただちに理解し、それを忘れずに旅を続け、先方にきちんと伝えることができるが、この山伏は氏綱の言葉を正確には理解できなかったのです。そこで氏綱はしかたなく、書状のなかに詳細な情勢記述を加えたわけです。

氏綱の書状に限らず、戦国時代の大名たちの書状には、政治情勢や自分の気持ちをくどくどと書き込んだものが多く見られます。こうした現象は、口頭で意志を伝達できる使者がしだいに払底《ふってい》していくということと対応することがらのように思えてなりません。

それにしても北条氏綱の書状はみな「心のこもった」ものでした。第一話で見た畠山卜山の書状は、気位の高い大名が目下の武士に出したものらしく、わりあい簡単で文面も傲《ごう》慢《まん》でした（よく見ると為景の行動に対して「御」の字は一度も使われていません）が、北条氏綱の場合は、相手の為景をほぼ同格の身分ととらえているふしがあり、同じレベルの友達に出すような感覚で言葉が選ばれています。そして自分の苦労をこと細かに述べ、心中を素直に表現したのです。

戦国時代の文書は、書き手の心情や願望が生き生きと書かれているものが多いのです。漢字ばかりでとっつきにくく、実際読み取るのは難しいのですが、内容が理解できればなかなか面白いものなのです。

第三話　密　書

——長尾顕景と長尾為景の交信——

為景の決断と上野の混乱

上杉《うえすぎ》・北条《ほうじょう》両陣営からラブコールを送られた長尾為景《ながおためかげ》は、両方に適当に答えていたが、いつかはみずからの立場を明示せざるをえないと覚悟していた。そして熟慮の末、彼は定石どおり山内《やまのうち》・扇谷《おうぎがやつ》両上杉氏の側に立つことを宣言する。

北条氏綱《うじつな》からのアプローチは強力だったが、考えてみれば為景にとって北条と与《くみ》すべきいわれはなかった。もし越後《えちご》の長尾と同盟を結ぶことができれば、両上杉氏を挟み撃ちにできると夢見ていた氏綱の願いは、結局実を結ばなかったのである。

遠く北条と結んで関東に出兵し、両上杉氏を滅ぼせば、少なくとも上野《こうづけ》は手中に入れることができるだろうが、越後の武士たちも越中《えっちゅう》出兵で疲れていたし、なによりこうした行動を起こす大義名分は、まったくなかった。やはり上杉氏は伝統ある大名であり、新興の北条は無法な侵略者でしかなかった。若い時分に主君を滅ぼした経験を持つ為景ではあったが、それでもそれなりの名分を掲げながら混乱の時代を乗り越えてきたのであり、彼自身は決して秩序の破壊を望んでいたわけではない。むしろ京都の幕府に代表されるような伝統的権威との関係を保ちながら、みずからの基盤を固めていくというのがその基本方針だったのである。

ちょうど大永《たいえい》五年（一五二五）の三月に、上野平井《ひらい》（群馬県藤岡市）の上杉憲房《のりふさ》が病死したことも、為景の決断に影響を及ぼした。彼は為景によって討たれた管領《かんれい》上杉顕定《あきさだ》の養子で、父とともに越後に出兵して敗北した経験を持っていたから、最後まで為景を信頼せず、為景のほうも過去の行きがかり上、山内上杉氏とは深い関係を持たずにいた。ところがこの憲房が死去し、実子の憲政《のりまさ》が幼少のために、古河公方足利高基《こがくぼうあしかがたかもと》の弟で憲房の養子となっていた四郎憲寛《のりひろ》があとを継ぎ、為景が過去にこだわらず山内上杉氏と関係を結ぶ条件が整ったのである。こうして越後の長尾と上野の上杉氏との提携が成り、長尾為景は両上杉氏の側に身を置くことになる。

図13　第三話関連地図

こうした状況のなか、北条氏綱も説得を諦《あきら》めたらしく、越後に使者を派遣することもなくなった。しかし上杉・北条両陣営が行ったこの間の一連の工作と、為景の去《きょ》就《しゅう》は、思わぬ形で波紋を投げかけることになる。大永六年か七年のころらしいが、上野において大規模な騒動が起こったのである。

上野は山内上杉氏が長く守護をつとめた国で、数多くの国人《こくじん》たちが林立していたが、こうした武士たちをまとめていたのは、白井《しろい》（群馬県子持村）と惣社《そうじゃ》（群馬県前橋市）の両長尾氏であった。この当時の白井長尾氏の当主は孫四郎景誠で、惣社長尾の当主は孫五郎顕方《あきかた》だったが、彼は山内上杉氏の家老として活動しており、惣社の城を守っていたのは一族の左衛門大夫《たいふ》顕景《あきかげ》だった。越後の長尾為景も彼らとは祖先を同じくしていたから、越後と上野の長尾一門の間にはそれなりの一族意識も存在していたようである。

北条氏綱と両上杉氏の抗争のなかで、この両長尾氏は主筋の上杉憲房に従って行動したが、岩付《いわつき》（埼玉県岩槻市）が陥落したあと、惣社の長尾顕方が北条氏綱の側に立ったことから、上州の混乱が始まる。おそらく北条側の働きかけに乗ったのだろうが、岩付の陥落を目にして、上杉氏の命運も長くないと判断したのであろう。

先に見たように、氏綱から為景にあてられた大永五年三月十日づけの書状に、「御同名中《ごどうみょうちゅう》」つまり長尾一門のことを「出羽山伏《でわやまぶし》」に話したので伝達があるだろうと記されており、五月十八日の書状には、「御同名孫五郎方」すなわち長尾顕方の「進退」について為景から懇切な話があったと見える。味方になってくれた惣社長尾の立場をどう守るかについて、氏綱と為景は密接に連絡をとりあっていたのである。

ところが、為景が平井の上杉憲寛と結んだことによって、惣社長尾氏は立場を失った。長尾顕景は結局上杉氏に降参することにし、同族である白井の長尾景誠を頼って主人の上杉憲寛に「詫言《わびごと》」をした。そしてなんとか無事解決するだろうと安心していたところに、箕輪城《みのわ》（群馬県箕郷町）にいた長野方業《ながのまさなり》が策略を廻らして、惣社長尾氏を攻め滅ぼそうとするという、一大事が起きたのである。

惣社からのSOS

絶対絶命の危機に追い込まれた長尾顕景は、十二月十六日、越後の長尾為景に長文の書状を書いて救いを求めた。この書状はやがて春日山《かすがやま》（新潟県上越市）の為景のもとに届いたが、その文面は壮絶なものであった。

態《わざ》と啓《けい》せしめ候。よって長野左衛門大夫、色々計義《けいぎ》を廻《めぐ》らし、顕景一類滅亡させせべき分をもって、福蔵主《ふくぞうす》引き付け、すでにその行《てだて》を成すべきの段、現形《げんぎょう》の間、去る七日、福蔵主生涯《しょうがい》させ候。彼の支証共《ししょうども》廿一通に候。この中、本文一通、ならびに写物《うつしもの》一つ、これを進《まい》らせ候。当地の無為《ぶい》、不思議の次第までに候。

◇わざわざお便りいたします。長野左衛門大夫がいろいろと謀《はかりごと》を廻らし、この長尾顕景とその一類を滅ぼそうということで、福蔵主を味方に引き入れ、いまこそ攻め込もうとしていたところ、この計略が明らかになったので、去る七日に、福蔵主を殺害しました。彼が長野に内通した証拠は二十一通ありますが、このうち本書一通と写し一通をお送りします。まったく、いまでも当地（惣社）が安泰なのは、奇跡としかいいようがありません。

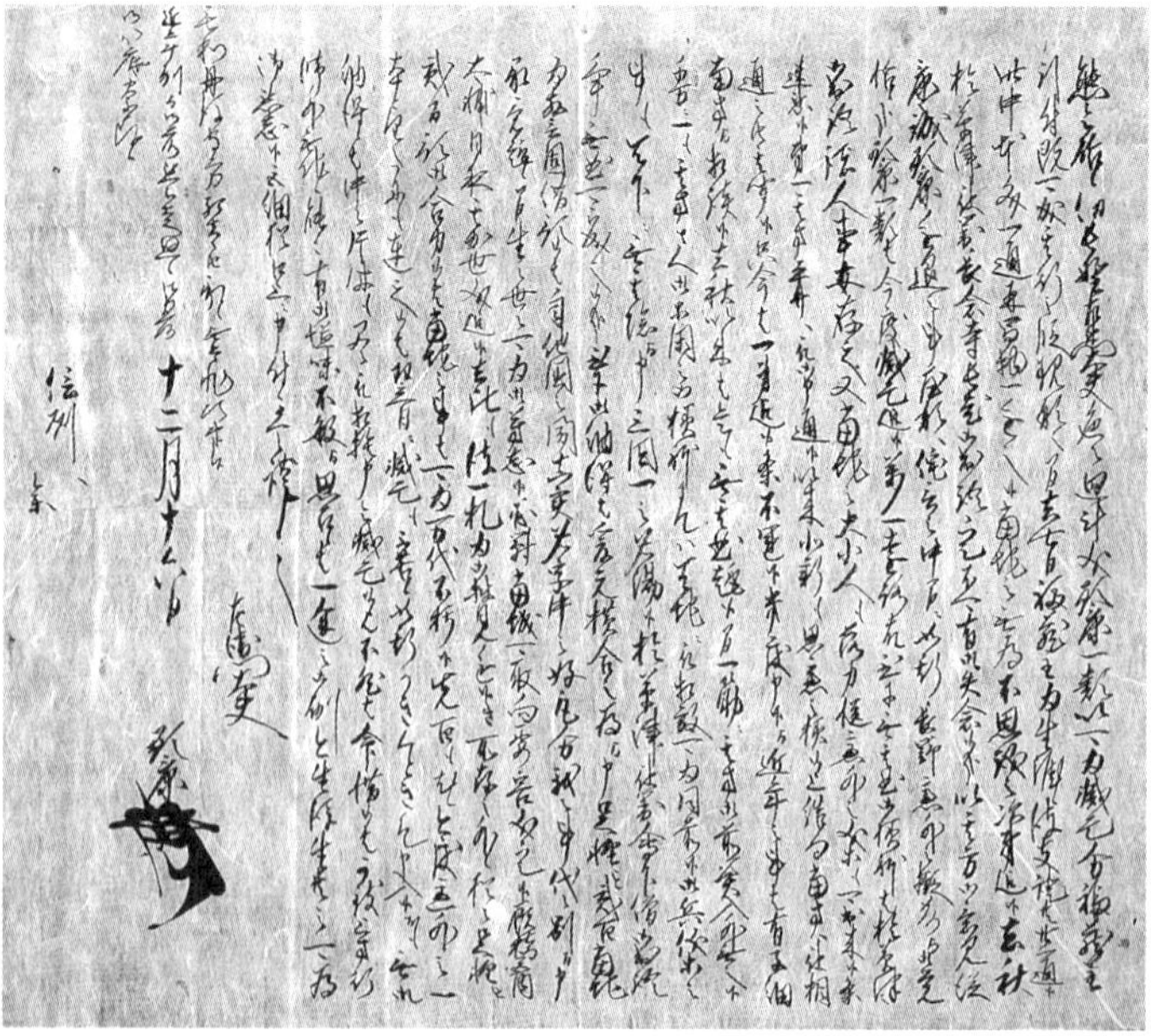

図14　長尾顕景書状

細かな文字でびっしりと書かれている（「上杉家文書」米沢市〈上杉博物館〉所蔵）

長野方業は福蔵主を味方に引き入れ、一挙に惣社に攻め込もうとしたのであるが、この裏切りを察知した顕景は、先手を打って福蔵主を殺してしまった。そしてみずからの行動を正当化し、危機が迫っていることを相手に実感させるために、裏切りの証拠となる文書を為景のもとに送ったのである。

　この「裏切りの証拠」についてはあとで分析することにし、顕景の言い分を読み続けていくことにしよう。

> 去る秋草津《くさつ》において、長念寺《ちようねんじ》長老に対せられ御出語《ごしゆつご》、定めて御失念《こしつねん》あるべからず候や。その方ご意見をもって、景誠より、顕景進退の事、屋形《やかた》へ侘言《わびごと》の中《ちゆう》

間《かん》に、かくの如く長野慮外《りょがい》の擬《あてがい》、如何《いかが》と御覚悟候や。顕景一類は、今度滅亡までに候。万一遠路ゆえ、その曲《きょく》なき御様体に至りては、草津においての御出語、諸人事安くこれを存じ、また当地の大小人も力を落とし、慥《たしか》に慮外の儀なども出来《しゅったい》すべく候条、迷惑に候。

◇この前の秋に草津（群馬県草津町）で長念寺の長老に対してお話されたこと、お忘れではありますまい。あなたのご意見に従って、白井の長尾景誠から、私の進退について屋形（上杉氏）に嘆願している最中に、このように長野がとんでもないことを起こしました。どのようにお考えでしょうか。私の一類はただ滅亡するばかりです。万一、遠路だからとかいって、なにもされないということになれば、草津でのあのお話について、皆がなおざりにとらえ、こちらの人々も力を落として、とんでもないことが起きるでしょう。ほとほと困惑しています。

詳細は不明だが、この数か月前の秋のある時期、長尾為景は越後から上州の草津に出向いており、そこで長尾顕景のことについて長念寺の長老と話をしたのである。この長老は顕景側の使者だったと思われるが、おそらく為景は、自分がきちんと援助するから心配するな、とでも答えたのであろう。山内上杉氏とは和睦したが、惣社長尾を見捨てることはせず、できるだけの尽力をすると誓ったのではあるまいか。

こうした状況のなか、長尾顕景はなんとかなるかと考えていたが、上杉氏への訴えを続けている間に長野が策略を廻らしてきたわけである。顕景としても為景を頼るしか方法がなかったが、もとはといえば為景が上杉と通じたから自分がこんな目にあったのだという気持ちは、手紙を書き続けるうちにますます大きくなっていった。

かくの如く書きくどき候らいて……

第一その方平井へ御申し通ぜられ候以来、北新も思慮の様に候上、結句《けっく》当方へあい通ぜらるるの由、その聞こえ候。只今は、一身までに候条、不運に候。幾度申し候と、近年の事は、子細あり南方とあい談じ候。去秋以来は、是もその曲《きょく》なき趣に候間、一筋にその方御前《おまえたの》憑み入る外これなく候。千万に一も、その方さえ御等閑《ごとうかん》の御様体にては、天地にあい放たるるも同前たるべく候。御兵儀等の事も、天下にその隠れなきと申し、三国一《さんごくいち》の名湯に候草津において、会下僧《えげそう》に対せられ御出語、いかで曲なくこれを成されべく候や。御納得に至りては、爰元横合《ここもとよこあい》のためと申し、足軽《あしがる》を二百、当地警固のため借り預り候らわば、自他国の聞こえ、真実名字中の好《よしみ》、とりわけ我々事、代々別して申し承る意趣候間、生々世々御芳志《ごほうし》たるべく候。

◇だいたいあなたが平井の上杉憲寛と誼《よしみ》を通じてから、北条氏綱も少し考えるところがあって、こちら（惣社長尾）に話をもちかけてきたのだ、というような噂も聞いています。いまは助けてくれる人もなく、まったく不運の至りです。何度も申しますが、近年は事情があって北条と相談しておりましたが、去る秋からは、北条があてにならなくなり、あなたを頼りにするしかなくなりました。

万一あなたも助けてくれなければ、天地に見放されたも同前です。あなたが出兵されることは、天下に隠れなく予想されることですし、三国一の名湯である草津で、会下僧に対してお話されたこと、どうしておろそかにできましょうか。こちらの願いをご納得いただけたら、調停のためとかいって、足軽を二百人、当地警固のためお預けください。そうすれば自他の国における評判もよくなり、真実長尾名字中の誼にもつながります。とくに我々惣社長尾は、代々特別に懇意にしておりますので、とにかくお願いします。

味方になってくれるかと期待していた為景が、敵方の上杉と通じたと知った氏綱が、ほかの方法で敵方を攪乱《かくらん》しようと、惣社長尾氏に目をつけて引き込んだのだという、まことしやかな噂も流れていたのである。為景も北条方かもしれないと、甘い予測をして上杉氏に叛《そむ》いた長尾顕景は、為景の転身と氏綱の後退によって立場を失い、滅亡の危機に追い込まれた。そして為景への手紙で恨《うら》み言《ごと》を述べながらも、結局は「あなただけが頼りだ」とすがりつき、足軽の派遣を要請する。

顕景の命がけの説得はなおも続く。

必ず当城に対し要害を取り向くべき義定まり候。厩橋《まやばし》宮内《くない》大輔《たゆう》、日夜その稼ぎまでに候。去る比《ころ》も、彼《か》の一札《いっさつ》御《ご》披見《ひけん》のため進《まい》らせ候らいき、所存の外に候。なおなお足軽を二百御合力《ごうりき》に預り候らわば、当地の事は万代不朽たるべく候。まず百も尤《もっと》もに候。今度慮外《りょがい》の一本望だにもこれを達し候らわば、翌日に滅亡も苦しからず候。かくの如く書きくどき候らいて申し入れ候をも御納得なく候らわば、なかなか片時も早々あい捨てられ申し、滅亡せしめ候か、しからずんば、命惜しく候らわば、上方《かみがた》行脚《あんぎゃ》致すべき外、他なく候。よくよく御塩味《えんみ》あり、不敏《ふびん》と思《おぼ》し召《め》し候らわば、一途《いちず》の御刷《おあつかい》、今生《こんじょう》後生《ごしょう》共の御懇志《ごこんし》たるべく候。巨細なお口上に申し付け候。恐々謹言。

◇もう当城（惣社）を攻撃するための要害を構える工作が進められているようで、厩橋宮内大輔が日夜準備しています。この前、厩橋の一札を、証拠としてお届けしました。とんでもないことです。とにかく足軽を二百人派遣していただければ、当地は万代不朽です。まず百人だけということでも結構です。この願いが聞き届けられたら、翌日に滅亡ということになってもかまいません。こんなふうに「書きくどいて」お願いしても、お聞き届けいただけなければ、とにかく早く見捨てられて滅亡するか、命が惜しければ上方行脚に出るしかありません。よくよくお考えくださり、不憫《ふびん》と思われましたら、とにかくお助けください。そのうえは今生も後生も感謝申し上げます。委細は口上で（使者が）お伝えします。

顕景の長い手紙はこうしてようやく終わる。為景の支援を得るためには、丁寧な書状を書いてその気持ちに訴えるしかないと考えた彼は、みずからの危機的状況と、援兵を切望している次第を、長文の書状によって切々と訴えたのである。

それにしても彼が書状のなかで、「かくの如く書きくどき候らいて申し入れ候をも」と自分の行動を表現していることは面白い。「くどく」というとどうしても言葉（口頭）で相手を説得する（あるいは相手に懇願する）ことに限られると考えてしまいがちだが、この時代には手紙で懇々と訴えることも「くどく」「書きくどく」と表現されたのである。

裏切りの証拠

危機を訴える長尾顕景の書状は、その家臣によって為景のもとに届けられたらしいが、この書状には二通の文書が添えられていた。前に見たように書状のはじめの部分に「長野左衛門大夫、色々計義を廻らし、顕景一類滅亡させせべき分をもって、福蔵主引き付け、すでにその行を成すべきの段、現形の間、去る七日、福蔵主生涯させ候。彼の支証共廿一通に候。この中、本文一通、ならびに写物一つ、これを進らせ候」と書かれてあり、福蔵主が敵方に通じた証拠書類として、文書の本物一通と、写し一通が為景に渡されたことがわかる。

この「福蔵主」がどういう人物かは定かでないが、顕景によって誅殺《ちゅうさつ》されているところをみると、惣社長尾氏に仕えるべき立場の人だったと推測できる。長尾顕景を滅ぼそうと画策していた長野左衛門大夫は、顕景の身近にいた福蔵主に目をつけ、福蔵主も誘いに乗って裏切りの算段を進めていたのである。しかしこのことを察知した顕景は、先手を打って福蔵主を殺害し、みずからの行為の正当性を主張するために、裏切りの証拠となる文書を長尾為景のもとに届けたのである。

為景のもとにもたらされた「裏切りの証拠」とは、いったいどのようなものか、もし明らかにできれば面白いが、残念ながらその内容はわからない。……と思っていたら、一通の怪しげな文書が目についた。

御覚悟の旨、玄《あきらか》に条々承り候間、左衛門・四郎進退、ならびにその口所帯方《くちしょたいがた》の義、兎《と》も角《かく》も任せ申すべく候段、誓詞《せいし》をもって申し候らいき。しかるに、八木駿河入道《やぎするがにゅうどう》所へ誓詞を載せられ承り候。

まずもって落ち付き申し候。さりながら、この上においても、直《じき》に方業所へ御誓詞をもって承り候らわば、いよいよもって忝《かたじけな》く存ずべく候。八幡大菩薩《はちまんだいぼさつ》・春日大明神《かすがだいみょうじん》・石上布留大明神《いそのかみふるだいみょうじん》御照覧《ごしょうらん》、誰にても口外せしむべからず候。其元《そこもと》に至りては、御心易《おこころやす》かるべく候。御返事到来の上、則時に御陣へ罷《まか》り出《い》で、御書の事申し調えべく候。恐々敬白。

長野左衛門大夫

十一月十七日　方業（花押）

徳雲軒

◇あなたの御覚悟のほど、たしかに承りましたので、左衛門（惣社の長尾顕景）・四郎（白井の長尾景誠）の進退のことと、その方面の所領のことについては、とにかく私に任せてほしいと、起請文《きしょうもん》でお誓いしました。それで、あなたから八木駿河入道の所へ起請文を出されたとのことで、まずは一件落着しましたが、それでも一応直接私あてにも起請文を書いていただければ、たいへん嬉しく思います。八幡大菩薩・春日大明神・石上布留大明神も御照覧あれ、誰にも決して口外しません。あなたのことは心配いりません。御返事が到来したら、早速御陣に罷り出て、御書をいただけるようにとりはからいます。

この文書は「長野左衛門大夫方業」から「徳雲軒」なる人物にあてられたものだが、差出人は長尾顕景を討とうと画策していたあの「長野左衛門大夫」その人に違いない。問題は宛名の「徳雲軒」であるが、これは先に見た「福蔵主」で、つまりこの文書こそ、顕景書状とともに為景のもとにもたらされた証拠文書の「本文一通」そのものと考えられるのである。

だいたい「上杉家文書」という文書群は、府内《ふない》長尾氏と古志《こし》長尾氏に伝来された文書からなるもので、長尾為景とその家臣たち、もしくは古志長尾氏が受け取った文書がほとんどである。この長野の書状も、普通に考えれば府内長尾氏か古志長尾氏にかかわる人物にあてられたものと考えるべきであろう。しかし「徳雲軒」という人物は長尾氏の関係者に見えず、なぜこのような文書が残ったのか不思議である。こうしたことと、先に見た顕景書状に、証拠の文書二通が添えられたと明記されていることをあわせて考えれば、この文書こそ「裏切りの証拠」そのものとみてよかろう。そしてなによりこの文書の中身自体が、密書とよぶにふさわしいものなのである。

まず文書の日付に注目してほしい。「十一月十七日」とあるが、福蔵主が殺されたのが十二月七日だから、時期的にはうまくつながる。十一月十七日づけの密書は福蔵主（徳雲軒）のもとに届けられる途中で長尾顕景によって奪われ、叛意を知った顕景が十二月七日に福蔵主を誅殺したというのは、きわめて自然なストーリーである。

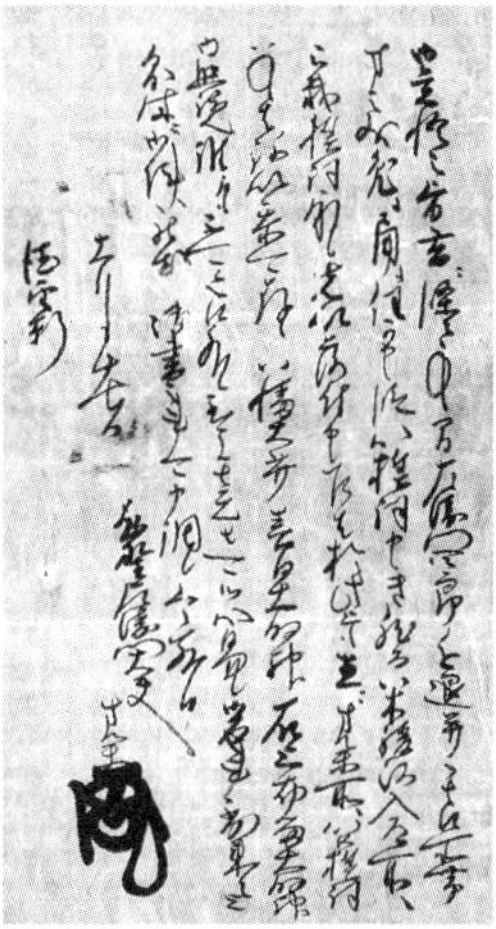

図 15　長野方業書状

竪切紙で，縦に三つ折りしたあと，細かく折り込まれている．
(「上杉家文書」米沢市〈上杉博物館〉所蔵)

また文書の文面も「それらしい」ものである。「御覚悟の旨」の内容は明記されていないが、平井の上杉憲寛のもとに服属する覚悟を徳雲軒が固め、これに対して長野方業のほうから起請文が出されたということであろう。ここで長野が約束した内容も、詳しくはわからない文面になっているが、所領の安堵や加増が実現するよう奔定するということではなかろうか。一方、徳雲軒のほうは上杉の重臣である八木駿河入道にあてて起請文を書いたが、自分のほうにも直接起請文を出してほしいと考えた方業が、この文書を放って徳雲軒に依頼したのである。この書状が無事届けられ、徳雲軒のほうから長野にあてた返事が到来すれば、すぐ長野が上杉憲寛の陣所に向かい、その「御書」を頂戴できるようとりはからう算段になっていたのである。

しかし、運悪くこの文書は長尾顕景の手に奪われてしまった。文書の文面に詳しく計略が書かれているわけではないが、徳雲軒が長野を介して上杉氏に通じたことは完全に露顕してしまったのである。長野方業は秘密がもれないように「誰にても口外せしむべからず候」と約束していたが、文書が見つかってしまっては、しかたがなかった。

大名や国人《こくじん》たちの間の争いが絶えなかったこの時代、使いや飛脚が押さえられ、密書が奪い取られるということが、ほんとうに起きていたのである（ドラマの世界の話ではない）。そして驚くべきことに、福蔵主の内通の証拠となった文書は、全部で二十一通もあった。一通や二通ではなく、かなりの数の密書が抑留されたことになる。

秘密事項を盛り込んで相手に送られた文書は、みな無事先方に届いたわけではなかった。まさに使者は命がけだったのである。そして本来の役目を果たせなかった文書は、宛先の人物の裏切りを証明する書類として、まったく別の人のもとに届けられることもあった。「上杉家文書」に残る長野方業の書状は、まことに数奇な運命を辿ったのである。

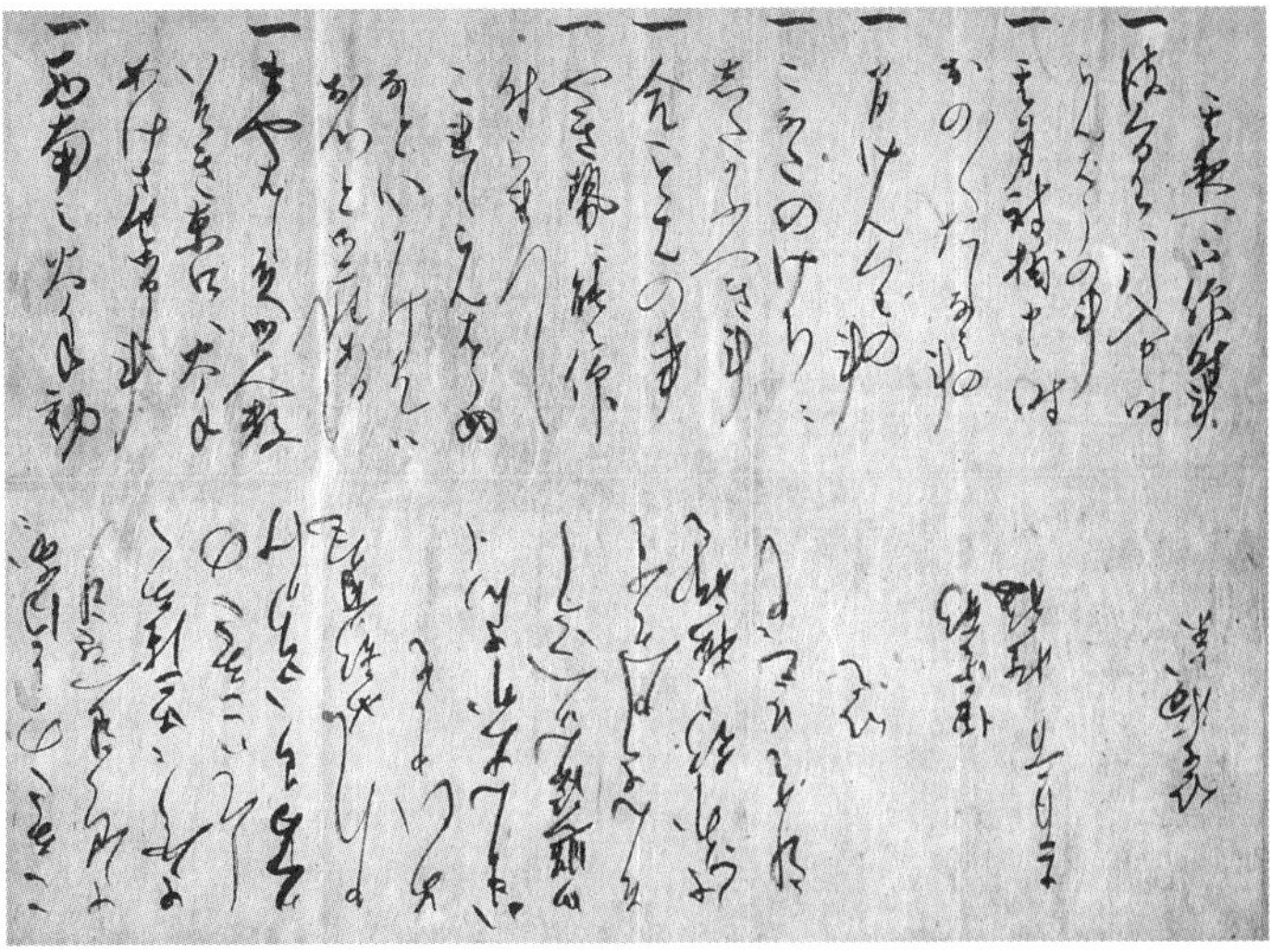

図16　徳雲軒性福条書写（「上杉家文書」米沢市〈上杉博物館〉所蔵）
紙を横に半分に折り，折目を下にして文字を書く「折紙」という形式である．

もうひとつの密書

ところで長尾顕景が為景のもとに届けた、福蔵主裏切りの証拠書類は、「本文一通」と「写物一つ」であった。「本文一通」のほうは上杉家に残されているが、それでは「写物一つ」のほうはどうなったのか。

一般に知られている「上杉家文書」のなかに、この「写物」にあたる文書は見あたらないが、「黒漆掛硯箱《すずりばこ》」と題された箱のなかに、一通の不可解な文書が収められている。普通の紙を横に半分に折った「折紙」形式の文書で、文面は次のようなものである。

　　その夜仰せ付けられべき事、
一、彼の曲輪《くるわ》へ引き入れ申し候時、乱妨《らんぼう》の事、
一、其の身討ち捕《と》り申し候時、おのおの嗜《たしな》みの事、

一、闘喧嘩の事、
一、此方《こなた》の下知に従うべき事、
一、合言葉の事、
一、やき勢によくよく仰せ付けられべく候。これも乱妨など心がけ候らいては、越度《おっと》御座あるべく候。
一、厩橋《まやばし》殿御人数急ぎ東口へ火の手あげさせ御申しの事、
一、西南の火の手動《はたら》き、此方のと同前にさせられべき事。左様に御座なくしては、此方の曲輪へ取り懸け申すべく候。かくの如く首尾あい申し候らわば、八幡大菩薩も御照覧候らえ、いたしそんさし申すべからず候。このほか行《てだて》の様体の事は、口上に申し候。以上。

徳雲軒
性福

十二月二日
箕輪へ　参る

差出人の「徳雲軒性福」は、誅伐された「福蔵主」その人である。長野方業書状の宛所の「徳雲軒」が「福蔵主」にあたるという推測は、これで完全に確かめられたことになる。宛所の「箕輪」は長野の居所で、これが長野方業本人にあてられたものであることを示す。そして日付の「十二月二日」は、福蔵主が討たれた十二月七日の、わずか五日前である。

「その夜仰せ付けられべき事」とタイトルをつけられたこの八か条のメモは、まさしく福蔵主（性福）

が裏切るときに、長野の軍勢にどのように行動してほしいか、詳しく書き連ねたものであった。惣社城の曲輪に長野勢を引き入れるときに、軍勢が乱妨をしないようにしてほしいとか、西南方面で火の手をあげるのは、こちらと同時にしてほしい（そうでないと、自分の曲輪に攻め込まれてしまう）といった、さまざまな注意を書き記して長野のもとに届けようとしたのである。

ところがこの大事な密書は、長尾顕景の手の者によって奪われてしまった。これはまぎれもない裏切りの証拠だったから、まもなく福蔵主は討たれてしまう。そして顕景はこの密書の写しを作って、長野の書状とともに為景のもとに送ったのである。おそらく為景だけでなく、味方になってくれるかもしれない国人たちのもとに、顕景は密書の写しを数多く送り届けたのではあるまいか。

それにしてもこの密書の中身は興味深い。城方の武士が夜中に裏切って包囲軍を城に引き入れるとき、どのようなことが起きるのか、この箇条からうかがうことができる。夜中だから敵味方の区別もつきにくかったに違いない。「合言葉のこと」とわざわざ書かれているから、こうしたときにはあらかじめ味方同士だけで通ずる「合言葉」が決められていたのであろう。本来の用途は果たさなかったが、この密書は写しの形で上杉家に残され、当時の城攻めのありようを知らせてくれるのである。

著者のコメント

長尾顕景書状という内容豊かな文書を子細に読み込みながら、戦乱状態における伝達の問題について考えてみました。前に見た北条氏綱の書状も、それなりに感情がこもっていましたが、この顕景の書状の文面はほんとうに真剣で、鬼気迫るものでした。このままでは一類滅亡に及ぶと判断した彼は、なんとかして長尾為景の援軍を得たいと、長文の書状で切々と訴えたのです。「委細は口上で」と書かれていますから、おそらく使者による口上もあったと思われますが、やはり相手の気持ちを動かすには、自分の手で丁寧な書状をしたためるのが有効と考えたのでしょう。そして、ときには恨み言も交えながら、顕景は精根こめて「書きくどいた」のです。

ところで長尾顕景が長尾為景に援軍要請をした背景には、少し前に為景が草津の地である約束をしていたことがありました。その内容は不明ですが、おそらく「困ったときには助けてやる」といったものだったと思われます。そしてこの書状に書かれているように、この為景の約束は、会下僧に対する「御出語」、つまり口頭の形でなされたことがわかります。「困ったら助けてやる」という約束は、証文に書かれたわけではなく、要するに「口約束」だったわけですが、長尾顕景の側は、これを根拠に為景に援軍を要請するわけです。「あのときの御出語、よもやお忘れではありますまい」という顕景の文面からは、口頭の発言は決して違えてはならないものだという強い観念の存在をうかがうことができます。現在ではただの「口約束」は簡単に反故《ほご》にされますが、口頭での発言には責任を持たねばならないと、この時代の人々は考えていたようなのです。

さて、この第三話の中心的テーマは、もちろん「密書が奪われる」ことです。長野方業と福蔵主（徳雲軒性福）の間で取り交わされた密書は、顕景の手の者に奪われ、こうした証拠が積み重なって、福蔵主は殺されてしまいました。そしてこの「証拠文書」は、顕景の行動の正当性を示す文書として為景のもとに届けられたのです。

通信手段が発達し、平和な現在では、出した手紙が相手方に届くかどうか、心配することもないわけですが、道路の整備が不十分なだけでなく、大名や国人たちの間で対立関係がつねに存在していた（まわりは敵だらけ）この時代には、書状が無事相手方に届けられる保障はどこにもなかったのです。

密書を奪うことに成功した長尾顕景は、おそらく多くの兵士を道々に置き、怪しい者がいたら捕縛していたのでしょう。そして敵対する側の情報を得ることによって、みずからの危機を乗り切ることに成功したのです。この書状の後半には、既橋宮内大輔が日夜要害を築いていることを示す「一札」を、前に為景のもとに証拠書類として届けたとありますが、この「一札」もおそらく顕景が使者から奪い取ったものでしょう。

混乱状態のなかで家を守るためには、こうした「密書」を奪取し、軍事情報をつかむことがなにより大切でした。「密書」を出す側も、これを待ち伏せする側も、ほんとうに真剣勝負で、使者に立つのはきわめて危険なことだったのです。

〔付記〕　旧版刊行後、永井晋さんに紹介記事を書いていただいた（『日本歴史』六五三号）。その中に「貴方だけが頼りだと綿々と掻き口説く長尾顕景の書状も……緊迫感があり」という一文があるが、これは第三話にみえる「書き口説く」は「掻き口説く」の方が適切ではないかということを、控えめにお示しいただいたものと思われる。たしかに書状の原文には「かきくどく」とあるだけなので、これを「書きくどく」と解読したのは勇み足だったと思い反省した。「書きくどく」という言葉はないかもしれないが、文字を書くことで「掻きくどいて」いるわけなので、論旨はあまり変わらないと思う。

差出と宛名

書状を読むときに、とにかく最初の文字から読み始めるという方法は、あまりお勧めできません。文章の中身はあとまわしでいいので、書状の全体像をおおまかにとらえることが、まずは必要です。

書状というのは手紙ですから、差出人と宛名が書かれているのが原則です。この二つと月日にまずは注目して、いつ、誰が、誰に出したものかを把握することが第一です。引用した史料や図版をご覧になればわかるように、だいたい月日の下に差出人が署名して花押《かおう》を据《す》え、月日の左横に宛名を書いています。考えてみれば、この形式は今の手紙の書き方と同じです。月日・差出・宛名の配置はこのころから変わっていないわけです。

さて、差出と宛名の人物が特定できれば、誰が誰に意思や情報を伝えようとしたかがわかるわけですが、古い時代の場合、そう簡単にはいかないケースもあります。たとえば第一話で見た畠《はたけ》山卜山《やまぼくざん》と長尾《ながお》為景《ためかげ》の交信の場合、卜山から為景への情報伝達は、卜山から為景（長尾弾正左《だんじょうざ》衛門《えもんの》尉《じょう》）あての書状でなされていますが、為景から卜山への伝達にあたっても、同じように為景から卜山あての書状が作られていたと素直に考えるわけにはいかないのです。

第一話の冒頭で見たように、越中境川での勝利の報は、為景から「遊《ゆ》佐《さ》新《しん》右衛《え》門尉《もんのじょう》」にあてられた二通の書状によって、卜山のもとに届けられています。為景は卜山本人にではなく、その家臣の遊佐にあてて書状を書いているわけです。

今では目上の人に直接手紙を出すことも、ごくあたり前ですが、身分差別の厳しかったこの時代には、自分より身分が格段に高い人にあてて書状を出すことはできず、どうしても意思や情報を伝えたいときは、その従者を宛所にした書状を作らざるをえませんでした。こうした場合は、差出人がメッセージを伝えたいと思っている人物と、書状の表面に表われた宛所の人物が違うことになります。

こうしたケースもありますが、身分的に対等な大名どうしの場合は、差出・宛名ともに本人の名前を出すことが普通でした。ただ差出や宛名の書き方の細かいところに注意すると、両者の関係（とくに差出人が宛先の人物をどう位置づけていたか）をうかがわせる痕跡に気づくこともあります。たとえば第二話で見た北条氏綱《ほうじょううじつな》の書状（長尾為景あて）の場合、宛名の上に「謹上」と書かれていて、氏綱が為景に敬意をはらっていたことがわかります。差出や宛名をどう書くかは、相手によってだいたい決まっていたようで、こうした作法（書札礼《しょさつれい》）を詳しく記した書物もかなり残されています。また文書の文面だけでなく、紙の大きさや折り方などからも、両者の関係をうかがうことができますが、こうした話は際限がないので、このくらいで終わりにします。

此方と其方、爰元と其元

誰から誰に出されたものかを把握したあと、中身の解読に進むわけですが、その場合も、発信者と受信者の存在をつねに意識して、文面を読んでいくことが大切です。そのためには「わたし」「あなた」「こちら」「そちら」といった言葉を見逃さないことが重要です。

第一話で紹介した畠山卜山の箇条書きの書状（八月十一日づけ、37ページ）には、「此方《このほう》《こなた》」「其方《そのほう》《そなた》」という言葉が見えますが、もちろん「此方」が畠山卜山（畠山家）、「其方」が長尾為景を指します。これに続く九月二十八日づけの卜山書状でも、やはり「此方」と「其方」が見えます。またこの書状に出ている「爰許《ここもと》」という言葉は、「此方」とおなじく「こちら」の意味ですが、これは「爰元」と書かれるのが普通で、第二話冒頭で紹介した北条氏綱書状の最初のほうに、この「爰元」の用語が見えます（47ページ）。そして「爰元」と対になるのが「其元《そこもと》」で、これは第三話の長野方業書状のなかで登場します（84ページ）。

「此方」「爰元」「其方」「其元」といった用語に注意をはらうことによって、発信者と受信者が何をしたか、きちんと把握することができます。「こちらはなんとかなっているが、そちらはどんな様子か心配だ」といった表現がこの時代の書状には多く見られますが、自分と相手の行動をこうした用語を使ってきちんと書いているわけで、けっこう論理的に構成されているのです。

コラム③　書状の読み方3

申す

発信者と受信者だけでなく、書状のなかにはいろいろの人物が登場します。いったいどういう人が出ているかを確かめることが大事ですが、そのあとはそうした人々が何をしたかということになります。こうした行動を示す言葉のなかで、最も多く目につくのはおそらく「申す」でしょう。

「申す」というと口頭で話すことのように思われがちですが、口頭ではなく書状で意思を伝えることも「申す」と表現されました。第一話の冒頭で見たように、境川での勝利の風聞を得た畠山卜山は、確かな注進がほしいという書状を出しますが、この行為についてあとの書状で「去日《きょじつ》、状をもって申し候」と記しています（6ページ）。「状」つまり書状でなにかを主張することも「申す」といったのです。

卜山の書状を見ればわかるように、大名の書状の末尾には「委細○○申すべく候」と書かれていることが多いのですが、この文章を「詳しい内容は○○の人物が話します」と解釈してはいけません。もちろん○○は使者で、彼が詳細を口頭で伝えた場合もあるでしょうが、そうではなく、詳しいことを○○の人物が書状で相手に伝達する場合もあるわけです。大名の書状にはその重臣がより詳しい内容の書状を添えることが多く（これを副状《そえじょう》といいます）、こうしたときには大名の文書に例の文言《もんごん》があり、○○のなかにはこの重臣の名前があるわけです。

さて、「申す」は意思や情報の伝達を示す基本用語ですが、この言葉の特徴は、「申す」単独で使われるだけでなく、その下にいろいろな動詞を加えて、複合的にさまざまなことを表現することが多いということです。こころみにこれまで登場したこうした語句を列記してみましょう。

申し下す　申し付く　申し談ず　申し合わす　申し入る　申し分く　申し来《きた》る

申し宣《の》ぶ　申し送る　申し達す

書状や口頭によって伝達を行いながらなにごとかを成し遂げる、そういったさまざまなことがらが、このように表現されているわけで、ほんとうによく使われた言葉だといえます。

「申す」は対等な間でも用いますが、下から上へ向かってなにかを主張する場合に使うのが基本でした（中世において訴状《そじょう》を「申状《もうしじょう》」というのはそのためです）。ただ「申し下す」「申し付く」などのように、目上の人が下に対して行った意思表現にも「申す」は用いられました。

上から下への意思伝達は一般に「仰《おお》す」と表現されました。これはかなり威圧的な言葉で、戦国大名が家臣に対して命令を下す場合などに用いられました。この「仰す」も「申す」と同様、その下にさまざまな動詞をつけて表現されます（「仰せ付く」など）。

コラム④　書状の読み方4

「申さるべし」か「申されべし」か?

書状の原文はほとんどが漢字で埋められているので、声に出して読むには、これをかなまじりの「読み下し文」にしなければなりません。本書でも史料を紹介する場合は、原文ではなく「読み下し文」の形で示しましたが、どのように読み下すかということになるとさまざまな問題にいきあたります。

とくに気になったのは、たとえば「可被申候」をどう読むかということでした。これは「申さるべく候」と読むのが普通でしょうが、どうも戦国時代には、これを「申されべく候」と読むことが多かったようなのです。

これは「可被申」に限ったことではありません。「可申付」は「申し付けべし」、「可申分」は「申し分けべし」と読んでいた形跡があります。当時の文書の読み方を知るには、かなを中心に書かれた書状がなによりの材料になりますが、そうしたなかからいくつかの事例をあげておきます。

北条宗哲《そうてつ》覚書　「大かた殿をハ、御たいはうと申されへく候」

（『神奈川県史』資料編3〈古代中世3下〉七二九九号）

北条氏康?書状「与六丞と助五郎両人にさしこし申されへく候」

（同右、七五六一号）

千葉胤富《たねとみ》書状写「其おり、よろつ申まいらせへく候、さてはこかへうつらせられへきよし、うけたまハり候」（同右、七九〇二号）

山木大方朱印状「へつ人に申つけへく候」（同右、七〇四六号）

保春院（伊達政宗母）侍女小大納言消息

「つふさに申わけへきと思ひ申候て」

「ここもとよくよくききととけられへく候」

（『大日本古文書』伊達家文書之二、三七九号）

こうした事態をどう表現すればいいのか、よくわかりませんが、「べし（可）」の前に下二段活用の動詞がつくときの活用が「ウ段」ではなく「エ段」になるということではないかと思います。一般的な活用法とは違いますが、当時はこうした言い方をしていたわけなので、「読み下し」にあたってもこのように読むのが適当かと考えました。ところがよく調べてみると、今と同じく「ウ段」で終わる活用をしている事例もいくらか見受けられるのです。

北条氏綱書状「このはうへおほせこさるへく候」

（『神奈川県史』資料編3〈古代中世3下〉六六一一号）

北条氏康書状「くわしき儀ハ、かさいより御申入らるへく候」（同右、七〇四三号）

関東の場合にはそれほど多くはないようですが、第七話で紹介する毛利元就《もうりもとなり》の書状では、「そこもとに置かせらるべく候」というように「ウ段」で終わることがほとんどです。基本は「エ段」活用だが、「ウ段」活用もかなり広まっていたというのが戦国時代の実態だったようです。

それでは漢字で書かれた「可被申」などを、どのように読み下したらいいか、悩ましいところですが、一応「申されべし」と読んでおきたいと思います。ただ毛利家の場合は原文に「申さるべし」といった表現がなされているので、第七話に限って「申さるべし」式の読み下しにしました。

コラム⑤ 書状の読み方5

「候之」か「候」か?

戦国時代の文献史料の多くは、史料集の形で翻刻《ほんこく》されているので、わりあい手軽に内容を知ることができます。もちろん書状の現物は墨で文字が書かれており、文字の多くは行書体や草書体です(これをよく「くずし字」といいますが、行書や草書は楷書を崩したものではないので、厳密にいうとこの表現は適当ではありません)。この読みにくい文字をなんとか解読して史料集が作られているわけです。そしてこの文字解読の作業も、けっこう判断に迷う場面の多い、難しい仕事なのです。

図17に掲げた写真は、第一話で二番目に引用した史料ですが(6ページ参照)、ここで注目したいのは「聞」と「間」、「申」と「処」、「居」と「様」の間にある文字です。これは「候」の一般的な草体に、縦に墨線がつながったもので、『大日本古文書』や『新潟県史』ではこれを「候之」と読んでいます。この書体はけっこう見られるのですが、少し調べてみると、これを「候之」と読むと問題が残る場面に遭遇します。

次の図18~20の三点の写真は、いずれも「上杉家文書」のなかの史料の一部分で、すべてに例の字が出てきますが、「候之」ではなく「候」と読まなければ文章がまとまらないものばかりです。図18は「自然御尋題目も候者」(自然お尋ねの題目も候らわば)、図19は「若又文旁申所も候者」(もしまた文かたがた申すところも候らわば)、図20は「御成敗之由候哉」(御成敗の由候や)と読むべきも

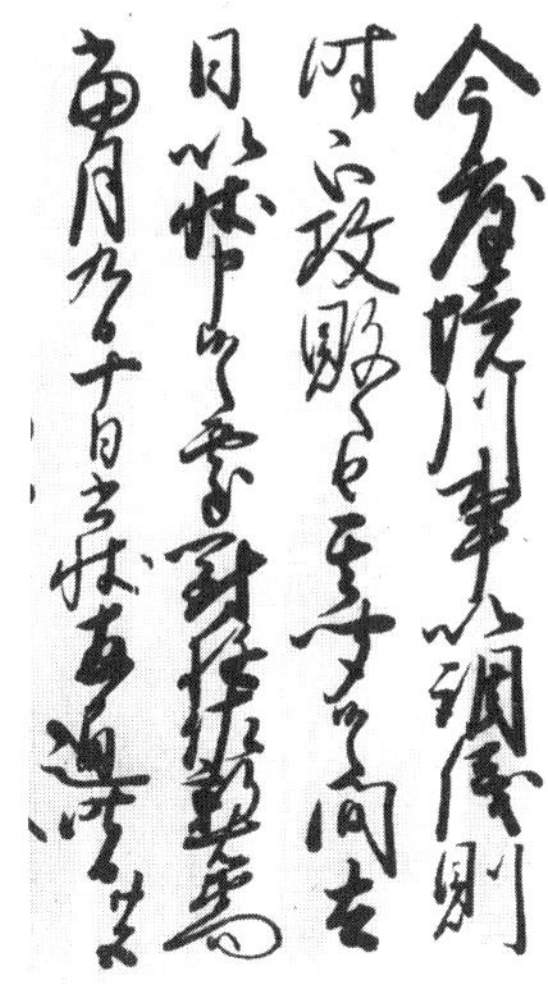

（部分）

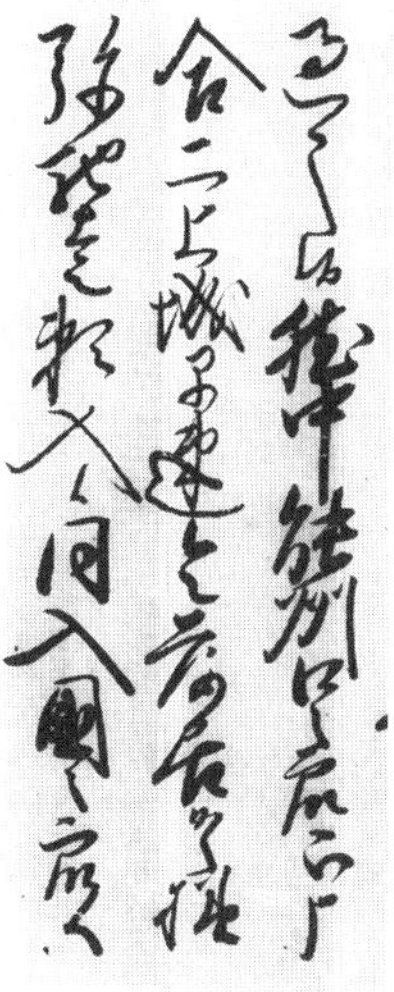

（部分）

図 17　畠山卜山書状（「上杉家文書」米沢市〈上杉博物館〉所蔵）

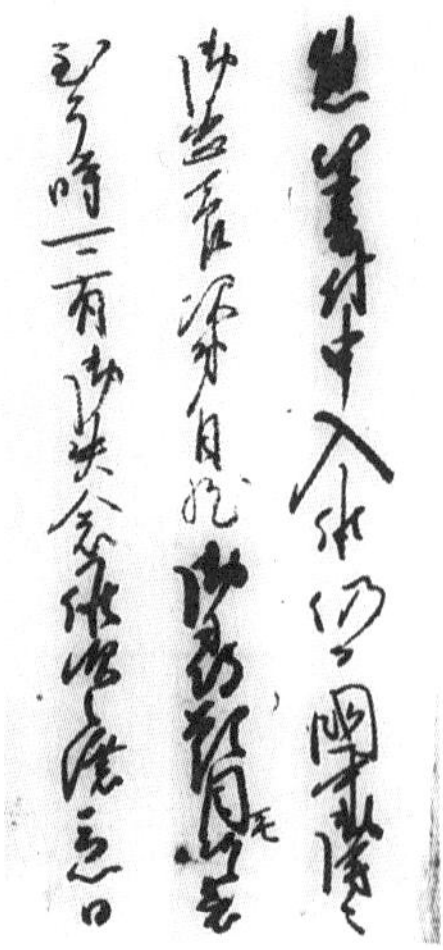

図18　小嶋重隆書状

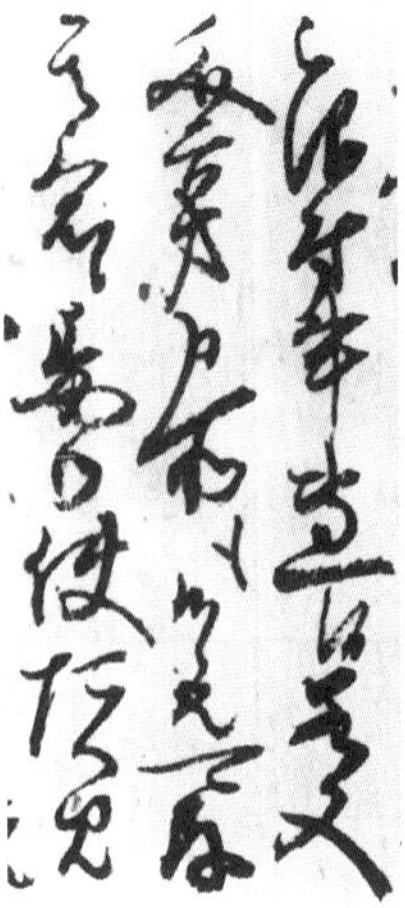

図19　毛利広春書状

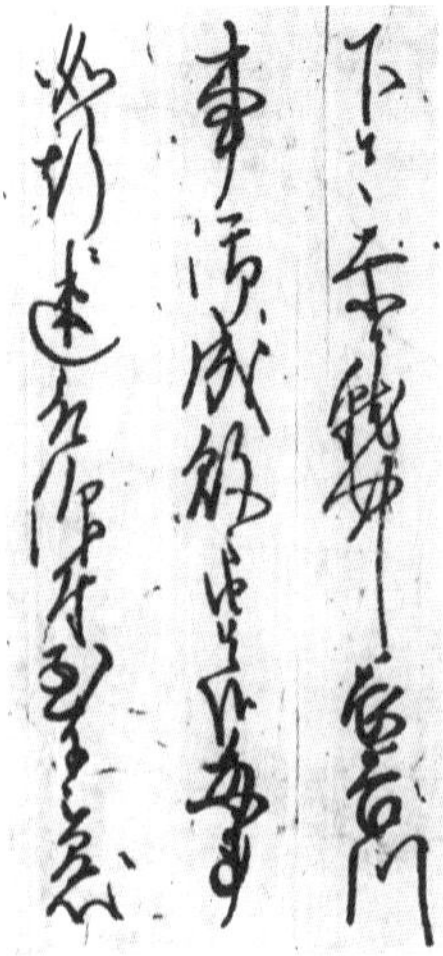

図20　山吉政久書状

ので、「候」の下に「之」を入れると読み下しができません。

こういう事例はほかにもあるので、従来「候之」と読まれていた文字は、実はただの「候」ではないかという疑問がわいてきます。草書体の「候」の下にある墨線は別の文字ではなく、一種の筆の遊びで、ここまで含めて「候」という文字ではないかと思えるのです。

このように考えながら史料を見ていくなかで、図21の文書にいきあたりました。これは下総《しもうさ》関宿《せきやど》の簗田《やなだ》持助《もちすけ》の書状ですが、ここでは行書体の「候」の下に、やはり縦に墨線が入っています。これも「候之」と読んでしまいそうですが、そうすると「御意得候之、謹言」となって、やはり「之」が余計です。ここでもやはり行書体の「候」に続く墨線は、別の字ではなく「候」の一部と考えられるのです。

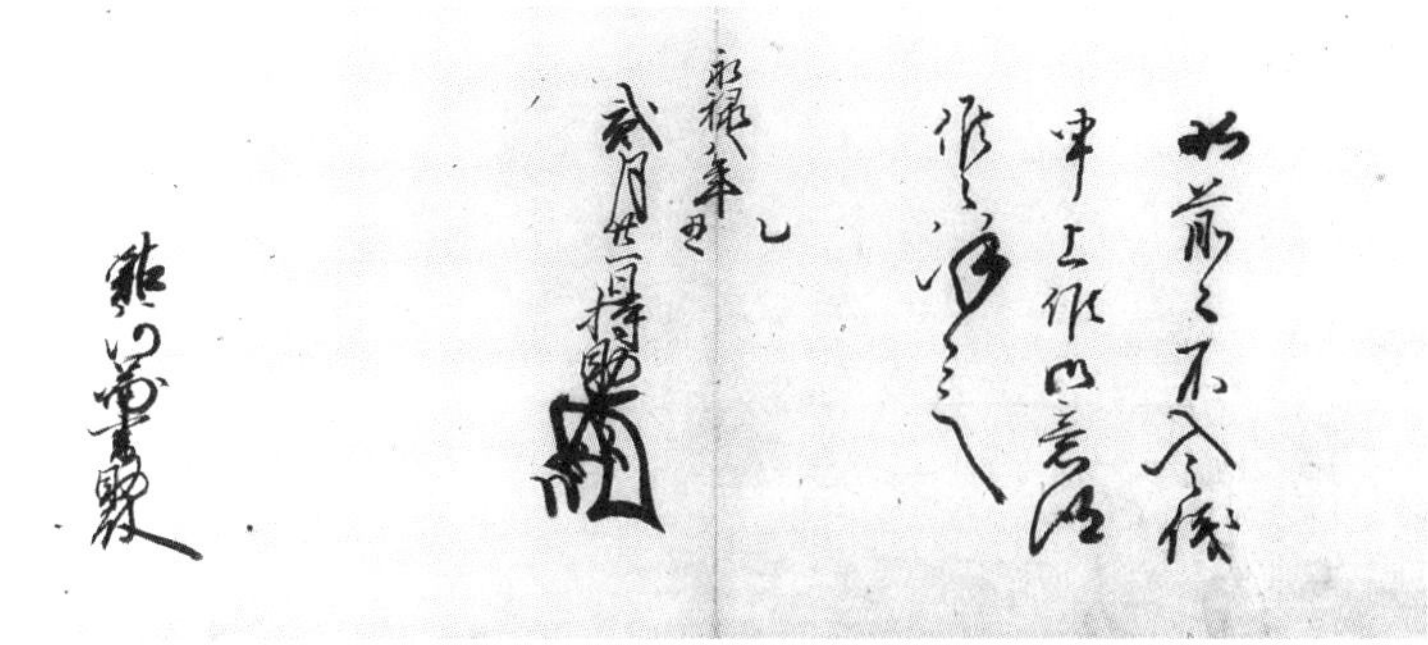

図 21　簗田持助書状

（「鮎川文書」東京都立中央図書館所蔵 特別買上文庫）

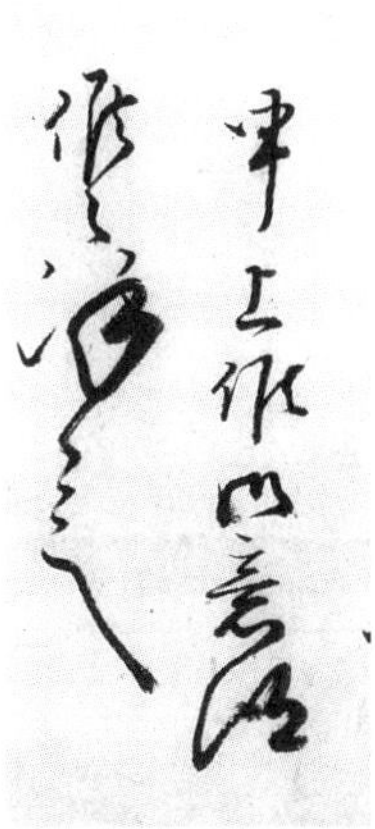

（部分）

まだ確実なことはいえませんが、こうした検討に従って、草書や行書の下に続いて墨線がある書体は、一応「候」と読んでみました。もちろんこの墨線がはっきり切れていたり、まちがいなく「之」と読める場合は「候之」としました。

第四話　書状の集積　―白川晴綱と北条氏康の交信―

新たな時代へ

北条氏綱《ほうじょううじつな》との交信を続け、また上野《こうづけ》の長尾顕景《ながおあきかげ》から救援依頼を受けていたころ、長尾為景《ためかげ》は得意の絶頂にあったが、その権勢は長続きしなかった。長く親交を結んでいた細川高国《ほそかわたかくに》が、享禄《きょうろく》四年（一五三一）に戦死すると、為景の地位は不安定になり、まもなく国内で反乱が勃発した。内乱の収拾に腐心しながら、為景は天文《てんぶん》十一年（一五四二）ころに死去するが、そのあとも国内は治まらず、守護代《しゅごだい》の長尾晴景《はるかげ》（為景の嫡子）は弟の平三景虎《へいぞうかげとら》を起用して内乱を抑えようとする。そして叛徒《はんと》を討った景虎は、天文十七年（一五四八）に兄のあとを継いで越後《えちご》守護代となる。この景虎こそ、戦国武将として名高い上杉謙信《けんしん》その人である。

景虎の登場によって、越後長尾氏の勢威はようやく旧に服したが、二十年近くに及んだ国内の混乱は大きな傷を残した。そして越後が乱れている間に、北条氏綱とその後継者である北条氏康は、着々と勢力を拡張していったのである。

大永《たいえい》四年（一五二四）に江戸城を奪取して、北武蔵《きたむさし》や上野への勢力拡張の足がかりを得た氏綱は、平井《ひらい》（群馬県藤岡市）の上杉憲房《のりふさ》・憲寛《のりひろ》・憲政《のりまさ》（山内上杉氏《やまのうち》）や河越《かわごえ》（埼玉県川越市）の上杉朝興《ともおき》・朝定《ともさだ》（扇谷《おうぎがやつ》上杉氏）との抗争を続けながら、その版図《はんと》を広げていった。天文十年（一五四一）に氏綱は五十五歳で死去するが、すでに成年に達していた長子の氏康《うじやす》は、上杉方の反攻に耐え、天文十五年（一五四六）には河越の戦いで両上杉軍を撃破して武蔵を手中に収めた。扇谷上杉氏はここで滅亡し、山内上杉憲政もやがて越後に逃れて、長尾景虎を頼ることになる。

北条氏綱と長尾為景はあいついでこの世を去り、その子の北条氏康と長尾景虎が時代の主役になっていく。そしてほぼ同じ時期に、甲斐《かい》の武田信虎《たけだのぶとら》も息子の晴信《はるのぶ》（のちの信玄《しんげん》）に追放された。氏綱・為景・信虎の時代は幕を閉じ、北条氏康・武田信玄・上杉謙信といった著名な戦国大名たちが覇《は》を競う時代に突入したのである。

白川と北条

両上杉氏を打倒して関東の中心部に踊り出た北条氏康の存在は、北関東や奥羽《おうう》の武士たちにとっても無視できないものとなった。下総結城《しもうさゆうき》（茨城県結城市）の結城政勝《まさかつ》は、一族を統制するために北条氏の援助を乞い、その傘下に属しながら領主としての力を保持する道を歩むことになるが、常陸太田《ひたち》（茨城県常陸太田市）の佐竹《さたけ》氏（義昭《よしあき》・義重《よししげ》）は、むしろ北条氏の北上を警戒して、最終的にはこれと対峙《たいじ》することになった。そして佐竹氏と対立していた陸奥白川《むつしらかわ》（福島県白河市）の白川晴綱《はるつな》は、佐竹の奥にいる北条と積極的に親交を結ぼうとしたのである。

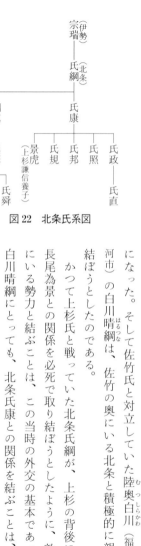

かつて上杉氏と戦っていた北条氏綱が、上杉の背後にいる長尾為景との関係を必死で取り結ぼうとしたように、敵の奥にいる勢力と結ぶことは、この当時の外交の基本であった。白川晴綱にとっても、北条氏康との関係を結ぶことは、佐竹と対抗するうえでなにより必要だったのである。たまたま都合のよいことに、同族にあたる結城政勝は、北条氏と親しい間柄であった。結城のとりもちも期待しながら、晴綱は氏康との音信を始める。

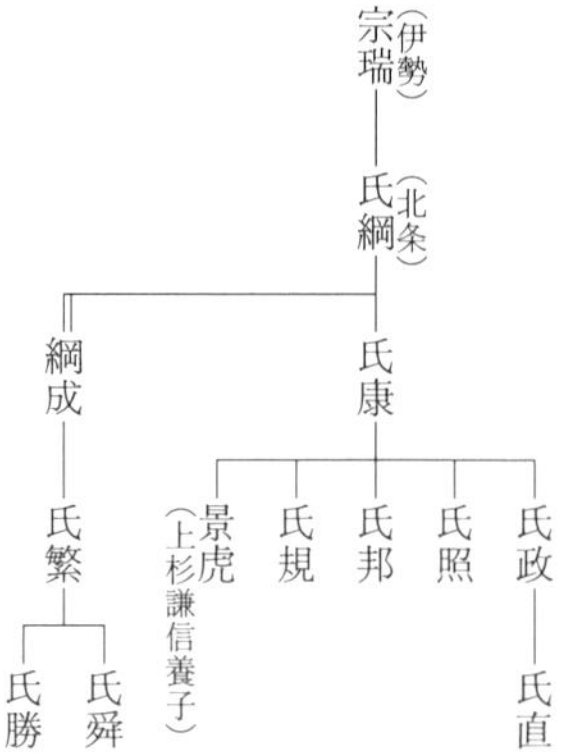

図22　北条氏系図

天文二十二年（一五五三）春、晴綱は書信とともに「角鷹《つのだか》」を氏康のもとに贈った。このとき彼は、氏康の一族の北条綱成《つななり》のもとにも直次《なおつぐ》作の刀を贈り届けている。この綱成は相模玉縄《さがみたまなわ》（神奈川県鎌倉市）城主で、北関東から小田原《おだわら》（神奈川県小田原市）に至る途中の要衝を押さえていた。結城政勝だけでなく、北条綱成も晴綱との取次役《とりつぎやく》を期待されたのであるが、この進物《しんもつ》を受け取った綱成は、三月二十三日づけの書状で晴綱の厚情に感謝し、定宗《さだむね》作の小刀一腰《こがたなひとこし》を贈っている。

やがて晴綱の書状は氏康のもとに届けられ、白川と北条の外交がはじめて結ばれた。この二年後の弘治《こうじ》元年（一五五五）にも晴綱は、小田原に上る「唐人《とうじん》」に託して、氏康あての書状を送り届けた。このとき例の結城政勝と北条綱成が取次をつとめ、「唐人」は結城ついで玉縄を訪れているが、五月二十六日づけの書状が玉縄に着いたのは、二か月近く過ぎた七月二十二日であった。白川から玉縄まで二か月もかかるというのは尋常でないが、この「唐人」は奥州から小田原に行く途中に、白川で書状を託されただけで、さまざまな目的を抱えて旅をしていたわけだから、急いで小田原に行く責任もなく、そのため書状が玉縄に届くまでにこれだけの月日を要したのであろう。

「唐人」の来訪を得た綱成は、即日に晴綱あての書状をしたためた。ここで綱成は、先に小田原に届けられた角鷹が、鶴《つる》も鴻《おおとり》も逃さず捕える逸物《いちもつ》だったと賞賛したうえで、この秋にでも鷹をひとつほしいと申し入れ、「氏康への御用は、結城政勝を通して申し入れられているようですが、今後は私のところへ直接仰せられてもかまいません」と、進んで取次をすると約束している。また使者の「唐人十一官」は自分もよく知っている者であると伝え、こうした人物を使者に選んでくれたことに感謝している。

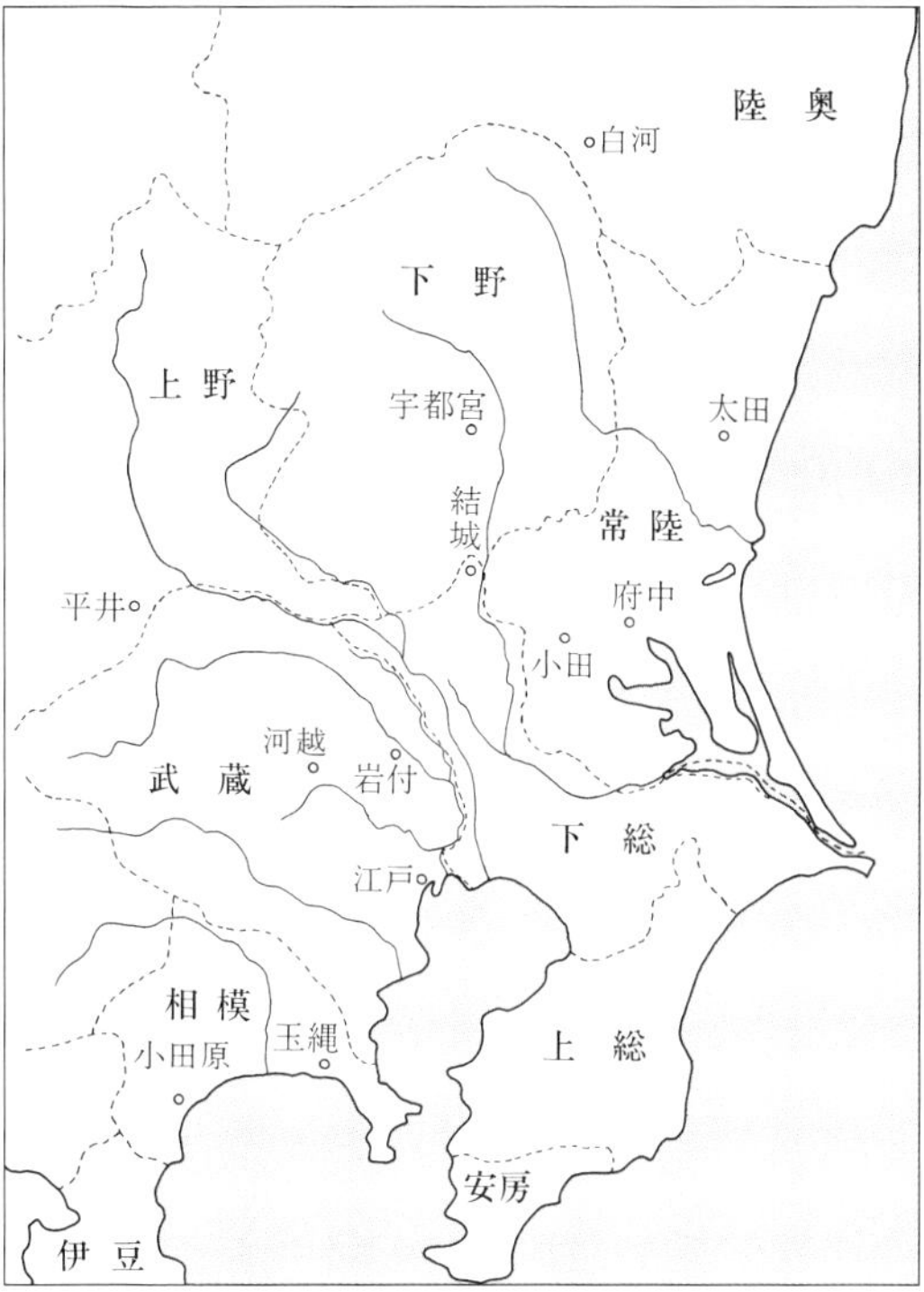

図23　第四話関連地図

結城政勝と北条綱成という、頼りになる取次を得て、白川と北条の交流は順調に進むかにみえた。しかしこの翌年、氏康は思いもかけない晴綱の詰問《きつもん》に接することになる。

白川晴綱の疑念

弘治二年（一五五六）三月、小田原の北条氏康のもとに飛脚《ひきゃく》が訪れ、白川晴綱からの書状を渡した。氏康は早速返書をしたためたが、晴綱の書状になにが書かれていたかは、同時に作られたと思われる次の文書からわかる。

白川より一札到来、すなわち返札に及び候。案文披見《あんもんひけん》あり、其方《そのほう》返札あい計《はか》らい、調えられべく候。佐竹・当方通用、去《さ》り難《がた》く遠国より申し越され候らいて、ひととおりの子細に候。縁近など取り組むべきこと、思いも寄らず候。白川方の儀は、結城方一筋《ひとすじ》に入魂《じっこん》の儀に候間、自余《じよ》の方には准《じゅん》ずべからず候。涯分《がいぶん》御取合に及ぶべき由、申し越されべく候。恐々謹言。

三月十七日　　氏康（花押）

左衛門大夫《さえもんたいふ》殿

◇白川（晴綱）よりの一札が到来したので、返札を出しました。案文をごらんになり、そちらからの返札も調えて出してください。佐竹と当方が通じているということですが、あれは遠国からどうしてもと言ってきたので、ひととおりの対応をしたまでです。近い縁を取り結ぶことなど、考えてもいません。白川のことは、結城が熱心に尽力していることもあり、ほかの家とは比べられません。

きちんと仲介しますと、そちらからも白川に伝えてください。

宛先の「左衛門大夫」は玉縄の北条綱成である。北条氏康は晴綱への返書をしたためるとともに、取次役にあたる綱成にあてても、書状で指示を加えたのである。晴綱あての返書の案文（写し）を送るから、これをよく読んで、綱成からも晴綱に書状をしたためてほしいと頼んでいるわけだが、そこで氏康は、佐竹と北条が通じているという晴綱の疑念に対する弁解を書いている。佐竹（義昭）がどうしても通交したいと言ってきたので、形ばかりの対応をしたにすぎず、白川との親交とは比べものにならない。このあたりの事情を理解して疑念を解いてほしいと、氏康は晴綱に伝えたのである。

白川と佐竹は敵対関係にあるが、北条はとりあえずは戦いの枠外にいる。白川とは親しく交流したいが、佐竹と軽い外交関係を持っても、それほど問題はないと氏康は考えていたのであろう。しかし現に佐竹と争っている白川晴綱にとって、氏康が佐竹と結んだという情報は耐えがたいものであった。ことの真偽を確かめるために、彼は北条あてに飛脚を飛ばし、佐竹と書状のやりとりはしたが、心配するようなことではないと氏康は答えたのである。

綱成と政勝

綱成あての書状の日付は三月十七日であるが、晴綱あての書状（これは現存しない）が書かれたのも、おそらく同じ日であろう。氏康は晴綱あての書状を書いたあと、わざわざその写し（案文）を作成し、これに書状を添えて綱成あての書類をまとめたのである。そして同じ三月十七日、もう一人の取次であ

図24　北条氏康
（神奈川県箱根町　早雲寺所蔵）

る結城政勝に対しても、氏康は懇切な書状をしたためている。

来翰《らいかん》披閲《ひえつ》せしめ候。よって白川より一札到来。具《つぶさ》に披見《ひけん》。遠境ゆえ無音《ぶいん》せしめ候ところ、懇《ねんご》ろに申し越され候。本望に候。御心得《おこころえ》ありて、御伝達肝要《かんよう》に候。しかれば佐竹・此方《このほう》通用、曲《きょく》なき由、彼の書中にあい見え候。佐竹・白川取り逢い来られ候儀、一点も存ぜず候。旧冬内儀に申し届け候ごとく、佐竹より去り難く申し越さるるについて、書札の通用、横合《よこあい》あるまじき由存じ、同意せしめ候。入魂《じっこん》致す義は、其《その》方《ほう》御意見といい、ゆめゆめこれあるべからず候。ことに佐竹申さるるところ、小田《おだ》の間、疎遠に取り成すべきところ、此方へ通用の意趣《いしゅ》たるべき由に候。しかれども、近日小田・佐竹の間、いよいよ甚深の由に候。この時は、計儀《けいぎ》の申され事に候由、存ぜしめ候。なかんづく小田口行《てだて》の儀、白川より尋ねられ候。時節見合わせ、其方御作意により、不慮に人衆を立て越す儀これあるべき由、返答に及び候。条々御意得《おこころえ》候らいて、御演説簡要に候。何様是《これ》より申し述ぶべく候間、具あたわず候。恐々謹言。

三月十七日　　氏康（花押）

結城殿

◇お手紙拝見しました。白川より一札が到来し、つぶさに披見しました。遠境なので無音していたところ、懇切なお手紙をいただき、本望に思います。このことをよろしく白川へご伝達ください。さて、佐竹と当方が通じているのは問題だと、白川からの書中に書かれていました。佐竹と白川が争っているという事情は、まったく知りませんでした。旧冬内々に連絡したように、佐竹からどうしてもと言ってきたので、書札だけの交流ならば、誰も文句を言わないと思い、同意したのです。佐竹と入魂の仲になることは、あなたの御意見もあることですし、決してありません。だいたい佐竹からは、小田と疎遠にするのでこちらと通じたいと言ってきたのですが、近日佐竹と小田はますます仲良くしているようです。いままでは佐竹にだまされたのではないかと思っています。それから、小田方面への出兵のことを、白川から尋ねられました。時期をみて、そちらの準備に従い、不意に軍勢を出したいと返事しました。これらのことをご納得されて、白川までお伝えください。詳しくは是（飛脚か）が申し述べますので、詳細は省略します。

一族の綱成あての文面と比べて、独立の大領主である結城あての書状の内容はさすがに懇切丁寧である。白川と佐竹が争っていることはまったく知らなかったし、書面だけでの交流なら問題はないと思って、佐竹あての返書を出したわけで、佐竹と仲良くする気は毛頭ない。それに現在北条と結城が争っている小田（氏治《うじはる》）と、佐竹の間が悪化したというから、佐竹との外交を開いたのに、佐竹は小田と懇意にしているようだ。どうも佐竹に謀《はか》られたようなので、いよいよもってこれと結ぶいわれはない。こうした事情を詳しく書いて、氏康は自身の行動の正当性を主張したのである。北条氏康は白川晴綱あての書状（およびその案文）とともに、取次の北条綱成と結城政勝あての書状もしたためた。この四通は、おそらく晴綱の書状を運んだ飛脚が受け取り、小田原からまず玉縄まで運ばれたのである。

綱成の書状

玉縄の北条綱成が、氏康の指示どおりに白川あての書状を書いたのは、三月二十日のことであった。小田原から玉縄への飛脚は二日程度で着いたのだろう。この書状では、去年夏に「唐人」の来信を受け、今年春に「唐人」が下向する際に、白川あての書信を託したことを述べながら、このたび「脚力《きやくりき》」（飛脚）が来て白川の存分を伝えられたので、その旨を氏康まで伝達したこと、佐竹と小田原が縁近であるということはありえないことを記し、常陸への出兵については、結城や大掾《だいじょう》と連絡しながら軍勢を派遣するので、遠路だけれども氏康と連絡をとり続けてほしいと頼んでいる。

綱成は氏康から送られた書状（晴綱宛書状）の案文を見ながら、晴綱あての書状をしたためたのである。ただこの書状のなかには「彼口《かのくち》の儀は、脚力口上《こうじょう》に申し候」、「委曲《いきょく》彼の口上に申し展《の》べ候条、重説あたわず候」という記載があり、書状を運んだ飛脚が、事の詳細を把握しており、白川に口上で申し上げる役割を帯びていたことがわかる。

この飛脚が綱成のもとに届けたのは、自分あての書状と、晴綱あての書状の写しであり、綱成は晴綱あての書状をしたためて飛脚に渡したわけだが、どうもこのとき、綱成は自分あての氏康の書状も、いっしょに添えて飛脚に預けたらしい。このことを直接伝える記事はないが、綱成あての氏康の書状は、玉縄ではなく白川家に残されているので、このときいっしょに飛脚に託されたと考えざるをえない。氏康の真意を誤解なく伝えるために、綱成はわざわざ氏康の書状を証拠書類として添えたのである。

ところでこのとき、綱成は同時に結城政勝あての書状もしたためている。飛脚はこのあと結城に至る予定になっていたので、綱成は政勝あての書状を作り、同じく飛脚に託したのである。

この政勝あての書状は晴綱あてのもの以上に丁寧な内容であった。こんどの飛脚の小田原行きに際して、政勝から自分あてにも懇切な通信があったことを感謝し、氏康の気持ちを伝えるとともに、佐竹とのことを疑いなきよう、白川に伝達してほしいと頼み、白川より今後交信のあるときには、うまくいくように奔走すると約束している。そして最後には政勝の病気を心配し、きちんと養生してほしいと結んでいる。

小田原を出たとき飛脚が持っていた文書は、①晴綱宛氏康書状、②綱成宛氏康書状、③政勝宛氏康書状と、④晴綱宛氏康書状写の四点であった。そして玉縄に残されたのは④のみで、①と③は未開封のまま飛脚が持ち続け、②は開封ののち証拠書類として飛脚に預けられ、さらに新たに⑤晴綱宛綱成書状と、⑥政勝宛綱成書状が加えられた。玉縄から結城に向かった飛脚は、この五点の文書を携えていたのである。

政勝の書状

飛脚が結城についたのは、五日後の三月二十五日のことであった。そして翌二十六日、結城政勝は晴綱あてに書状をしたためている。

先度脚力をもって、条々御懇《ねんご》ろに承り候間、彼《か》の者直《じき》に小田原へあい透《とお》り、此方《このほう》よりも具《つぶさ》に申し届け候。その返札《へんさつ》昨日廿五到来。奇特《きとく》の時分《じぶん》、氏康へお届けゆえ納得候。誠に大慶《たいけい》の至りに候。定めて其方へ直に具に申し越されべく候。しかりといえども、当方へ返札の写、これを進《まい》らせ候。御披見《ひけん》あるべく候。この以後は、遠路に候とも、節々《せつせつ》通ぜられべきこと、簡要の義に候。その分、北条左衛門大夫申し越され候。……恐々謹言。

追って、其方より小田原へ御届けの子細、幾度《いくど》も承るべく候。涯分《がいぶん》あい調えべく候。

三月廿六日　　　　　　　政勝（花押）

白川殿

◇先度飛脚によって、いろいろ懇ろに承りましたので、この飛脚を小田原まで通行させ、こちらからもつぶさに氏康に申し届けました。その返事が昨日（二十五日）到来しました。ちょうどよいときに氏康にご連絡されたので、納得してもらえました。まことに大慶の至りです。きっとそちらにも直接氏康から伝達があるでしょうが、当方への返札の写しをお送りしますので、ご披見ください。これからは、遠路ではありますが、ことごとに連絡をとりあわれることが大切です。このことを北条左衛門大夫（綱成）も申し越されました。……

追伸。そちらから小田原への連絡は、何度でも私が承り、きちんと調法します。

結城に到着した飛脚は、政勝に氏康の書状を手渡した。先に見た三月十七日づけの長文の書状がこれにあたる。そしてこれを読んだ政勝は、あらためて晴綱あての書状をしたためるとともに、わざわざ氏康の書状の写しを作って、証拠書類として自身の書状に添えて飛脚に託したのである。

政勝が氏康書状の写しを作ったことは、晴綱宛書状の文面からわかるが、このとき作られた写しそのものが、白川家の文書のなかに現存する。実をいうと氏康書状の本書は今に残らず、その内容はこの写しによって知られるのである。

ところでこの写しには、続けて次のような但し書きが付け加えられている。

小田原より当方への返札、案文写これを進らせ候。本文を進らせたく候らえども、自然様体事違義《しぜんようたいこといぎ》の時、本文をもって小田原へ断って申し届けべき用に留め置き候。そのうえ其方へ小田原より具に申し越されべく候。また北条左衛門大夫も申し届けられべく候間、写これを進らせ候。
◇小田原の氏康から当方（政勝）への返札の、案文写しを送ります。本文（現物）を送るべきかとも思いましたが、万一事態が違う方向に進んだときには、本文を証拠として小田原に断固申し入れなければならないので、そのために本文は手元に置くことにしました。そのうちそちらに小田原から詳しく伝達があるでしょう。また北条左衛門大夫（綱成）からも伝達があるでしょうから、写しをお送りします。
もしも氏康が約束を違えたときに、これを詰問《きつもん》するために、文書の現物は手元に置き、写しを晴綱のもとに届けたのである。また北条綱成の書状についても、政勝は写しを作って晴綱のもとに送ったらしい。前記した三月二十日づけの政勝宛綱成書状も、やはり現物は伝わらず、写しが白川家に保管されている。飛脚から氏康と綱成の書状を受け取った政勝は、この二つともに写しを作成し、自身の書状とと

図25　結城政勝
（京都大学総合博物館所蔵）

もに飛脚に託したのである。

集積された書状

結城に到着したとき、飛脚が持っていた書状は、①晴綱宛氏康書状、②綱成宛氏康書状、③政勝宛氏康書状、⑤晴綱宛綱成書状、⑥政勝宛綱成書状の五点であった。このうち結城宛の③と⑥の二通が政勝に手渡されたわけだが、政勝はこの二通の写しを作成し、さらに白川晴綱あての書状をしたためたのである。したがって結城を出発したとき飛脚が持っていた文書は、①晴綱宛氏康書状、②綱成宛氏康書状、⑤晴綱宛綱成書状、⑦晴綱宛政勝書状、⑧政勝宛氏康書状写、⑨政勝宛綱成書状写の、あわせて六点に増えていた。

六通の文書を携えた飛脚が、いつごろ白川に到着したかは定かでないが、彼が無事に任務を果たしたことだけは確かである。ここに列記した六通の書状のうち、①を除く五通は、そのままの形で現在も白川家に伝えられているからである。

ただ、考えてみれば、飛脚が運んだ六通の書状のうち、白川晴綱あてのものは①氏康書状、⑤綱成書状、⑦政勝書状の三通にすぎない。残りの三点は、この一件にかかわった人々、すなわち氏康・綱成・政勝の間で交わされた書状の現物もしくは写しであった。②の綱成宛氏康書状は、⑥晴綱宛綱成書状の前提をなすものであり、⑧政勝宛氏康書状写と⑨政勝宛綱成書状写は、ともに⑦晴綱宛政勝書状に先立つものである。

北条氏康と白川晴綱の交信にあたっては、両者の間に位置する北条綱成と結城政勝が重要な役割を果たした。飛脚は小田原から玉縄・結城を通って白川に至ったわけで、玉縄と結城において文書が手渡され、さらに新たな文書が作られていった。そして綱成と政勝は、白川あての書状をしたためるとともに、こうした書状を書くために用いた、前提となる書状の内容も、現物もしくは写しを送るという形で伝えたのである。このようにして白川晴綱のもとには、自身あての書状だけでなく、この一件にかかわった人々が交わした通信の内容がすべてもたらされることになったのである。

佐竹と親密な関係になるのではないか、という晴綱の疑念を晴らすために、氏康は直接晴綱あての書状を出すだけでなく、仲介役の綱成と政勝にも書状を書き、また詳細は飛脚に伝言を委ねた。この三つの方法で、氏康は事態の打開を試みたわけである。ただ、普通に考えて、晴綱宛の書状と飛脚の口上は晴綱のもとにもたらされるが、綱成と政勝に対して氏康がどのような書状を書き、また綱成と政勝が、この伝達の過程でいかに尽力したかということは確実な形では晴綱のもとには届かない。綱成と政勝が厳密に文書の内容を伝えようとしたのは、さまざまな書状の中身をすべて公開することで、氏康の意図を誤解なく伝え、また自分たち（綱成と政勝）の行動にたいする信頼も確保しようと考えたためであろう。

小田原と白川は遠方であり、場合によっては交信に二か月もかかる場所にあった。氏康と晴綱は、もちろん面会して心情を述べ合うこともできず、重臣が会見することもままならなかったのである。こうした状況のなかで、真意を伝えあう方途は、書状に書くことと、使者や飛脚の口上に委ねることだけであった。そして北条氏康と、仲介役の綱成と政勝は、白川の信頼を得、事情を納得してもらうために、情報をすべて公開するという方法を用いたのである。

著者のコメント

第三話では密書の現物と写しが、証拠書類として使われるということを書きましたが、ここでも多くの書状が、本来の用途を越えて、一種の証拠書類として運ばれています。書状による通信は、差出人から宛先へという一方向で完結するのではなく、宛名の人が開封して読んだあとも、次の書状を書く材料として利用され、さらには新たな書状の記事の信頼性を確保するための証拠書類として、新たな書状に添えられていったのです。この時代の書状による通信の実態は、こんなふうに結構複雑だったのではないでしょうか。

ところでこうした数多くの文書を運んだのは、白川から派遣された飛脚でした（文書には「脚力」と見えます）。白川晴綱の命を受けた彼は、まず結城に行って結城政勝に会い、さらに玉縄の北条綱成のもとを訪れて、そのあと小田原に到着したと考えられます。この往路のありさまと、ここで飛脚が運んだ文書については、史料がなくよくわかりませんが、おそらく復路と同様、飛脚はかなりの文書を運びながら小田原まで至ったと考えられます。小田原の北条氏が結局は滅亡したために、このときの関連史料は残されていません。そして復路のありさまは、ここで詳しく書いたように、白川家に保存されている文書によって再現できるわけです。

さて、ここで登場する飛脚は単なる文書運搬人ではなく、晴綱に対して氏康や綱成の気持ちを「口上」で伝える役割も帯びていました。第一話では飛脚は使者に比べて口頭伝達の能力に劣ると述べましたが、この飛脚はなかなかの才覚者のようです。使者から飛脚へと伝達役の重心が移動し、さらに戦国動乱の本格化のなかで、飛脚の役割が高まってくると、彼らのレベルも急速に向上していったのかもしれません。

ただ、これ以前の白川と北条の交信が、「唐人」の動きに託する形でなされていたことは注目せざるをえません。この「唐人」「唐人十一官」が何者かは、まったくわかりませんが、中国出身の人物が伝達の担い手になっていたことは、面白い事実だと思います。白川と北条といった、大領主間の交信は外交能力に富んだこうした人々によってなされるのがよいという判断もあったのでしょう。ただこの「唐人」はゆっくりと旅をしたようで、玉縄に至るまで二か月もかかっています。とにかく早く伝えたいという場合には、このような悠長な方法は使えません。弘治二年の場合は、とにかく緊急を要することがらなので、飛脚が選ばれたと考えることができます。

この第四話は、かなり複雑な話で、読者も苦労されたことでしょう。ただ北条氏康と関係者が、白川晴綱の疑念を解くために、書状というメディアを極限まで用いて努力したということをご理解いただければと思います。

第五話　情報の錯綜

——朝倉義景と上杉輝虎の交信——

将軍謀殺

佐竹《さたけ》との交流を疑われた北条氏康《ほうじょううじやす》は、必死になって白川晴綱《しらかわはるつな》の疑念を解くべくつとめたが、氏康が遠隔地の領主たちとの関係確保につとめたのにはそれなりの事情があった。氏康によって領国を追われた上杉憲政《うえすぎのりまさ》は、越後《えちご》の長尾景虎《ながおかげとら》のもとに身を寄せており、憲政から関東回復を委ねられた景虎が、山を越えて関東に出兵するそぶりを見せていた。そして北条氏の勢力拡張に危機感をもった北関東の大名たちが、景虎と通じて北条氏に対抗する形になりかねない情勢だったのである。白川との関係を保持しようとしたのも、佐竹ともひととおりの外交を持とうとしたのも、近く想定しうる景虎の来襲に備えてのものだった。

越後の長尾景虎は、国内をまとめあげたのち、天文《てんぶん》二十二年（一五五三）には上洛《じょうらく》して天皇や将軍足《あし》利義輝《かがよしてる》に謁《えつ》して、幕府との関係を確保し、上杉憲政を迎え入れて上野《こうづけ》方面をうかがうとともに、武田晴《たけだはる》信《のぶ》に圧迫された信濃《しなの》の武士たちも保護して、信濃出兵も試みていた。そして永禄《えいろく》二年（一五五九）、彼は二度目の上洛を果たし、将軍義輝はじめ京都の人々との関係を深めた。こうして対外的名分を確保した景虎は、翌永禄三年、軍勢を率いて関東に入り、永禄四年（一五六一）には氏康の居城小田原《おだわら》に迫ったのである。

小田原城を落とすことはできなかったが、景虎は憲政から正式に上杉氏の名跡《みようせき》を譲られて上杉政虎《まさとら》と称し、関東管領《かんとうかんれい》として諸将に向かい合うことになる。まもなく将軍義輝の一字を拝領して上杉輝虎と名乗った彼は、これから毎年のように関東に出兵し、多くは関東で越年《えつねん》した。

関東経略は思うように進まなかったが、輝虎の行動は関東管領の立場から見て正当なものととらえられており、またなによりも将軍義輝との深いつながりは、輝虎にとって大きな支えであった。ところがこの将軍が、こともあろうに家臣に殺されてしまう。

事件が起きたのは永禄八年（一五六五）五月十九日であった。三好義継《みよしよしつぐ》と松永久通《まつながひさみち》の軍勢が突如として御所に乱入し、将軍義輝は奮戦の末討たれたのである。

上杉輝虎がこの凶事をいつ知ったか、直接示す史料はないが、京と越後の中間に位置する越前《えちぜん》（福井県）を治めていた朝倉義景《あさくらよしかげ》の重臣たちの書状から、この大事件が輝虎のもとにどのように届いたか（あるいは届かなかったか）、具体的に考えてみたい。

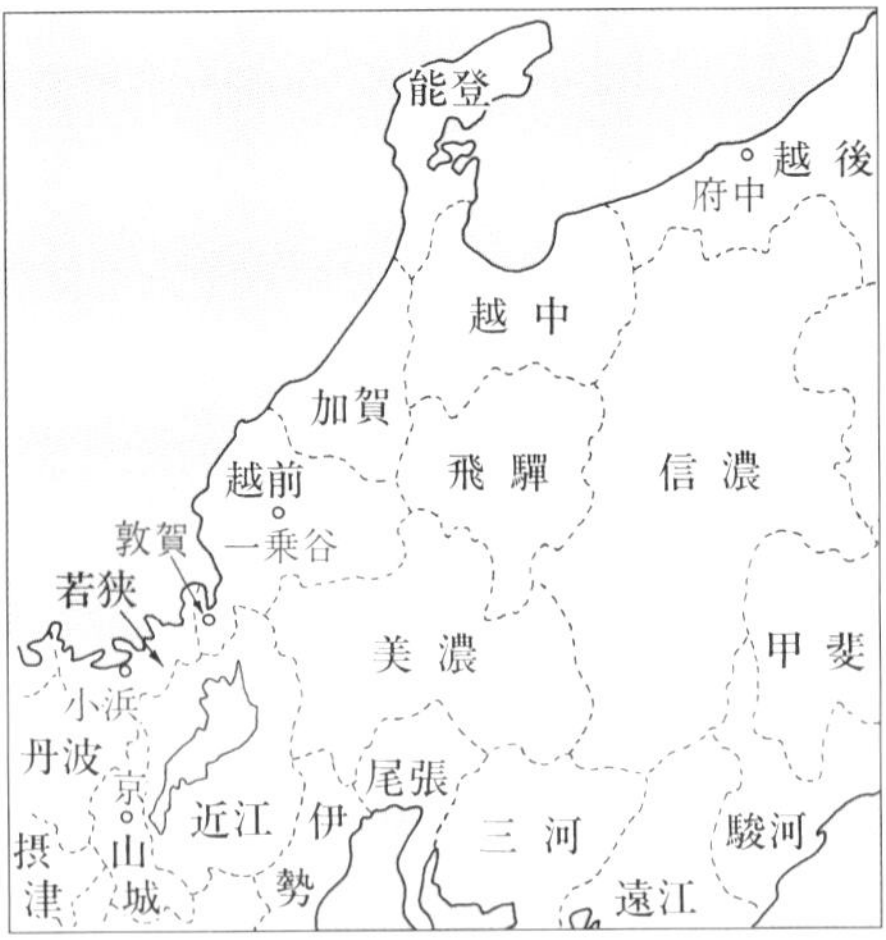

図 26　第五話関連地図

図 27　一乗谷

上城戸方面より望む．中央の道路の右手が朝倉館跡，左手が武家屋敷跡．

朝倉の書状

その史料は、事件から一か月近く過ぎた六月十六日のもので、差出人は朝倉義景の重臣の朝倉玄蕃《げんばの》允《じょう》景連《かげつら》・山崎新左衛門尉吉家《よしいえ》の両名、宛名は輝虎の重臣直江大和守実綱《なおえやまとのかみさねつな》である。重臣どうしのやりとりだが、実質的には朝倉義景と上杉輝虎の交信と考えてよい。

京都の儀につき、是《これ》より申すべきのところ、去る十四日の御状、披閲《ひえつ》せしめ候。

この一文から、長文の書状は始まる。「京都のことについて、こちらから連絡すべきところ、そちらから十四日の御状をいただき、拝見しました」。こちらから連絡しないうちに輝虎（あるいは直江）の書状が届いたことを、とにかく申し訳なく思っていることが、冒頭の一文から伝わってくる。

そしてこのあとは、事件の概要が詳しく記される。

去月十九日、三好左京大夫《さきょうたいふ》・松永右衛門佐《うえもんのすけ》、訴訟と号し、公方様御門外まで祗候《しこう》致し、人数御殿《ごてん》へ打ち入るにより、直《じき》に度々《たびたび》御手を下され、数多《あまた》討ち捨てさせられ、比類なき御働きに候といえども、御無人の条、御了簡《ごりょうけん》に及ばず、御腹を召さるる由に候。まことにほしいままの仕立て、前代未聞、是非なき次第、沙汰《さた》の限りに候。鹿苑院殿様《ろくおんいんどのさま》も、路次《ろじ》において御生涯候。慶寿院殿様《けいじゅいんどのさま》、殿中において御自害候。そのほか諸侯の面々三十人ばかり、女房衆《にょうぼうしゅう》も少々あい果てらるる旨に候。一乗院殿様《いちじょういんどのさま》、御別儀《ごべつぎ》なく南都《なんと》に御座の由に候。まずもってしかるべき御儀と申す事に候。定めて御同意たるべく候。京都の様体《ようたい》、その後異儀《いぎ》なき旨に候。

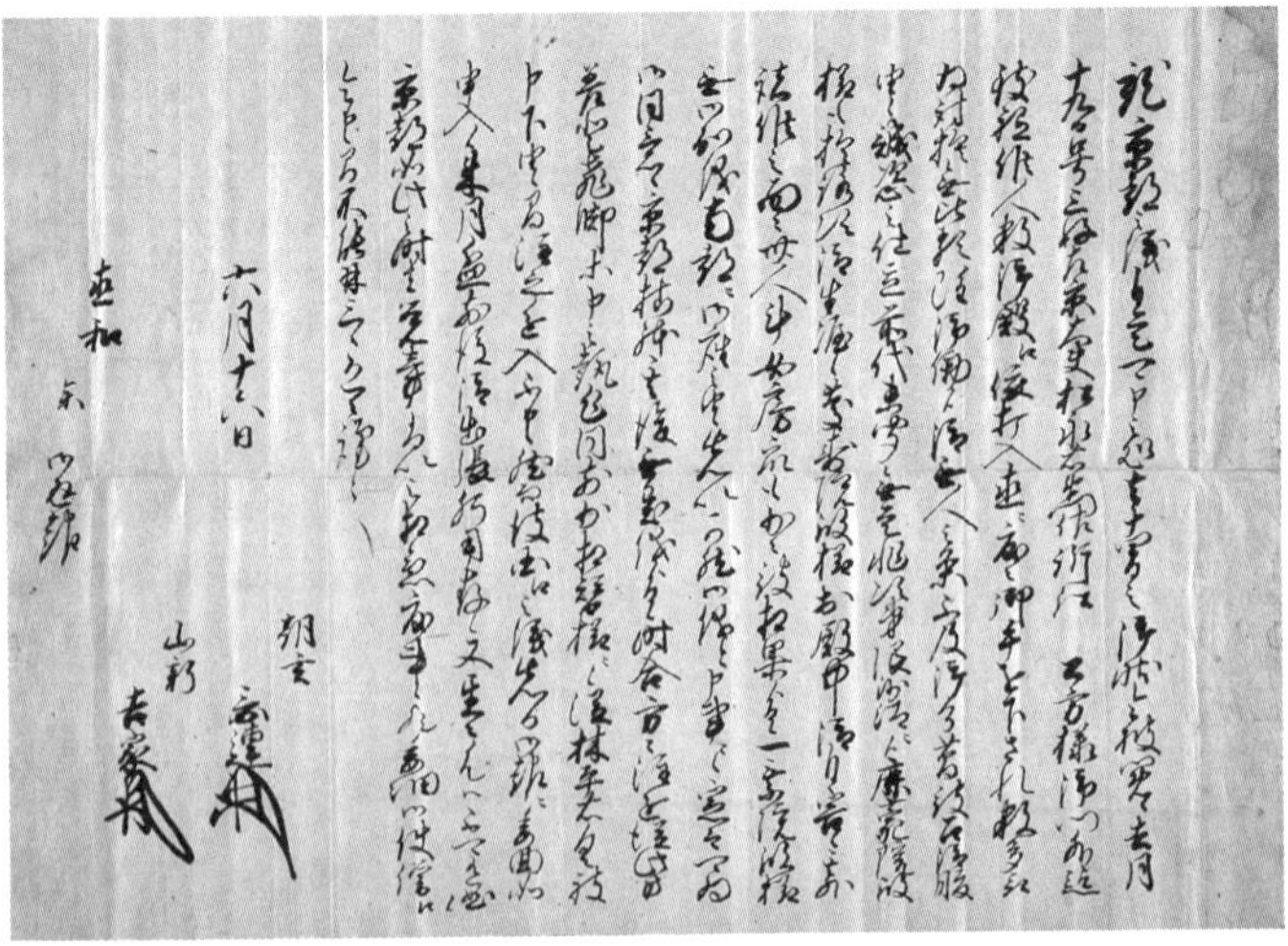

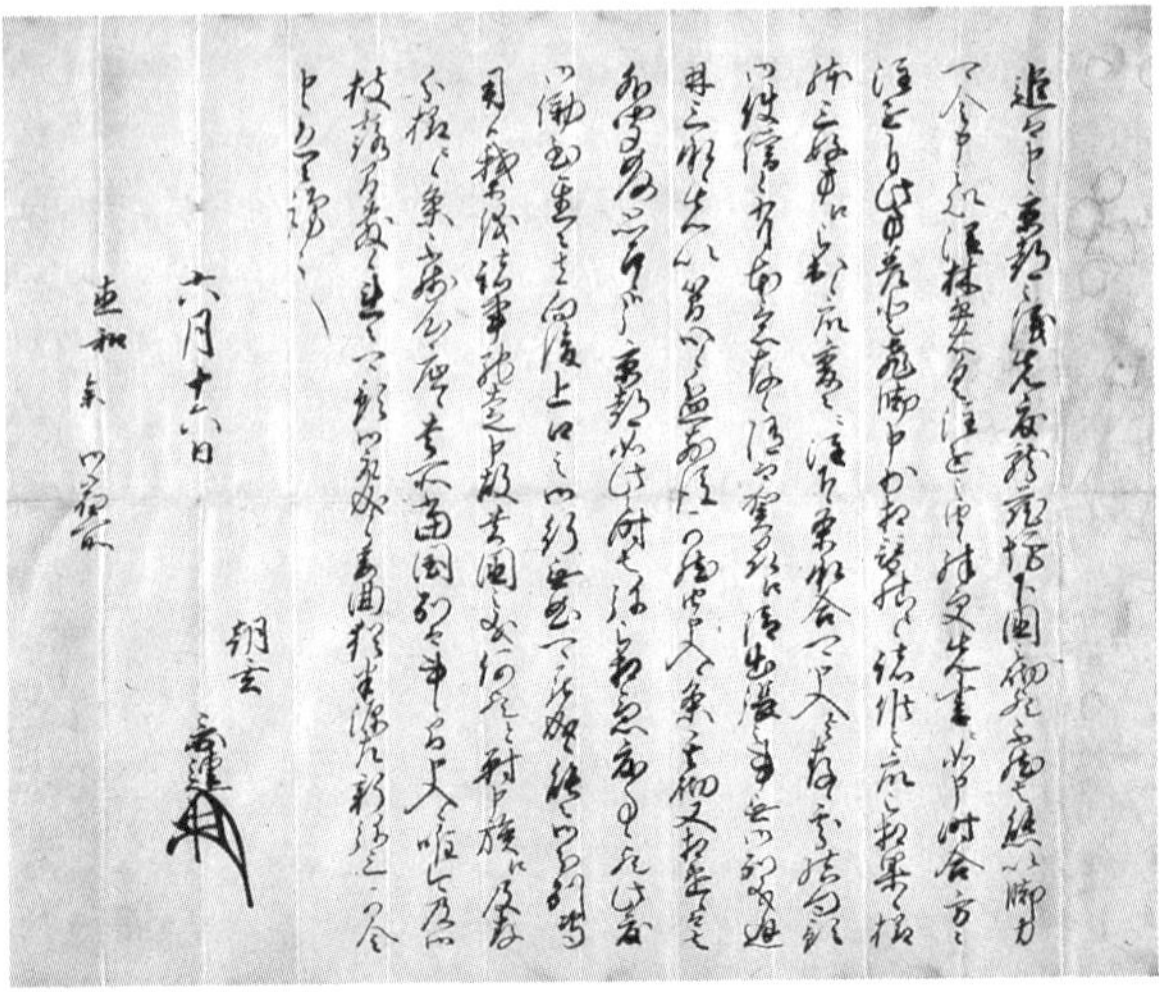

図28　朝倉景連・山崎吉家連署書状および朝倉景連書状

6月16日付の2通の書状．当然のことだが，筆跡がまったく同じ．

(「上杉家文書」米沢市〈上杉博物館〉所蔵)

軍勢の乱入を受けた将軍義輝が、みずから奮戦して数多くの武士を討ち取りながら、無人数のためついに切腹したらしいこと、義輝の弟の鹿苑院（周嵩《しゅうすう》）は路次で討たれ、母の慶寿院は殿中で自害し、諸侯の面々三十人ばかりと女房少々も義輝に殉じたが、もうひとりの弟である一乗院（覚慶《かくけい》）は無事南都（奈良）にいるらしい。朝倉景連と山崎吉家は、この段階で確認できる基本的情報を、直江実綱に伝えたのである。

そしてこのあと、次のような文章が盛り込まれる。

時に方々の注進《ちゅうしん》を合わせ、此方より差し登《のぼ》する飛脚等申すの趣、同前ながら、少しあい替わるように候。林平右より具《つぶさ》に申し下さるる由に候間、これを注し進《まい》らせ入れ申さず候。

◇方々からの注進を合わせたものと、こちらから上方へ派遣した飛脚が言うことが、同じようでいて、多少異なっています。林平右衛門から詳しく（越後に）連絡するということなので、こちらからは注進しませんでした。

詳しい注進をしなかった事情を、簡単だがここでにおわせている。いろいろのところから集まった情報と、朝倉から上方《かみがた》に派遣した飛脚のもたらす情報が、少し違っていたことと、林平右衛門から詳しい情報が伝えられていると思っていたこと、この二つの事情で、朝倉は輝虎への連絡を怠ってしまったのである。

このあとは来月の盆前後に加賀に出兵してほしいと記し、委細は「御使僧《ごしそう》」に伝言したから詳しくは書かないと結んでいる。十四日づけの書状を朝倉のもとに運んだのは、輝虎の命を受けた使僧だったのである。

添えられた追伸

この書状は朝倉景連と山崎吉家の連名で作成されたが、これが書かれた同日、こんどは朝倉景連一人の署名で、もう一通の書状が作られた。

追って申し候。京都の儀、先度竜蔵坊下国《せんどりゆうぞうぼうげこく》の砌《みぎり》か、しからざれば、態《わざ》と脚力《きやくりき》をもって申せしめべきのところ、林平右より具に注進の由に候。殊更《ことさら》先書に申すごとく、時に方々の注進を合わせ、此方より飛脚を差し登せ申すに、少しあい替わる様に候。諸侯の衆あい果てられ候様体、三好方《みよしがた》へ出でられ候衆、変わるがわるに注し下し候条、承り合わせ申し入れべきと存じ候ところ、結句《けつく》御使僧に預かり候。本意に背き存じ候。

◇追って申し上げます。京都のことについては、このまえ竜蔵坊が越後に下るときにことづてるか、そうでなければ、特別に飛脚を使って連絡すべきところでしたが、林平右衛門から詳しく注進するということなので、連絡をしませんでした。それに、先の書状に書いたように、方々からの注進の内容を合わせ、また当方からも上方に飛脚を上らせて事情を調べましたところ、情報が少しずつ違っていました。諸侯の衆が討死した様子や、三好方になった人々のことについて、あれこれいろいろに注進が届いていて、これらをまとめて連絡しようと思ってぐずぐずしていたので、結局、あなたからの御使僧の来訪を得ることになってしまいました。ほんとうに意図しない結果になり、格好がつきません。

先の書状の追伸として書かれたこの書状の文面は、前のものよりかなり詳しく、輝虎あての連絡を怠った事情を綿々と綴っている。竜蔵坊という僧に託すか、飛脚を使って早く連絡すべきだったが、林平右衛門が詳しく伝えてくれるものと思っていたことと、情報がうまくまとまらなかったという事情で、書状を出すことができず、逆に輝虎からの使者の訪問を受ける始末になってしまったと、事の次第を述べ、弁解を試みているのである。

さまざまな情報が錯綜していたことは、先の書状にも書かれていたが、この追伸ではより具体的である。義輝とともに討たれた武士が誰で、逆に三好に加担したのが誰なのか、注進の主体によってその情報がまちまちで、事実を総合することがなかなかできなかったのである。

図29　足利義輝
（国立歴史民俗博物館所蔵）

将軍が謀殺《ぼうさつ》されたのち、京都は騒然としていて、事件の概要をまとめて示す機能を失っていた。さまざまな情報が流れ飛んでいたが、人によってつかまえるものが異なっており、正確なことを把握することが朝倉にはできなかった。

しかし、とにかく将軍が横死《おうし》したという知らせは越後の輝虎のもとに届いていた。仰天した彼は、少しでも詳しい情報を得たいと思い、朝倉からの使者を待ち

図30　朝倉義景（福井市 心月寺所蔵）

図31　上杉謙信（上越市 林泉寺所蔵）

望んでいたのである。この当時朝倉義景は、加賀《かが》（石川県）の一向一揆《いっこういっき》との対応に悩み、輝虎に加賀出兵を依頼していた。こうした関係にある朝倉が連絡してくれないはずはないと、輝虎は思ったことだろう。しかし朝倉の使いはいっこうに現われず、しびれをきらした輝虎は、使僧を越前まで遣わしたのである。

さて、朝倉景連の書状には、このあと加賀への出兵をきちんと行なってほしいという願いが記され、京都で変事が起きたいまこそ出兵を急ぐべきであり、もし遅延すれば、今後の上方への出兵もうまくいかなくなるだろうと、説得を試みている。そして景連の書状は次のような一文でしめくくられる。

我等《われら》儀、諸事馳走《しょじちそう》申す故、貴国の義何かと対し申す族《やから》へ、存分に及ぶ様に候条、心底《しんてい》を残さず候。貴所・当国別しての事に候間、申し入れ候。唯今御披露に及ぶまじく候。連々御取り成しに預かるべく候。委曲《いきょく》なお半源左・新弥三申せしめべく候。恐々謹言。

◇私がいろいろと奔走したので、貴国（越後）のことをなにかと悪くいう者たちを論破することができたわけで、なまはんかな気持ちではありません。貴所と当国とは特別の関係なので、このように申し入れるのです。ただ、いまは（輝虎様へ）御披露なさらないでください。長い目でおとりなしいただければと思っています。詳しくは半源左・新弥三から申し上げます。

朝倉景連は朝倉氏の家中でも上杉と親しい人物で、朝倉と上杉の親交のために心を砕いていたのであるが、なぜ彼がこの書面の内容を輝虎に披露しないでほしいと直江に言っているのかは気にかかる。このあたりの解釈は難しいが、京都の事件についての連絡が遅れたことに輝虎がかなり腹を立てていて、困った景連が心の内を信頼している直江にとりあえず伝えたと考えることはできないだろうか。この文面を参考にして、ゆっくりと輝虎の怒りを解いてほしいと、直江に頼んでいるように読み取れるのである。

注意深く見ると、先に書いた書状には、最後に「委細御使僧へ申せしめ候間、再三あたわず候」とあるのに、こちらの書状では「半源左」「新弥三」の両人が詳細を伝達することになっている。「御使僧」はもちろん輝虎の使僧であるが、景連らはまずこの使僧に事情を説明したうえで書状を託し、この僧がいなくなったあとで、やおらもう一通の書状を出し、こちらは信頼のおける自分の配下に持たせたのではあるまいか。先のものは表の書状で、二つ目は裏の書状である。そして裏の書状の内容はあくまでも内密にされたのである。

著者のコメント

かつて第一話で、事件の風聞は早く伝わるが、その信頼度はかなり低いという話をしました。テレビや電話のないこの時代、正確な情報を得ることはほんとうに難しかったのです。

将軍が襲われて殺されたこの大事件も、その真相を詳しく知ることはなかなか困難でした。将軍とその母、そして弟が死んだこと、多くの従者が討死したことなど、おおよそのところはわかっても、多くの武士たちのうち、誰が将軍に従い、誰が三好に与《くみ》して動いたかといった詳しい情報は、どこからも公開されず、事実の把握にはかなりの努力が必要で、そのうえ集められた情報の中身は矛盾だらけだったのです。

変事を知った朝倉は、座して情報を待っていたわけではありません。諸方面からの知らせを受理するとともに、わざわざ飛脚を京都に送り込んで、正確な情報を得ようとしていたはずです。この事件において誰がどのようにかかわったかを、飛脚はきちんと把握しようとしたはずです。ただ公式発表のないなかで集めた情報は、やはり聞き取りの域を出るものではなかったと考えられます。そしてこの飛脚がもたらした情報と、さまざまな方面から届けられたそれは、大局的には同一だけれども、細かいことになるとかなり違っていたのです。

この時代において、情報の正確さがどこまで保証されていたかということは、とても大切な論点です。第一話で、噂は早く伝わるが、正確な情報を記した書状はなかなか届かないという話をしましたが、この場合にはその書状すら出せないということなのです。

将軍謀殺の知らせは、風聞《ふうぶん》の形ではかなり早く越後にも届いたと思われます。第一話では勝利の噂でしたが、ここでは信頼しあっていた将軍の横死という、ショッキングな事件です。悲報を聞いた輝虎は、正確な情報がなかなか届かないなか、イライラをつのらせ、がまんできずに朝倉に使僧を放ったわけです。こうした上杉・朝倉両者の行き違いも、戦国時代の情報をめぐる環境によって生じた不幸のひとつだったのです。

第六話　飛脚の才覚

——上杉謙信と佐竹義重の交信——

関宿危うし

関東管領《かんとうかんれい》の名分《めいぶん》を掲げながら、上杉輝虎《うえすぎてるとら》は長年にわたって関東出兵を繰り返し、上野《こうづけ》・武蔵《むさし》・下総《しもうさ》・下野《しもつけ》の四国が接する、関東の中央部一帯では、上杉と北条のせめぎあいが続いた。永禄《えいろく》十一年（一五六八）に武田信玄《たけだしんげん》が駿河《するが》の今川《いまがわ》氏を滅ぼしたことをきっかけとして、北条氏康《ほうじょううじやす》は越後《えちご》の輝虎に和睦《わぼく》を申し出、翌年には北条と上杉の講和が成立した。しかしこの状況も長くは続かず、元亀《げんき》二年（一五七一）に北条氏康が亡くなると、後継者の北条氏政《うじまさ》は、再び武田と結んで輝虎（このときはすでに謙信《けんしん》と号している）と絶交した。

北条氏は小田原《おだわら》を本拠としながらも、江戸《えど》城を前線基地として下総・下野・常陸《ひたち》方面に勢力を伸ばそうとしていた。利根川《とねがわ》（下流は現在の江戸川）の流れる関東の中心部を押さえたうえで、千葉《ちば》・小山《おやま》・佐竹《たけ》・宇都宮《うつのみや》といった古くからの大領主をその配下に置き、関東を統一することが北条氏の宿望であった。越後軍の南下によって若干の足踏みをしたものの、事態は着実に有利に動いていると判断した北条氏政は、天正《てんしょう》二年（一五七四）秋、関東中央部の最大の拠点ともいうべき下総関宿城《せきやどじょう》（千葉県関宿町）の攻撃を決行する。

関宿の地は利根川に接するだけでなく、東は香取《かとり》の海につながる常陸川にも面していて、関東中央部の水上交通を押さえる枢要の地であった。この地には古河公方《こがくぼう》の重臣であった簗田《やなだ》氏が代々居城し、このときには簗田中務大輔《なかつかさたいふ》晴助《はるすけ》と、その子の八郎持助《もちすけ》がこれを守っていた。北条氏にしてみれば、関宿はどうしても確保したい場所だったが、簗田氏は頑《がん》としてこれに従わず、二度にわたって北条氏の攻撃を退けていた。そして北条氏政は、あきらめずに三度目の攻撃を仕掛けたのである。

関宿危うしの報は越後にも届けられた。上杉謙信は簗田救援のための出兵を決め、十月十九日、軍勢を率いて春日山《かすがやま》城を出発したが、これと前後して、常陸の佐竹義重《よししげ》や、下野の宇都宮広綱《ひろつな》などの大名たちにも、協力して出兵するよう指示を出していた。佐竹にしても宇都宮にしても、北条氏の勢力拡張を快く思っていないから、素直に兵を出してくれるだろうと謙信は考えていた。

遅れた使者

関東出兵の決行を伝える謙信の書状は、まもなく常陸太田《ひたちおおた》（茨城県常陸太田市）の佐竹義重のもとに届けられた。義重は早速、中田駿河守《するがのかみ》という家臣を使いとして謙信のもとに派遣した。彼がどこに向かったかはよくわからないが、謙信は上野に入ると厩橋《まやばし》（群馬県前橋市）に在陣することが常であったから、

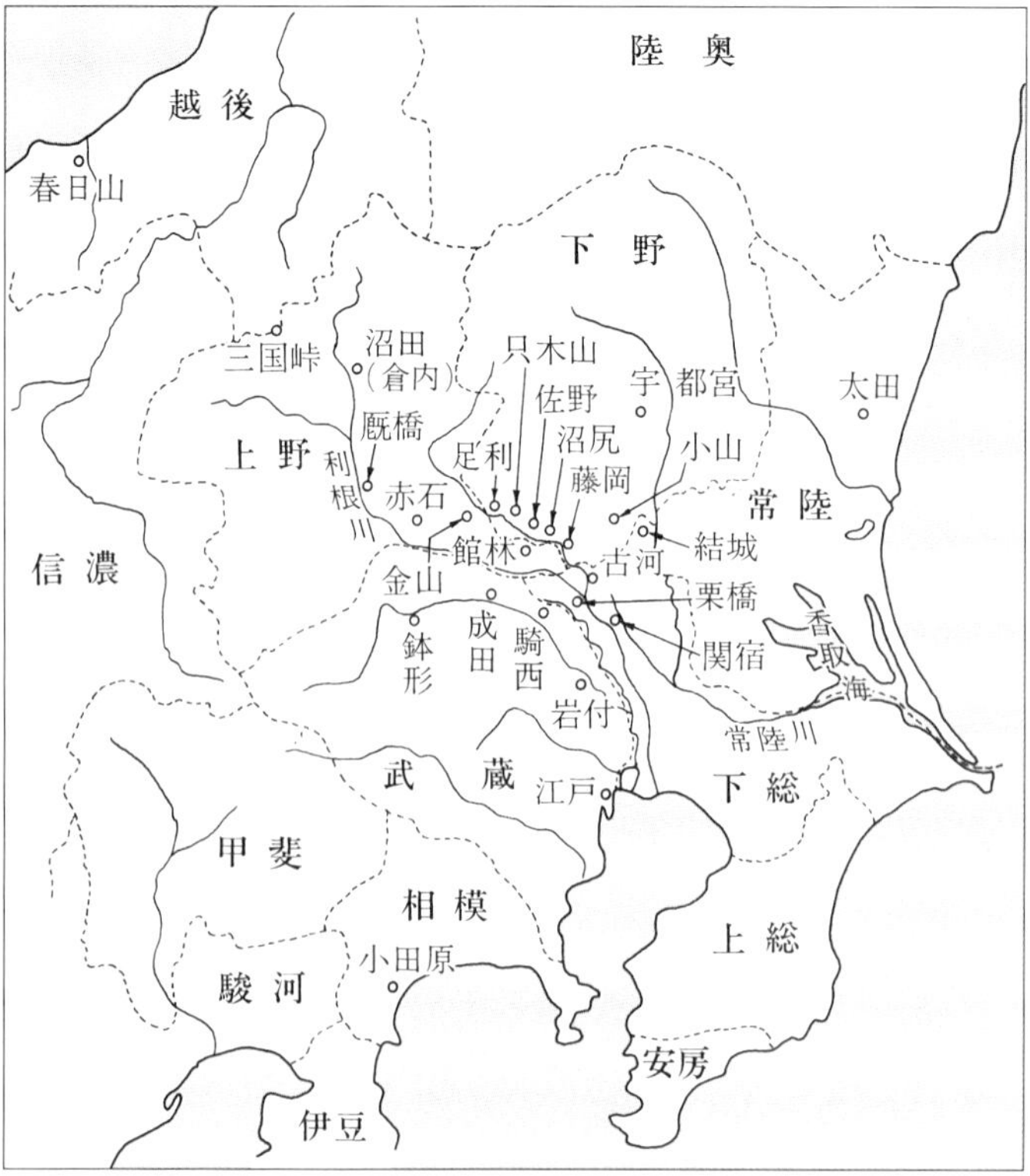
陸奥
越後
春日山
下野
三国峠
沼田
(倉内)
只木山
佐野
宇都宮
太田
厩橋
沼尻
上野
足利
小山
利根川
藤岡
赤石
常陸
館林
結城
信濃
古河
金山
栗橋
香取海
鉢形
成田
騎西
関宿
岩付
常陸川
武蔵
江戸
下総
甲斐
相模
上総
小田原
駿河
安房
伊豆

図32　第六話関連地図

おそらくここに向かって出発したのだろう。

ところがこの使者は、緊急事態にもかかわらずなかなか厩橋まで着くことができず、ぐずぐずしていた。そして一方の謙信は、新田金山《にったかなやま》（群馬県太田市）一帯に攻めこんで猿窪の城を陥れ、この情報を使僧《しそう》に託して義重のもとに届けた。こちらからの使いが先方に着かないうちに使僧の来訪を得た義重は、十一月七日、謙信に対して次のような書状をしたためている。

芳墨《ほうぼく》の如く、今度御越山《ごえつざん》の由、承り届け候間、去月使《つかい》をもって申し届け候ところ、通路断絶の上、今に半途《はんと》にこれある由に候。しかるところ、御使僧《ごしそう》に預り候。本望《ほんもう》の至りに候。しかれば、新田金山そのほか悉く《ことごと》打ち散らされ、なかんずく猿窪の地御近陣、すなわち責《せ》め落とされ、男女共残らず討ち終えらるるの由、始めてならざる御刷《おあつかい》、是非に及ばず候。当口の様子、彼《か》の口上《こうじょう》にこれあるべく候間、略せしめ候。恐々謹言。

霜月七日　　　　　　義重（花押）

山内殿　御報

◇お手紙のとおり、このたび御越山のこと承りましたので、去月、連絡のため使いを出発させましたが、通路が断絶しており、いまでも半途にいる、とのことです。こうした状況のなか、御使僧の来訪を得ました。ありがたいことです。新田・金山などをことごとく攻略し、ことに猿窪の地の近くに陣取り、城を攻め落とし、男女ともに残らず討ち果たされたとのこと、いつものことですが、見事さに驚いています。こちらの方面のことは、彼（さきに出発した佐竹の使者か）が口上で述べますの

図33　佐竹義重の甲冑
（秋田市立佐竹史料館所蔵）

で、ここでは省略します。

佐竹義重は謙信あての書状とともに、厩橋城主の北条《きたじょう》高広《たかひろ》・景広《かげひろ》父子にあてても一通の書状を書いている。そこには「簡札の如く、今度謙信御越山の由に候間、中田駿河守をもって申し届け候ところ、通路不自由の上、今に半途にこれある由に候。意外の至りに候」と見え、使者の名前が中田駿河守であることがわかるが、この二つの書状には、この使者が「通路断絶」「通路不自由」という状況のなかで、なかなか目的地（厩橋か）に着けないでいると書かれているのである。

こちらからの使いが着かないのに、先方からは早々と使僧が来たわけで、面目を失った義重は、書状で事情を説明した。北条高広父子あての書状には、使者の遅れは「意外の至り」であると書かれている。義重にとっても、使者の滞留は予想外のことだったのである。

遅れる軍勢

このころ上杉謙信は怒濤《どとう》の勢いで一帯の攻略を進めていた。利根川を越えて南下した上杉軍は、鉢形《はちがた》（埼玉県寄居町）や成田《なりた》（埼玉県熊谷市・行田市）などを放火し、さらにまた利根川を渡って東方に進み、新田・足利《あしかが》（栃木県足利市）・館林《たてばやし》（群馬県館林市）一帯に火を放ち、赤石《あかいし》（群馬県伊勢崎市）に布陣した。

佐竹義重も朋友の宇都宮広綱とともに、謙信の誘いに応じて出兵した。十一月十日に、義重は広綱に書状を書き、謙信のもとにいる萩原主膳《はぎわらしゅぜん》がこちらに参着したら、様子を見届けて、味方中で申し合わせて出馬しようと申し出ている。この萩原主膳はあとにも登場するが、謙信と義重の間の連絡役をつとめていたらしい。まもなく萩原が佐竹のもとに赴いたのか、十四日に義重は謙信に書状を書き、三日の内に越後軍の向かいに陣取ることを約束している。

佐竹軍の来援近しと判断した謙信は、十八日に赤石の陣を出発して東に進み、二十日には下野《しもつけ》の只木山《ただきやま》（栃木県足利市）に着き、一日休んだあと、二十二日には佐野《さの》（栃木県佐野市）と藤岡《ふじおか》（栃木県藤岡町）の間の沼尻《ぬまじり》の地に布陣した。そして二十四日、謙信は小山秀綱《おやまひでつな》や簗田晴助を招いて相談し、明日小山（栃木県小山市）まで陣を進めることに決めた。関宿城を包囲している北条軍と決戦可能な場所まで、謙信は陣を動かすことにしたのである。

ところが頼みの佐竹軍は、いつになっても到着しなかった。いらついた謙信は、小山進陣を決めた二十四日の夕刻（申《さる》の刻）、義重にあてて催促の書状をしたためる。

去る十四日の日付をもって、承る分は、三日の内に向陣《むかいじん》あるべき由候らいつる条、謙信事も、廿日、多田木山《ただきやま》へ打ち着き、一日人馬を休め、佐野・藤岡の間、沼尻へ、廿二打ち着き、今日秀綱・簗中あい招き相談せしめ、明日は小山へ押し下り候。かくの如くに候らえば、既に敵陣十四五里足らずに打ち詰め候。明日の内にも一戦は計り難きに、例式悠々《れいしきゆうゆう》に御覚悟の事、口惜しく候。もしかように渡らせられ、この一戦に見除《みよ》けあらば、佐竹名字中の後難にも候か。同じくは夜をもって日に継ぎ、小山にて同陣、南衆同事に撃たれざるか。もどかわしき砌《みぎり》に候。なお萩原主膳申すべく候。万吉《ばんきつ》面を期せしめ候《ご》。恐々謹言。

なお専柳斎《せんりゅうさい》申すべく候。以上。

霜月《しもつき》二十四日　申刻《さるのこく》　謙信（花押）

佐竹次郎殿

◇去る十四日づけの書状で承ったことには、三日の内に向陣するということでしたので、謙信も、二十日に多田木山に打ち着き、一日だけ人馬を休め、二十二日に佐野と藤岡の間にある沼尻に着き、今日、小山秀綱・簗田中務（晴助）を招いて相談し、明日には小山に押し下ることに決めました。そうなると、もう敵陣とは十四、五里（九〜十キロ）足らずの距離に近づいたことになります。明日の内に一戦、ということになるかもしれません。それなのに、例のごとく、悠々とした御覚悟でいられること、たいへん口惜しく思います。もしこんな調子でもたもたされ、一戦に参加できないとなると、佐竹家にとってものちに災いを残すことになるのではないですか。同じことなら、夜昼を嫌わず兵を進められ、小山で当方と合体して、北条の軍勢をいっしょに撃退するのがよいとお考えにはならないですか。もどかしい限りです。なお萩原主膳が申し上げます。とにかく早くお会いしたいものです。

それから、専柳斎からもこちらの思いを申し述べます。以上。

三日の内に到着すると約束したのに、なかなかいらっしゃらない。北条との一戦が迫っているというのに、いつものようにのんびりと構えられているのは、たいへん困る。関宿が北条の手に渡れば、そのうち佐竹も北条に攻められるのは目にみえているから、いまこそいっしょに北条を撃とうではないか。謙信はこう書き連ねて、急ぎ参陣するよう義重に求めたのである。このときも例の萩原主膳が使者をつとめているが、追而書《おってがき》（追伸）ではこれに加えて専柳斎も委細を申し述べると書き加えられている。彼は謙信によって重臣に抜擢された山崎秀仙《しゅうせん》であるが、謙信は萩原に加えて、信頼する山崎も使者として佐竹のもとに遣わしたのであろう。

積極的に兵を進める謙信に対して、佐竹軍の進軍は緩慢《かんまん》であった。なぜ佐竹の軍勢は急ぎ進んで謙信に協力しなかったのか。その理由はやがて明らかになる。

関宿からの飛脚

謙信の書状が書かれたのは十一月二十四日の申の刻（午後四時）であった。このようにわざわざ時刻を書くのは、事態が急を要することを伝えるひとつの方策であろうが、この書状を抱えて、萩原主膳と山崎専柳斎は、急ぎ佐竹の陣に向かった。

しかしこの使者に対して、佐竹側の対応は冷たかった。謙信から血判《けっぱん》の誓詞《せいし》（起請文《きしょうもん》）を出さない限り、同陣はできないというのが、佐竹の主張だったのである。困った萩原と山崎は、二十六日に事情を書状に書き、これは翌二十七日の明け方、坂本の陣にいる謙信のもとに届けられた。事態を知った謙信は、その日の戌の刻（午後八時）に、萩原・山崎の両人にあてて長文の書状をしたため、佐竹を説得するよう指示しているが、この書状のなかに次のような一節がある。

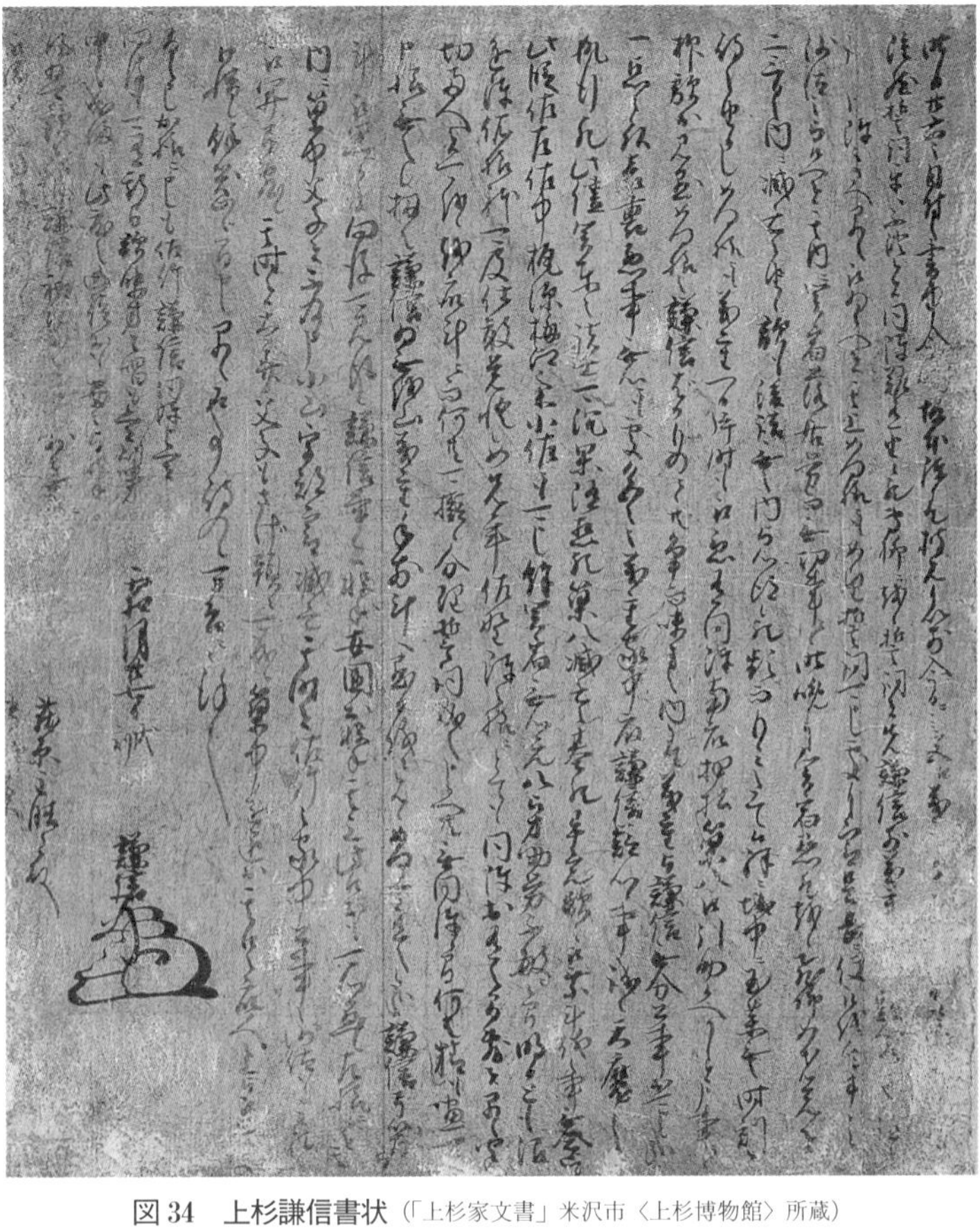

図34　上杉謙信書状（「上杉家文書」米沢市〈上杉博物館〉所蔵）
細かな文字と堂々とした花押が対照的．関宿からきた飛脚のことは4〜5行目に書かれている．

昨晩、関宿より忍び候らいて越え候飛脚《ひきやく》、才覚《さいかく》の如くんば、二三日の内に滅亡の由に候。敵も後詰《ごづめ》これなき内と心得候か、頻《しき》ってもみたて候。殊《こと》に城中に玉薬《ぎょくやく》これなく、時刻を待つの由申し候。

昨晩関宿から飛脚が忍んできたが、彼の「才覚」によれば、関宿城は二、三日の内に滅亡するだろうということだ。敵も後詰の来ないうちになんとかしようと思ってか、猛烈に攻めかかってきている。城内には玉薬もなくなり、あとは時間の問題だと、飛脚も言っている。……昨日の晩にやってきた飛脚のことを、謙信は細かく書状に書き出している。

この飛脚は関宿の簗田持助が放ったもので、謙信あての書状を携えていたのであろう。彼は命がけで敵の囲みを突破し、書状を謙信に届けることに成功するが、このときの関宿城をめぐる状況を、克明に謙信に語っている。このままでは城は二、三日のうちに陥落するだろう。上杉・佐竹らの軍が来ないうちに落とそうと、北条軍も真剣だし、城内の玉薬も枯渇していて、落城は時間の問題だ。書状を届けるだけでなく、飛脚は自分が感じた四囲の状況を、そのまま謙信に口頭で伝えたのである。

この謙信の書状には「関宿より忍び候らいて越え候飛脚、才覚の如くんば、……」と書かれているが、ここに飛脚の「才覚」とあることに注目したい。このあたりの意味のとりかたは難しいが、謙信のもとに来た飛脚は状況把握ができる有能な人物で、自身の判断で関宿城の状況をつぶさに報告したと考えることができよう。関宿城主の簗田から、謙信への口上を託されていたわけではないが、彼は自身の判断で事情を謙信に話したのである。

飛脚の報告で関宿の危急を確認した謙信は、このことを萩原・山崎あての書状に書き入れ、佐竹をなんとか説得するよう命じているが、この長文の書状から、佐竹が謙信に協力しない事情がわかる。当主の義重はそのつもりだが、家中の者たちが謙信を疑い、そのため積極的に動けないというのが真相だった。謙信はこの書状で、自分に表裏がないのは明らかなので、佐竹義斯《よしつな》・義久《よしひさ》や梶原政景《かじわらまさかげ》などの佐竹家中の諸士にも、このことを伝えよと、萩原・山崎の両人に命じているが、もし説得できなければ、越後の兵だけでなんとかするとまで言い切っている。

謙信の激烈な書状を手にした萩原と山崎は、なんとか事態を打開しようと工作につとめた。義重も一応謙信と同陣することに決め、その旨を謙信に伝えたが、誓詞に血判がほしいという主張は譲らず、謙信は佐竹重臣の梶原政景らを招き、面前で血判を据えた。

しかしこうした努力も空しく、謙信は佐竹の協力を得られなかった。軍勢を合わせて北条と一戦に及び、関宿城を救おうと主張する謙信に対して、佐竹の側は容易に折れず、関宿のことはこちらでなんとかすると言い出すありさまであった。関宿が北条の手に落ちるのは残念だが、それで自分の領土が減るわけでもないから、わざわざ決戦を試みて兵力を疲弊させたくないというのが、佐竹側の本音だったのである。謙信とともに歩むようにみせかけながら、佐竹は宇都宮とともに、無益な戦いに及ばず、関宿城を平和裏に開城させる手だてを探っていた。そして彼らの仲介が実を結んで、閏十一月十九日、簗田持助は関宿城を去り、無血開城が実現したのである。

四囲の状況が和睦に傾くなか、謙信は関宿への執着を断ち切って、古河《こが》（茨城県古河市）・栗橋《くりはし》（埼玉県栗橋町）・館林を押し通り、利根川を渡って騎西《きさい》（埼玉県騎西町）・岩付《いわつき》（埼玉県岩槻市）などを放火したのち、上野の厩橋に帰った。関宿開城と同じ閏十一月十九日のことであった。

著者のコメント

これまで五話にわたって、戦国時代の情報にかかわるエピソードを書いてきましたが、考えてみれば戦争そのものを扱ったのは今回がはじめてです。もっとも関宿救援のための一戦は、結局実現しなかったので、厳密にいえば戦争は起きなかったともいえます。ただ、軍勢が激突する合戦だけが戦争ではなく、それに直接かかわる軍事行動と外交交渉全体が戦争の過程だと考えるならば、上杉謙信と佐竹義重の間の交渉を再現したこの第六話は、戦国の戦争における情報通信の実態をとらえたものと、とりあえずは位置づけることができるでしょう。

ここで書いたように、関宿救援のために北条と一戦に及ぼうと、やる気満々の謙信に対して、同盟者の佐竹はきわめて消極的でした。佐竹軍がすぐ来るだろうと判断して、謙信は早々と関宿の近くまで迫りますが、頼みの軍勢はなかなか現われず、謙信が血判の誓詞を出さなければ同陣しないと主張し、結局は謙信を無視して和睦交渉を進めてしまいます。とりあえず同盟しているといっても、謙信と佐竹では考えていることがかけ離れていたのです。

こういう状況ですから、佐竹とその家中（とくに家中が謙信に懐疑的）を説得することは、きわめて難しかったのです。謙信はさまざまな理屈を述べた書状を作り、萩原主膳と山崎専柳斎は、使者として両方の陣を往来し、説得につとめますが、その努力は実りませんでした。

二つの（あるいはそれ以上の）大軍勢が、別々に進軍しているときに、両者のコミュニケーションがどのようになされたかは、なかなか興味深い問題です。両方とも陣地を動かしているのですから、使者や飛脚を出す場合、どこに行くよう指示すればよいか悩まなかったのだろうかという、素朴な疑問が湧いてきます。

ここで見た上杉謙信の書状には、自軍の動きが細かく書かれています。何日にどこに陣を進めたかを、いちいち書いているわけですが、こうしたことは当時の書状（とくに謙信書状）の常態でした。自分の側の動きを、おおざっぱにではなく、日にち（場合によっては時刻も）を追ってきちんと書くことが、相手方を安心させる作法だったわけで、今後の予定についてもかなり詳しく書かれている場合があります。明日以降のいつごろ、どのあたりにいる予定かを書いておけば、相手側も対応できるわけで、こうした書状のやりとり（そして使者の口上）によって、できる限り正確で迅速な情報交換がなされていたわけです。無線や電話のなかった当時の軍事協同は、とにかくたいへんだったのです。

ところで、タイトルにも出したように、この第六話のもう一人の主役は、関宿から放たれた飛脚です。彼は北条勢の包囲網をかいくぐって謙信の陣まで馳せ参じたわけで、まさに忍者そのものですが、関宿城が絶望的状況にあることを、自分の言葉で謙信に伝えています。

思いおこせば、第一話以来さまざまな飛脚が登場してきました。使者がなかなか使えない状況のなかで、飛脚が用いられるようになりますが、飛脚の仕事は書状の運搬で、口頭伝達の能力はもともとあまり期待されていなかったと思われます。ただ第四話で登場した北条氏康の飛脚は、先方に「口上」を述べるように命じられていて、言われたことを伝える役目も帯びていた場合もあることがわかります。そしてこの第六話の飛脚は、雇い人からの伝言だけでなく、状況を見て自分が判断したことも、相手方に話しているわけです。詳しいことはわかりませんが、戦乱状況のなかで飛脚の需要が増え、だんだんその質が向上していったということも、あるいはいえるのかもしれません。

それから、佐竹の使者が「通路断絶」「通路不自由」という状況のなかで、なかなか目的地につけなかったことも、戦国時代の交通と通信の実情を示しているといえます。ただひょっとしたら、佐竹側ははじめからやる気がなく、そのため故意に使者をゆっくり進ませたという、うがった解釈もできます。使者の停滞を「意外の至りに候」と書面で述べているのも、相手をごまかすレトリックにすぎないのかもしれません。書状の文面に書いてあることが、そのまま現実を写しているとは必ずしもいえないわけで、そのへんが史料解釈とその利用の難しいところです。

第七話　書状の重み　――毛利元就と毛利隆元の交信――

隆元の愁訴と元就の訓戒

北条《ほうじょう》・武田《たけだ》・今川《いまがわ》・長尾《ながお》（上杉《うえすぎ》）といった大名たちが、その基盤を固め、互いに競いあっていたころ、西国においても新たな動きが起こっていた。伝統的権威を誇る周防《すおう》（山口県）の大内《おおうち》氏と、新たに台頭した出雲《いずも》（島根県）の尼子《あまこ》氏が、巨大な大名として屹立《きつりつ》し、両者にはさまれた中小の国人《こくじん》たちは、去就に迷いながら苦労を続けるが、そのようななか、安芸《あき》の吉田《よしだ》（広島県吉田町）を本拠とする毛利元就《もうりもとなり》は、国人たちの盟主として頭角を現わすともに、次男の元春《もとはる》を吉川《きっかわ》家、三男の隆景《たかかげ》を小早川《こばやかわ》家に入れて、安芸一国をまとめあげ、大内・尼子に次ぐ戦国大名に成長した。

天文《てんぶん》二十年（一五五一）、大内義隆《よしたか》の重臣陶隆房《すえたかふさ》（のち晴賢《はるかた》と改名）が、主君に反旗を翻《ひるがえ》し、義隆は長門《ながと》（山口県）に逃れて自殺した。隆房は豊後《ぶんご》（大分県）の大友義鎮《よししげ》の弟晴英を迎えて大内氏を継がせ（大内義《よし》長《なが》）、新体制の大内・陶氏に従うよう元就に迫った。さまざま迷った末、元就は晴賢と訣別《けつべつ》し、その攻撃を受けることになるが、弘治《こうじ》元年（一五五五）の十月、厳島《いつくしま》（広島県宮島町）に進んだ晴賢を、村上水軍《むらかみすいぐん》の援助を得て討ち取り、さらに大内の領国に攻め入って、弘治三年（一五五七）には大内義長を滅ぼして、周防・長門両国を手に入れた。安芸の一国人として出発した元就は、安芸のみならず、周防・長門・備後といった、中国地方西部一帯を支配する大名となったのである。

ただ厳密にいうと、このとき元就は毛利家の当主ではなかった。弘治三年当時、元就は六十一歳という高齢で、毛利の当主は当時三十五歳の長男隆元《たかもと》だったのである。

大永《たいえい》三年（一五二三）に二十七歳で毛利家を継いだ元就は、近隣の国人たちを討滅もしくは従属させ、毛利の勢力を急速に高めることに成功したが、天文十五年（一五四六）、四十九歳のときに、隆元に家督を譲り隠居《いんきょ》している。このとき隆元は二十四歳、当主たるにふさわしい年齢になっていた。

吉田郡山の本城には隆元が入り、元就は「かさ」とよばれる山上に移るが、実直すぎて調略《ちょうりゃく》の苦手な隆元にすべてを任せることができず、後見の立場であれこれと指示を出し、結局元就と隆元が二人で政治を司る体制が長く続いた。隆元はやがて「かさ」にほど近い尾崎曲輪《おざきぐるわ》に転居し、両者の関係は緊密さを増した。厳島合戦や大内討滅は、こうした二重体制の時代に起きたできごとなのである。

また、吉川家を継いだ次男の元春と、小早川家に入った三男の隆景も、しだいに成長し、その発言力を高めていった。大内を滅ぼした弘治三年、吉川元春は二十八歳、小早川隆景は二十五歳になっていた。

ところが、この年の冬になって、はしなくもこの三兄弟の不和が表面化してしまう。日頃から二人の弟に無視されていると、隆元が老父の元就に懇々《こんこん》と訴えたのである。

図35　毛利元就

（「絹本著色毛利元就像」山口市 豊栄神社所蔵）

一、我々が足らざる所を仕立《した》ててくれ候らわんとの事、一向《いっこう》に見及ばず候事、

一、爰元《ここもと》へ越えられ候らいても、はや帰りたがり候事、

一、何事も隆元を別にのけられ候らいて、両人ばかりちこちこと候事、

私の足りないところを助けてあげようといった殊勝《しゅしょう》な心がけは微塵《みじん》もない。こちらに来ても、すぐに帰りたがる。二人だけで仲良くして、隆元は仲間に入れてくれない。……弟二人に無視される苦悩を、十一か条の事書にしたためて、ある日の朝、隆元は元就に届けた。

長男の悩みを知った元就は、その日のうちに長文の返事を書いた。

今朝の御状、具《つぶさ》に披見《ひけん》候。元春・隆景に対し、御存分、具に承知候。誠になれなれしくこまごまとこそあるべき儀に候ところ、前々よりも次第にひたひたともなく成り行く趣《おもむき》に候の条、覚えの外《ほか》に思《おぼ》し召《め》され候事、尤《もっと》も至極《しごく》に候〱。

一、我等《われら》にも隆景も次第にひたひたともなく成り候程《ほど》に、腹の立ち候時のみにて候〱。我等へさ

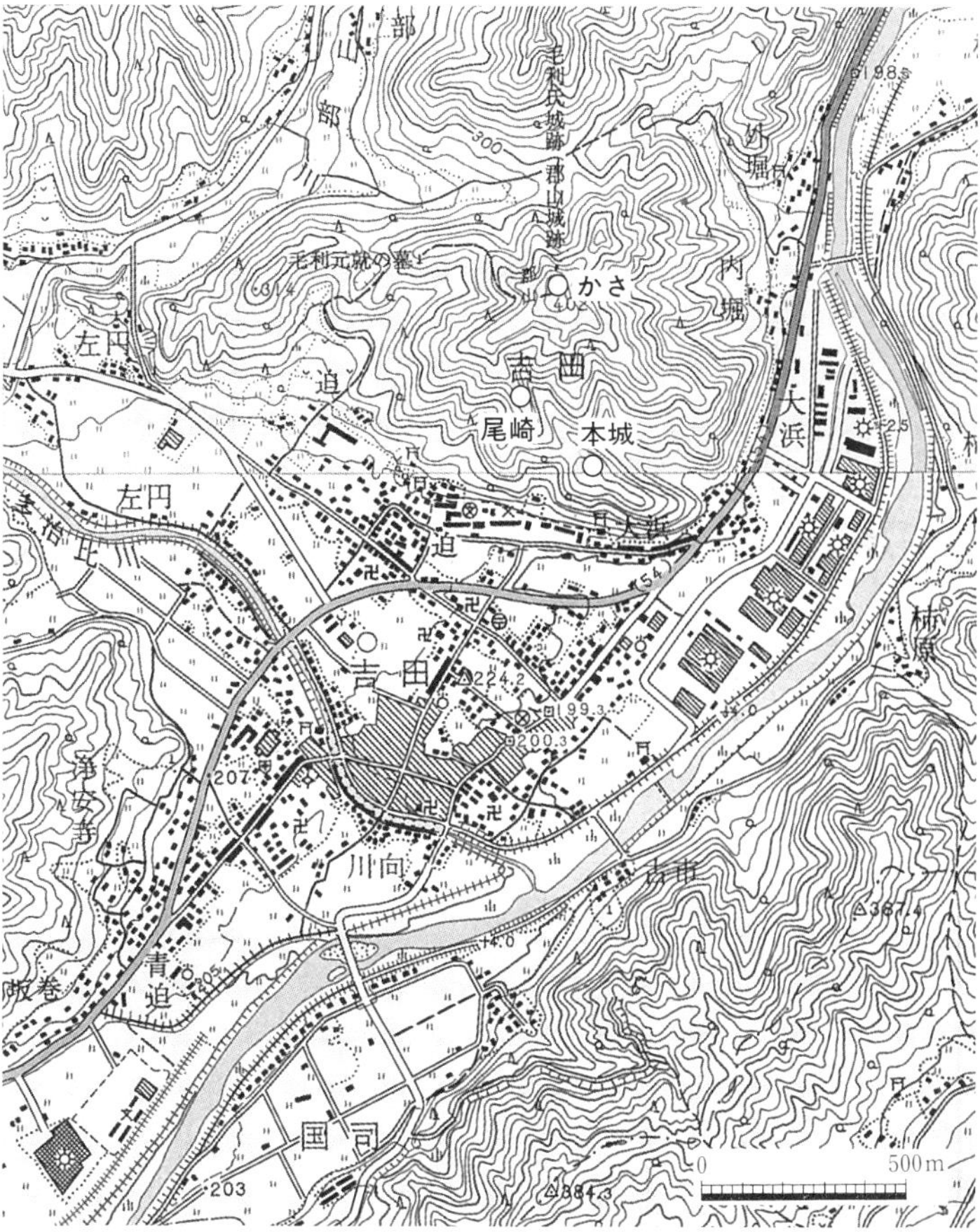

毛利氏城跡 郡山城跡
毛利元就の墓
外堀
内堀
かさ
吉田
尾崎
本城
大浜
左円
左円
迫
吉田
224.2
199.3
200.3
207
川向
浄安寺
青迫
国司
柿原
203
384.3
0
500m

図 36　第七話関連地図

図37　毛利隆元
（防府市　毛利博物館所蔵）

えにて候程に、それへの事推量候〳〵。尤もの儀に候〳〵。元春事は、前々より我等へも一円ひたひたこまごまの事はなき者に候間、それはなかなか申すに及ばず候。

そちらの気持ちはわかった。親しくつきあいながら、こまごまと気を配る関係であるべきなのに、しだいに疎遠になっていくことは、困ったことだ。あなただけでなく、こちらも同じように感じている。隆景もこのごろはつきあいが悪くなって、腹の立つことが多い。元春は昔からこまめにつきあうことをしない奴なので、しかたのないことだ。……隆元と同じように、老父元就も大きな不満を抱いていた。他家を継いだ弟たちは、元就と隆元を無視する行為を重ねていたのである。

隆元あての元就の書状は、このあと長々と続く。ここで元就は、たとえ吉川家や小早川家に入ったといっても、毛利の親類だという意識を持ち、毛利家を中心に考えてもらわねば困ると、隆元の立場を擁護したうえで、今後は兄弟できちんと談合するようにと諭《さと》している。

せっかく拡大した毛利領国を守るためには、兄弟の結束が肝要と考えた元就は、十四か条に及ぶ長大な書状をしたため、三人の子に渡した。「三本の矢」伝説の基となった、世上名高い元就の訓戒状《くんかいじょう》である。

書状を守りとせよ

十一月二十五日の日付を持つ十四か条の訓戒は、紙を継ぎ合わせて巻かれていたためか「巻物《まきもの》」とよばれていたが、元就はこれとあわせて、もう一通の書状を自筆でしたため、隆元のもとに届けた。

巻物の内に申すべく候らえども、この儀肝心《かんじん》に候。恐れながら、三人のためには、守りにも、何にもまさる事にて候間、別紙に申し候。三人の間、露塵《つゆちり》ほども悪しざまに成り行き、悪《わる》く思《おぼ》し召《め》し候らわば、はやはや滅亡と思し召さるべく候〳〵。唯今当家のためは、別に守りも思惟《しい》もあるまじく候。ただただこの儀定め固め、御方・両人のためは申す能《あた》わず、子共《こども》までの守りたるべく候。張良《ちょうりょう》が一巻の書にも増し候べく候。今の如く三家無二《さんけむに》に候らわば、恐れながら、国中の人々にも、こまたはかかれまじく候。他家他国の恐れも、さのみにはあるまじく候。

◇巻物の内で申すべきことではありますが、これは肝心なことで、三人のためには、守りにもなににも勝ることなので、別紙で申します。三人の間柄が少しでも悪

図38　吉川元春
（岩国市 吉川史料館所蔵）

図39　小早川隆景
（京都市 黄梅院所蔵）

化し、互いを悪く思うようになっては、早々に滅亡することになると心得なさい。いまの当家のためには、別に守りも思惟も必要ありません。ただこのことをきちんとすることが、あなたや両人のためだけではなく、その子どもたちの代までものお守りとなるのです。これは張良の一巻の書にも勝るものです。いまのように三家がまとまっていれば、国中の人々に「小股すくい」をかけられることもなく、他家他国も恐れるに足りません。

三人のためには、ほかでもない、この書状で示した誡《いまし》めこそが「守り」なのだ。こう冒頭に書いたのち、元就は毛利・吉川・小早川三家の団結を求めているが、これに続いて「当家をよかれと存じ候者は、他国の事は申す能わず、当国にも一人もあるまじく候」、「当家中にも、人により、時々により候らいて、さのみよくは存じ候らわぬ者のみあるべく候」という、よく知られた文言《もんごん》が並ぶ。毛利の家をよかれと思ってくれる者は、どこにもいないし、家臣たちでさえ、そう思わない場合もある。毛利家をめぐるきびしい状況を冷静に述べたうえで、頼りになるのは三家だけなのだから、隆元は毛利、元春は吉川、隆景は小早川の家を、それぞれきちんと治め、そのうえで互いに仲良くしてほしいと書き連ね、「ただ当家をはじめ候らいて、三家の秘事は、是までにてあるべく候〳〵。一巻の書にてあるべく候」と結んでいる。別紙で簡略に書いた秘密の箇条こそが、三家にとってなによりの守りであると、元就は念を押しているのである。

ところでこの書状の最後のところで、「尚々《なおなお》、妙玖《みょうきゅう》居られ候らわば、かようの事は申され候らいずるに、何までも何までも、一身の気遣《きづか》いと存ずるばかりに候」と元就は記す。妙玖がいたら、こういうことは彼女が申してくれるだろうに、なにからなにまで、自分一人で気遣いしなければならないことよ。……早く亡くなった妻を偲《しの》びながら、生きていれば彼女がやってくれただろうことを、みな自分がしなければならないとぼやいている。この元就の述懐は、これからも繰り返されることになる。

書状は大事の物

老父の書状に接した隆元は、これをしばらく手許《てもと》に置いて、何度も何度も読み返した。父親の言うとおりに、ほんとうに書状を「お守り」として取り扱ったのである。

そのうち年が明け、弘治四年（永禄《えいろく》元年、一五五八）を迎えた。元就の訓戒を肝《きも》に命じた隆元は、自筆で五か条からなる書状を書き、父の教訓を守ることを誓った。「この御書連日留め申し、具に拝見致し候」と書き出した隆元は、四か条にわたって、元春や隆景と仲良くすると誓約したが、最後の一条で次のように述べている。

この通り、去年の御書、具に拝見仕《つかまつ》り、今にかくの如く御書所持仕り候。細々拝見致し候らいて、心得をも仕り、守りにと存じ、留め申し候。さりながら、書状は大事の物にて候との御事、いつも仰せらるる申し事に候間、只今返上仕るまでに候。この辻々《つじつじ》ばかりを箇条のように書き留め申し候らいて、置き申し候。深く取りて置き申し、拝見仕り候らいずると存じ候らいて、この分に候〳〵。

◇このとおり去年の御書をきちんと拝見し、いままでこのように所持してきました。こまごまと拝見して、しっかり心得ておき、また自身の守りだと思って、こちらに留めておきました。ただ「書状は大事の物だ」と、いつも仰せられていることなので、ただいまこれをお返しします。要点だけを箇条のように書き留めて、こちらに置くことにします。大事に取っておいて、いつも拝見できるようにと思い、このようにしました。

ここに書かれているように、隆元はこの書状をほんとうに「お守り」のようにして、手許に留め置いた。ただ「書状は大切な物」といつも言われているので、要点をメモに記して、書状そのものは元就に返上したのである。

元就は隆元に、「書状は大切な物だ」と常日頃から言っていた。この教えに従って、隆元は書状を返却したわけだが、なぜ書状を返さねばならなかったのか、すぐには合点《がてん》がいかない。今の常識だと、手紙は宛先に残り続けるし、もらった手紙を返せと要求されることはまれである。ところが元就と隆元の間では、受け取った書状は早めに読んで返すといううきまりがあったようなのである。

書状は返すもの

このように考えながら、このとき返却された元就の書状を見直してみると、文書の袖《そで》の部分（右端）

に「是また御披見の後、返し給わるべく候」と書かれていることに気づく。なんのことはない、守りにせよとか言いながら、読んだら早く返せと、元就はちゃんと指示しているのである。

元就はこれまでも数えきれないほどの書状を隆元にあてて書いているが、注意深く見ると、読んだら早めに書状を返すようにという指示が、おおかたの場合はなされている。

事多く申し候条、書状披見の後、返し給わるべく候。

◇あれこれ多くのことを書き並べてしまったので、書状を読んだら返してください。

この状、暇のすきに御披見候らいて、すなわち返し給わるべく候。

◇この書状は、暇なときにでもお読みいただき、早めに返してください。

この状、軈《やが》て軈《やが》て返し給わるべく候。

◇この書状は、急いで返してください。

この状は、返し給わるべく候。

◇この書状は返してください。

書状の本文の末尾や、追伸の部分（追而書《おってがき》）に、書状を早めに返せという指示を元就はこまめに記していたのである。ときには追而書に「この捻《ひねり》、すなわち返し給わるべく候」と書いたあとに、包紙《ほうし》の上にも「すなわち返し給わるべく候」と、もういちど念を押して書いたこともあった。それどころか、書状を返せという用件だけのために、書状を作ったこともあったのである。

先度《せんど》御返事ながらこれを進《まい》らせ候らいつる書状、この者に返し給わるべく候〳〵。御返事は、重ねて候とも、返し給わるべく候〳〵。かしく。

この捻も同前たるべく候〳〵。

◇この前、御返事としてお出しした書状を、この者（使い）に返してください。御返事は、たび重なる場合であっても返してください。……そうそう、この捻も、忘れないで返してね。

「捻」というのは、紙を巻いたあとに上部を捻《ひね》って封をした形の文書で、日常的で略儀なことがらに用いられる、簡便な封式である。前に出した書状がなかなか戻らないのに気をもんだ元就は、わざわざこうした「捻」を作り、必ず前の書状を取り戻してくるよう使者に命じたのである。

書状を返したのは隆元だけではなく、元就のほうも、隆元からもらった書状はきちんと返していたようである。隆元あての書状の追而書に、「なおなお、今朝の三通、返し進らせ候」と書かれているように、朝受け取った書状を、その日のうちに返している。元就はまことに几帳面《きちょうめん》だった。

元就・隆元父子の書状によるコミュニケーションの、なによりの約束事は、もらった書状は早めに返すということだったのである。元就がこうした原則を作り、その確実な履行を求めたのはなぜか。その答えは、書状の中身を少し見ただけでわかる。元就の書状のなかには、他人には決して見せられないようなことが書かれていることが多かったのである。毛利氏の運命を決する、外の諸勢力とのかけひきに

（ご注意）

・この用紙は、機械で処理しますので、金額を記入する際は、枠内にはっきりと記入してください。また、本票を汚したり、折り曲げたりしないでください。
・この用紙は、ゆうちょ銀行又は郵便局の払込機能付きATMでもご利用いただけます。
・この払込書を、ゆうちょ銀行又は郵便局の渉外員にお預けになるときは、引換えに預り証を必ずお受け取りください。
・ご依頼人様からご提出いただきました払込書に記載されたおところ、おなまえ等は、加入者様に通知されます。
・この受領証は、払込みの証拠となるものですから大切に保管してください。

収入印紙
課税相当額以上
貼　付
（印）

本の豊かな世界と知の広がりを伝える

吉川弘文館のPR誌

本郷

定期購読のおすすめ

◆『本郷』（年6冊発行）は、定期購読を申し込んで頂いた方にのみ、直接郵送でお届けしております。この機会にぜひ定期のご購読をお願い申し上げます。ご希望の方は、何号から購読開始の号数を明記のうえ、添付の振替用紙でお申し込み下さい。

◆お知り合い・ご友人にも本誌のご購読をおすすめ頂ければ幸いです。ご連絡を頂き次第、見本誌をお送り致します。

●購読料●　（送料共・税込）

1年（6冊分）	1,000円	2年（12冊分）	2,000円
3年（18冊分）	2,800円	4年（24冊分）	3,600円

※ご送金は4年分までとさせて頂きます。
※お客様のご都合で解約される場合は、ご返金いたしかねます。ご了承下さい。

見本誌送呈

見本誌を無料でお送り致します。ご希望の方は、はがきで営業部宛ご請求下さい。

吉川弘文館
東京都文京区本郷7-2-8　電話03-3813-9151
…のホームページ http://www.yoshikawa-k.co.jp/

キリトリ線

◆…
体…
◆荷造…
◆入金確認…

…へができます。
この書籍をご記入の上、書籍代金（本…を加えた金額をお払込み下さい。
…記送につき500円です。
…ます。ご諒承下さい。
…いたしかねます。ご了承下さい。
…ます。
…の間で

振替払込料は、ご負担いたしますから無料です。

※領収証は改めてお送りいたしませんので、予めご諒承下さい。

お問い合わせ　〒113-0033・東京都文京区本郷7－2－8
吉川弘文館　営業部
電話03-3813-9151　FAX03-3812-3544

この場所には、何も記載しないでください。

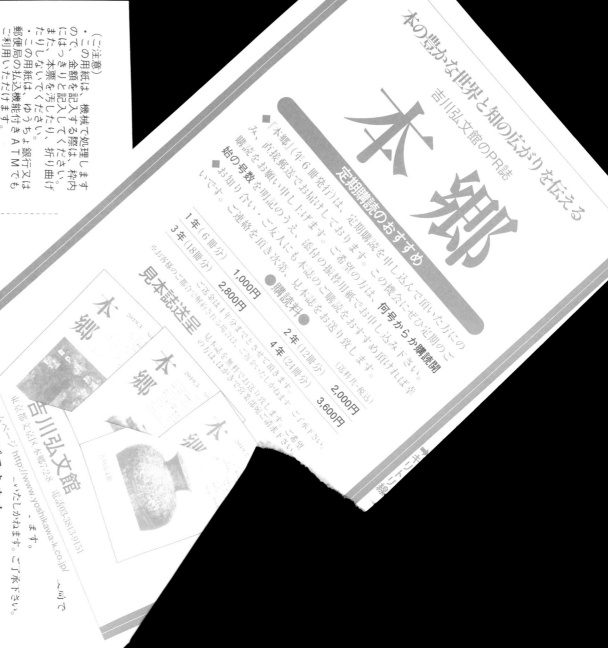

払込取扱票

02 東京

通常払込料金加入者負担

口座記号番号	金額
0 0 1 0 0 = 5 = 244	千 百 十 万 千 百 十 円 ※

加入者名　株式会社 吉川弘文館

料金　　備考

ご依頼人・通信欄
フリガナ ※
お名前
郵便番号　　電話
※ ご住所
※

◆「本郷」購読を希望します

購読開始　　号より

1年 1000円 (6冊)　3年 2800円 (18冊)
2年 2000円 (12冊)　4年 3600円 (24冊)
(ご希望の購読期間に○印をお付け下さい)

日附印

各票の※印欄は、ご依頼人において記載してください。

裏面の注意事項をお読みください。(ゆうちょ銀行)(承認番号東第53889号)

これより下部には何も記入しないでください。

切り取らないでお出しください。

記載事項を訂正した場合は、その箇所に訂正印を押してください。

振替払込請求書兼受領証

口座記号番号　0 0 1 0 0 = 5　244　通常払込料金加入者負担

加入者名　株式会社 吉川弘文館

金額　千 百 十 万 千 百 十 円 ※

ご依頼人　おなまえ ※　様

料金　　日附印

備考

この受領証は、大切に保管してください。

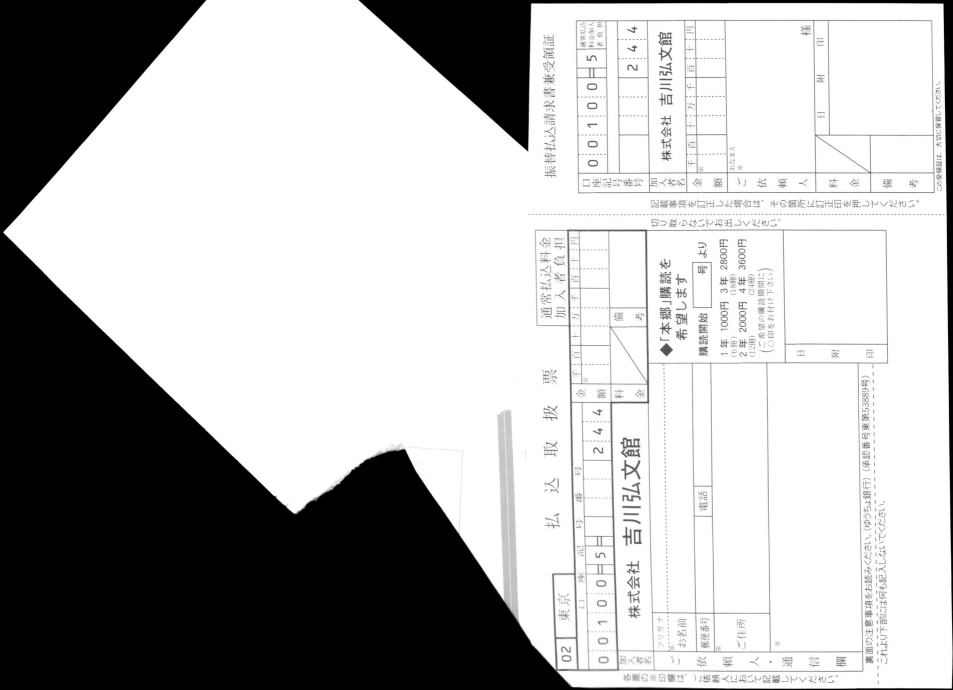

かかわる意見などは、もちろん他見無用だが、それだけでなく、多くの家臣たちのありようにかかわる率直な表現が、元就の書状にはちりばめられていた。こんなものが誰かの手に渡ったらたいへんなことになる。そう考えた元就は、書状の内容にかかわらず、もらった書状はすぐに返すという原則を定め、隆元も律義にこれに従ったのである。二人の間で交わされた書状による通信は、まさしく二人だけの秘密のメールであった。

物語りにはならず、筆にまかせ候

ここで再び隆元が「お守り」にしていた書状を元就に返したという話に戻りたい。早く返すべきでしたが、大事なお守りとして取り置いておいたので、年を越してしまいましたという息子の話を聞いた元就は、さすがに気分を良くして、早速返事を書いた。

またこれ等の儀について、去年これを進《まい》らせ候書状、取り置かれ候らいて、唯今給わり候。誠にかくの如く思《おぼ》し召し詰《つ》められ候らいて、我等書状などよく御取り置き候らいて、かくの如きの段、申すもおろかにこそ候らえ〳〵、本望この事に候〳〵。しかる間、この状をば重ねてこれを進らせ候。そこもとに置かせらるべく候。この状に申し候ごとく、事により候らいて、毎々妙玖《みょうきゅう》の儀存ずるばかりに候。元就にも妙玖にも、我等一人にまかり成り、内外の儀を、三人への事は申すあたわず、五竜《ごりゅう》の五もじなどが上までも諫《いさ》めをなしたき事のみ候らえども、我等の事、内儀はたとくたびれ候らいて、機根《きこん》候らわぬまま、左様《さよう》の儀、妙玖事のみ忍び候までにて候。誠に語るべき者も候らばや、胸中ばかりにくだし候〳〵。内をば母親をもって治め、外をば父親をもって治め候と申す金言、少しも違《たが》わず候までにて候〳〵。この書状は、既に去年より御取り置き候事に候間、またこれを進らせ候。御散《おち》らし候らわぬように御取り置きあり、他見あるまじく候〳〵。かしく。

◇また、このことについて、去年お届けした書状を、お取り置きいただき、ただいま頂戴しました。ほんとうに、このように真剣に思いつめられ、私の書状を放さずお取り置きくださり、大切にされたとのこと、こういうのもなんですが、これほど嬉しいことはありません。……そこで、この書状はもういちどお届けしますので、そちらに置いておいてください。

この書状に書いたように、ことにつけいつも妙玖のことばかり考えています。一人になってしまって、内外のことを自分だけでしなければならない状態です。男子三人（隆元・元春・隆景）のことはもちろん、五竜（広島県甲田町）の宍戸《ししど》に嫁いだ娘にまで、いろいろ進言したいことが多いのですが、もう私も内々のことに疲れてしまって、根気が続かず、妙玖がいてくれたらと思うばかりです。ほんとうに語るべき相手もなく、自分の胸に話しかけているありさまです。内は母親が治め、外は父親が治めるという金言は、ほんとうにそのとおりです。

この書状は去年からお取り置きくださったので、またお渡しします。散らかさないように取り置かれ、決して他人が見ないように注意してください。

訓戒状を守りとせよとの指示に従い、ほんとうに「お守り」として抱え置いた隆元の心ばえに感じた元就は、それほどの覚悟ならばと、いったん返された書状を再び送り届け、今後ずっと手元に置くことを許可した。元就の訓戒状は、隆元にとって永久保存の「お守り」になったのである。ただこの書状の末尾にあるように、「散らかさないように大事に取り置いて、決して他人に見せてはならぬ」と注意することを、元就は忘れなかった。

ところでこの書状の中ほどには、「妙玖がいてくれたら」という繰《く》り言《ごと》が書かれている。もめごとが起きるたびに、頼りになった亡き妻のことを思い出していた。そして隆元あての書状のなかで、彼はこうした思いをくどくどと書き連ねたのである。

そしてこの書状の追而書には、次のような一文がみえる。

入らざることのみ、事多くと存じ候らえども、口上《こうじょう》など物語りには成らざる事に候間、筆に任せ候。すきずきの御披見たるべく候〳〵。

余計なことばかり書いてあると思われるかもしれませんが、口上で物語りできるような内容ではないので、筆にまかせて書き連ねてしまいました。たいしたことではないので、暇なときでもお読みください。長々繰り言を書いた弁明を、元就は最後に書き置いた。こんなことは恥ずかしくて言葉に出せない、だから書状に書くのだ。……元就にとって隆元あての書状は、口にだせないことも伝えることのできる、重宝なメディアだったのである。

親子の交信

思いおこせば、隆元が毛利の当主となってから、十年の歳月が流れていた。家督を引き継いだとき、隆元は二十四歳。元就もまだ四十九歳で元気だったが、跡継ぎが独り立ちできるよう訓練するために、早めに家督を譲り渡したのである。

この家督継承に際して、元就は隆元にあてて、今後の心得を細々と書き連ねた書状をいくつか渡すとともに、父子間の通信の心構えについても、書状の形で指示を与えている。

書状以上九通、その内、また内に入れ候状一通、以上十通か。いずれもいずれも隙々すきすきに、よくよく御覧候らいて、元就申す儀にも、謂《いわ》れざる事と思し召し候らわん儀は、はたと非を御入れ候らいて、承るべく候〳〵。左候らいて、またまた戦い候らいて申し候らいてこそ、物のわけ、理非聞こえ候らえ。思し召し候らいても、仰せ表われ候らわで、心底に籠められ候ばかりにては、旨《し》儀《ぎ》すみ候まじく候〳〵。

◇書状九通、それに、内に入れた書状一通、合計で十通であろうか。みなみな暇なとき、手すきのときに、よくよく御覧になり、元就が申すことでも、間違っているとお思いのことがあれば、きちんと違うと言ってください。話を聞きます。このようにして、議論を戦わせてこそ、物の分別や理非がはっきりするのです。思うところがあっても、心底に籠め置かれるだけでは、事は済まないのです。

書状を十通もしたためた元就は、それを隆元に渡したのち、今後は互いに腹蔵《ふくぞう》なく議論を戦わせることにしたいと述べている。内気できちんと物が言えないわが子の性格を見抜いた父は、心配せずに言いたいことを言えと諭したのである。元就と隆元の書状によるコミュニケーションは、互いに書状のなかでは本心を述べ合うという約束のもとに開始された。

この秘密の通信における書状の形についても、元就は丁寧に指示を加えている。「我々への状には、判形《はんぎょう》あるまじく候。かしことお書き候べく候。日付もあるまじく候。いつものごとく内状たるべく候」。こちらあての書状には、花押《かおう》を書かず、日付もつけないで、最後に「かしこ」と書いてほしい。……ごくごくプライベートな書状なのだから、そういう形式のものにしてほしいと元就は述べている。自筆で身内あてに書くメールだから、日付も花押もいらないというのである。

密々のことは面談で

隆元に家督を譲るにあたって、おつきの臣下として元就が抜擢《ばってき》したのが、児玉三郎左衛門就忠《こだまさぶろうさえもんなりただ》という人物だった。気のきく家臣がいないと心配した元就は、若い就忠に目をつけ、数年の間訓練して、平時の実務が満足にできるところまで育てたうえで、隆元の相談役としてその側近くに置いたのである。

隆元との交信を始めるにあたって、元就は多くの書状を書き、さらに互いに心を隠さず書面に出すという原則を示したが、隆元のほうもこれを了解して返事をしたためた。隆元の書状を読んだ元就は、その内容にかかわる返事を出すが、これは隆元ではなく、彼につけた児玉就忠にあてる形式をとっていた。直接的には児玉あての書状だが、内容は隆元に対する指示を書いているわけだが、その最初の箇条に次のようなことが書かれている。

彼の返事のごとく、大小の事ともに、たとい分別候事なりとも、我々に密々にて尋ぬべき事、肝要《かんよう》に候〳〵。もちろん、無分別《むふんべつ》の事は、申す能わず候。さ候間、密々の儀、さらに尋ぬべき使候らわず候。文などにても、ひととおりこそ候らえ、かえって申し談ずる儀ならざるものに候間、多分は自身軽々とまかり上り候らいて、面談ならではなるまじく候〳〵。この心持ちたるべく候〳〵。そのうちまた、書状などにて聞こえ候事は、申す能わず、状たるべく候〳〵。

◇隆元の返事のとおり、どんなことでも、自分でわかっている場合にも、私に内密に尋ねることが大事です。もちろんよくわからないことについては、申すまでもないことです。そういうことなのですが、密々のことを尋ねることのできる使いは、そういませんし、文で伝えたとしても、ひととおりのことしか表現できず、かえって相談がうまくいかないおそれがあります。やはりご自身軽々と山に登られ、直接面談する以外に方法はありません。そういうつもりでいてください。そのうえで書状で指示したことについては、もちろん書状で対応してください。

書状でのやりとりを基本にするが、密々のことはやはり面談しかない。だからおっくうがらずにこちらに来て、直接会って話をしてほしい。手紙ではだいたいのことしか表現できず、細かなニュアンスも含めて、誤解のないように意志を伝達するには、直接会って話すしかないと、元就はきちんと認識していたのである。

本城・尾崎と「かさ」はかなり離れていたから、そう頻繁に隆元本人が出向くことはできず、両者のコミュニケーションは、使いに持たせた書状に依存しなければならなかった。しかし、ほんとうに大事なことや内密のことは、面談して伝えたいと、元就は指示を出していた。

夜前の御両通、披見申し候。いずれも面に非ざれば申し述べ難く候の条、面談申すべく候。ただいまなりとも、ちとあとになりとも、御あがりあるべく候。面談申すべく候。御両通をば留め申し候〳〵。待ち申し候。かしく。

　この状も返したまわるべく候〳〵。

◇夜前にいただいた両通のご書状、たしかに拝見しました。みなお会いしなければ話せないことなので、面談したいと思います。いますぐでも、ちょっと遅れてもかまいませんから、こちらにいらしてください。面談しましょう。両通のご書状はこちらに留め置きます。……この書状は返してください。

ご意見は書状でお伝えいただいたが、やはり面談しないといけないことなので、早めに来てほしい。このことだけを伝えるために、元就は書状を使いに持たせて遣わしたのである。

書状による日常的な通信と、まれに必要とされる直接の面談。元就と隆元の意思伝達は、この二つの方法を使い分けながら続けられた。ともに権力を担う父と子は、対立関係になりやすいが、秘密のコミュニケーションをとり続けることで、この父子は一門家臣の分裂を回避することに成功したのである。

著者のコメント

毛利元就がこまめに出した書状は、外交文書ではなく、内々のものなので、元就の心のありようを、事細かに知ることができる、とても面白い史料です。数も多いので、戦国大名のコミュニケーションを考える素材にはこと欠きません。ただ、実をいうと、この第七話を書くのにはかなり苦労しました。その理由はただひとつ。書状に日付がないからです。

はじめから内々の書状だから日付は書かないと決めていたわけなので、日付のないのは当然ですが、史料から話を組み立てていく立場から言えば、これはとても困ったことです。いくら面白いことが書かれていても、いつの書状かわからないので、ストーリーを構成することができないのです。……ただそうばかりも言っていられないので、だいたいの時期がわかったり、書状の順番が推測されるものを選び取って、それなりの話を構成してみました。年月日がほとんど書かれていないので、話にリアリティがないと感じられるかもしれませんが、こういう事情なのでお許しください。

元就と隆元、特別の感情で結ばれたこの親子のコミュニケーションにおいては、もらった書状は必ず返すという原則が貫かれていました。せっせと書状を書いた元就は、それと並行して、書いた文書を取り戻すことも忘れておらず、結果として元就のもとには、自分が出した書状が積み重ねられることになりました。このひとかたまりの書状群が、その後も大事に保管されて、今に至っているというわけです。

書状を必ず返すのは、本文でも書いたように、秘密を守るためでした。書いた内容を他人に知られないためには、読んだら火に入れよと指示する方法もよく用いられますが、「この状、火中火中」と書いた文書が現に残っていることからみて、この指示はあまり守られなかったように思われます。「火中せよ」と命令しても、ほんとうに処分してくれたかはわからないわけで、やはり書状を返してもらうほうが、秘密保持には適切と、元就は考えたのでしょう。

元就は隆元に対して、「書状は大事の物だ」と繰り返し言っていました。二人の交信はほとんど書状に依存していたわけで、気持ちを伝える大切なメディアだったわけですが、それだけでなく、秘密を守るため粗末には扱えないという意味で、元就はこのような誡めを与えていたと考えられます。便利なメディアだが、危険も孕むので、大事に扱わねばならぬ。元就はこう諭していたのです。

書状は意思伝達の基本手段として活用されていたわけですが、「もし妙玖がいてくれたら……」と書き連ねた元就が、「口では語れないことなので、書状に書きました」と弁明したように、気恥ずかしくて話せないことも、書状には書けたわけです。これも書状の大事な効用のひとつでしょう。

意思を伝えるとき、口頭でするか文字に書くか。この大事な問題を考える材料も、いくつか提示しました。「口では語れないから書状に書く」という場合もありますが、逆に「書状では伝えられないから面談したい」ということもあったのです。書状のほうが伝えやすいこともあれば、面と向かって話さないといけない場合もある。……これは今でも同じですが、元就もこの二つのケースを見事に使い分けていたのです。

それにしても元就と隆元の「秘密のメール」は、たまたま大事に保存されたため、歴史の史料として公開され、私たちはその内容を子細に知ることができるわけです。こういう形で書状がオープンにされるとは、元就も夢にも思っていなかったことでしょう。……こうした「すぐに処分されるはずの手紙」が残されていないと、日常的なコミュニケーションの現実は、ほとんどわからないのです。せっせと書状を重ね、大事に保管してくれた元就と毛利家に感謝しなければなりません。

コラム⑥ ことばを読み解く1

動

書状のなかにはさまざまな「ことば」が登場します。今ではほとんど使われないものもあれば、よく目にする用語もありますが、後者の場合でも戦国当時と現在では意味が大きく変わっているものが多く、「ことば」の意味を正確にとらえるのは意外に難しいものです。

ことばの意味がわからなければ辞書を引く、ということになりますが、この時代の用語、とくに古文書に出てくることばについて、網羅的に検討を加えた辞書というものは、まだ存在していません。『日本国語大辞典』（小学館）や『時代別国語大辞典』室町時代編（三省堂）は参考になりますが、古文書に出てくる用語についてはは押さえきれていないようです。辞書を引くことも大事ですが、むしろ実際の用例を多く集めて、ことばの意味とニュアンスを個別に研究していくことが必要な段階といえます。さまざまな用例をあげて難しいことばの意味を吟味した研究としては、斎木一馬「国語資料としての古記録の研究」「記録語の例解」（ともに『古記録の研究』上〈斎木一馬著作集1、吉川弘文館〉所収）、佐藤進一・池内義資・百瀬今朝雄編『中世法制史料集』第三巻（武家家法I、岩波書店）の「補注」や、高木昭作「関東戦国文書の二、三の用語」（『栃木県史研究』二四号）などがあり、かなりの数の語句がとりあげられています。

この時代に使われたことばの一つ一つに注目してみると、けっこう面白いのですが、ここでは本書で引用した史料に登場する語彙のなかからいくつかを選んで、簡単なコメントを加えてみたいと思います。

まず最初に、戦争にかかわることばをとりあげたいと思いますが、軍事行動にかかわる書状で最も目につく用語が「動」です。第一話の冒頭で紹介した二通の畠山卜山書状に早速登場しますが（5・6ページ）、これは「うごく」ではなく「はたらく」と読み、軍事行動を行うこと、出兵すること、戦いで活躍することを示す言葉です。

「動」という言葉の日本における使われ方については、『新大字典』（講談社）にある解説が参考になります。

本義は「動作」の動で、はたらく義。ゆえに力をかく。重（チョウ）は音符。我が国では、さらに人偏を加えて働とかいて、はたらく義とし、動をもっぱら、うごく義とする。

「はたらく」という言葉は現在では「働」という文字で表現しますが、この文字は中国伝来のものではなく、日本で作られた「国字」なのです。そして現在では「動」の字は「うごく」、「働」は「はたらく」と明確に区別して使われているわけです。

戦国時代の史料に見える「動」は、ほとんどの場合軍事行動を指し、「はたらく」と読むべきものですが、それではこれをいつから「働」の字で表現したのか気になります。

そう思って史料を見ていくと、戦国当時の史料のなかにもまれに「働」の字が使われていることに気づきます。たとえば第一話で見た、四月二十四日づけと正月十九日づけの畠山卜山書状では「働」が見え（27・42ページ）、卜山自身が「動」と「働」をともに使っていたことがわかります。「働」の字がいつごろ作られ普及したのかはよくわかりませんが、戦国時代には「動」と

「働」の両方をともに使っていたということができます。

この「はたらく」という言葉は、今では労働一般を指しますが、戦国時代の書状のなかではほとんど軍事行動の意味に限定して使われています。また「はたらく」と同じく労働の意味で使われている「かせぐ」も、戦国の書状では戦争にかかわる奔走を指しています。この「かせぐ」「かせぎ」は「稼」の字を使う場合もありますが、「加世義」といった「当て字」を使うこともあります。第三話で紹介した長尾顕景書状にも「稼ぎ」が見えますが（81ページ）、原文では「加世義」と書かれています。

行 出張 刷 取合

「動」と同じく戦争関係の史料で目につくのが「行」です。これも軍事行動を指す言葉で、「てだて」と読みます。『新大字典』によれば、「行」の文字は人の歩む様子を象ったもので、軍隊などが並び行くことを示すこともあるというので、戦国時代の軍事行動（出兵）が「行」の文字で表現されたのも納得がいきます。難しいのは読みですが、古い字書である『色葉《いろは》字類抄《じるいしょう》』や『類聚《るいしゅう》名義抄《みょうぎしょう》』に、「行」の読みとして「テダテ」「テタテ」が見えます。この「てだて」は「手立」「手段」という漢字で表現されることが多く、一般には「事をうまく成し遂げるための手段や策略」といった意味で用いられますが、戦国の史料に見える「行」は、こうした意味ではなく、明らかに軍隊を進ませることを指すことが多いのです。ほかの時代に「行」の語が使われているかどうかは確かめられませんが、やはり戦国時代に集中的に見える表現と考えて良いと思います。

軍事行動を示す語彙としては、このほかに「出張《しゅっちょう》《でばり》」があります。「エピローグ」で引用した北条氏政書状（由良信濃守あて）に「信玄駿州に出張」と見えるように（236ページ）、ある程度離れたところまで軍勢を出すことを「出張」といいました。今では遠くまで「仕事に」行くのが「出張」ですが、戦国時代にはおもに戦争に出かけるのが「出張」だったのです。

戦争に参加した軍勢のことはよく「人数《にんずう》」と表現されました。これも今の言葉の使い方とはかなり違うので注意が必要です。敵を討ち取ることは「討捕」ということが多いのですが、「捕」とあるから生け捕りにしたというわけではなく、「討ち取る」と同じ意味です。

戦争には調停工作がつきものですが、こうした行為は多くの場合「刷」の文字で表現されます。『色葉字類抄』や『類聚名義抄』では「ツクロフ」と見えるので、「つくろう」と読むかとも思いますが、『中世法制史料集』第三巻の「補注」で示されたように、「結城氏新法度《ゆうきししんはっと》」のなかに「刷」を「あつかう」と読んだ形跡があります（「温故知新書」では「唰」を「アツカフ」を読んでいます）。「つくろう」か「あつかう」か、よくわかりませんが、本書では一応「あつかう」とよみがなをふってみました。

和議などの際や、さまざまな場面で仲介役をつとめることを「取合」といいました。「取り合い」というと何かをめぐって争いあう意味が思いつきますが、むしろ争いを止めるために仲介することを「取り合い」と表現していたわけで、なかなか難しいものです。

馳走　遠慮　迷惑　勘弁

戦争の場合が多いのですが、これに限らず、懸命に奔走することを「馳走《ちそう》」といいます。今では「ご馳走」といえば豪華な食事を出してもてなすことをいいますが、本来は読んで字のごとく「馳せ走る」という意味で、「一生懸命がんばる」という広い概念を持つ言葉だったのです。

この「馳走」のように、漢字二文字で構成される語句は、日本の言葉のかなりの部分を占めます。こうした漢語の場合、本来は二つの漢字の原義そのままの、かなり広い意味で用いられていたものが、時代が下るにつれて特定の用法に限定されていくという傾向がみられるようです。「馳走」の場合には「立派な食事を準備する」という形の「奔走」だけに限って使われるようになっていったというわけです。

こうした事例はたくさんあります。第一話でとりあげた「手日記」の第一条に、畠山卜山の子息の下向が実行されないことに関して「この子細は、家の儀につき一段遠慮を成さるる儀に候条、一端の申され事に非ず候」という表現が見られますが（29ページ）、このなかの「遠慮」という漢語に注目したいと思います。今では「遠慮」というと、相手のことを慮《おもんぱか》って控えめにすることをいいますが、ここでは「よくよく考える」という意味で使われています。「遠く慮る」という漢語本来の用法です（「深謀遠慮」の「遠慮」はこの意味です）。

第三話で見た長尾顕景《ながおあきかげ》の書状のなかに「迷惑に候」という表現が登場します（79ページ）。為景の援軍が来ないと大変だと書いたあとに「迷惑に候」と結んでいるわけで、これは「たいへん困っている」という意味です。同じく第九話の和久宗是《わくそうぜ》書状（八月六日づけ）でも、浅野長吉《あさのながよし》が秀吉の怒りにふれて御座敷を追い出され「迷惑申され」たとありますが（206ページ）、この「迷惑」もやはり「困り果てている」という意味で使われています。今では「迷惑」というと、誰かの心ない行動で不快な思いをするといったニュアンスに限定されて使われますが、古くは「迷い惑う」という文字そのままの「困っている」という広い意味で用いられていたわけです。

第八話には「勘弁《かんべん》」という語句が出てきます。北条氏政の書状（二月十六日づけ）の最後のほうにある「何と密事候とも、時々褒美《ほうび》をもって、行《て》聞《だ》き届けべく候らわば、たやすかるべく候間、その御勘弁候らいて、手を入れ精を入れて聞き届け、注進あるべく候」という文章のなかに見えるわけですが（188ページ）、「その御勘弁候らいて」というのは「そのように考え弁《わきま》えられて」「そのように熟考されて」といった意味です。人のよくない行動を許してやるという意味で現在では使われている「勘弁」ということばも、古くは「勘《かん》え弁《が》える」という広い意味をもっていました。「遠慮」も「勘弁」も、ともに「よく考える」という意味だったのです。

やがて

漢語に続いて副詞について見てみましょう。この時代の文書で使われている副詞のなかには、解釈の難しいものがいくらかあります。

第一話の畠山卜山書状（八月十一日づけ）の末尾に「軈て軈て本意に達すべく候」という表現が見えます（37ページ）。この「軈」の字は「やがて」と読みますが、これを「そのうち思い通りになるでしょう」と解釈してはいけません。いまでは「やがて」というと、「そのうちに」といった意味でとらえられがちですが、実をいうと古くは「すぐに」「まもなく」の意味で用いられていたのです。だからこの文章は「まもなく思い通りになるでしょう」というように解釈すべきなのです。

この「軈て軈て」という言葉は、第七話にも登場します。毛利元就の書状に「この状、軈て軈て返し給わるべく候」とあるのがそれですが（155ページ）、これは「この手紙は、いつでもいいから、そのうち返してください」という意味ではなく、「この書状は早く返せ」という命令なのです。

「やがて」には「軈」「軈而」の文字があてられることが多いのですが、「頓而」も「やがて」と読むようです（225ページ参照）。こちらのほうが「すぐに」「急いで」という意味であることが理解しやすいと思います。

　第四話で見た北条氏康書状写に加えられた結城政勝の但し書きに、「自然《しぜん》様体《ようたい》事《こと》違義《いぎ》の時、本文をもって小田原へ断って申し届けべき用に留め置き候」という文章が見えますが（115ページ）、この「断って」という表現は、今の「断って」ではなく、「断固として」という意味です。約束が違ったら小田原（北条氏）に断固として申し届けるといっているわけで、小田原に「こうこうします」と「断った」うえで何かするという意味ではありません。それからこの文章の最初にみえる「自然」という語句にも注意が必要です。この言葉はよく史料に見えますが、「自然にうまくいく」といった今風の使い方ではなく、「もしも」「万一」という意味で用いられているのです。

無曲

戦国時代の書状などには「曲《きょく》なし」とか「無曲《むきょく》」という言葉がよく出てきます。第三話の長尾顕景書状には「是もその曲なき趣に候間」「会下僧《えげそう》に対せられ御出語、いかで曲なくこれを成されべく候や」といった形で出てきますし（80ページ）、第四話の北条氏康書状（結城あて）にも「佐竹・此方通用、曲なき由、彼の書中にあい見え候」などと見えます（110ページ）。

こうした事例を見ただけでも、この「曲なし」という言葉があまり良い意味でないことがわかりますが、エピローグで紹介する北条氏政の書状に見える「身命無曲《しんみょうむきょく》」という表現でいよいよはっきりします（227ページ）。これは宛名の高橋郷左衛門が命を落としたらという意味ですから、「無曲」というのは明らかに不吉だとかよろしくないというニュアンスで使われているわけです。ただ、このことは少し意外な感じもします。「曲」というのは曲がったこと（よくないこと）なのだから、「曲なし」はその反対で、むしろ結構なこと（まっすぐなこと）のように思えるからです。ただ実際の事例を見ると、このように解釈することはどうしてもできないのです。

こうした疑問は『時代別国語大辞典』室町時代編の解説を読んだりすると解決します。この「曲なし」というのは、趣向や面白みがないという意味で、それからさまざまなよくない状態や気持ちを表現することになったようなのです。要するに「曲」というのは「まがった」という意味ではなく、「面白みがある」といった、むしろ良い意味で用いられているわけで（楽曲や音曲の曲もこうした例です）、だから「曲なし」は「面白みがない」ということになるのです。

我等

第七話の最初のほうで紹介した毛利元就の書状に、次のようなくだりがあります（148〜149ページ）。

我等《われら》にも隆景も次第にひたひたともなく成り候程に、腹の立ち候時のみにて候〳〵。我等へさえにて候程に、それへの事推量候〳〵。尤もの儀に候〳〵。元春事は、前々より我等へも一円ひたひたこまごまの事はなき者に候間、それはなかなか申すに及ばず候。

これは元就が長男の隆元に出した返事で、次男の元春と三男の隆景のつきあいの悪さを記しているのですが、ここに三回「我等」という言葉が見えます。「我等」とあるのだから「わたしたち」という意味か、とも思えますが、そうすると毛利元就のほかに誰が、この「我等」のなかに含まれるか判断に迷ってしまいます。

「我等」という言葉は、元就の書状の随所に見られますが、これらを見てみると、どうもこの「我等」は元就一人を指すように思えてなりません。「我等書状などよく御取り置き候らいて……」（157ページ）とある「我等書状」とは、元就の書状としか解釈できないのです。

毛利家に限らず、ほかにも「我等」という言葉はよく出てきますが、多くの場合は「わたし」の意味で用いられているようです。どうしてこういう表現がなされるのか、よくはわかりませんが、中世において「等」の字がどのように使われたかを考えると、一つの見通しをもてそうです。

今では「等」というと「そのほかいろいろ」という意味になりますから、「A・B等」という場合は、AとBのほかにまだあることになりますが、中世の史料に「A・B・C等」とある場合は、「AとBとC、以上三つ」という意味であることがほとんどです（これよりほかにあるときは「A・B・C以下」と表現します）。どうも「等」の字は複数のものを列記したあとに置いて語調を整える文字だったようです。だから「等」とあるからほかにもいると考える必要はなく、「我等」は「わたし」の意味で良いわけです。「我」だけより「我等」のほうが落ち着きが良いので、よく使われたのでしょう。

簗中　浅弾　才新　渡宗……

第六話で見た上杉謙信の書状に「今日秀綱・簗中あい招き相談せしめ……」という一節がありますが（137ページ）、ここに「簗中」という不思議な文字があります。前の「秀綱」は実名で、小《お》山秀綱《やまひでつな》を指すことはすぐわかりますが、「簗中」というのは誰でしょうか。

これは関宿《せきやど》城主の簗田中務大輔《やなだなかつかさたいふ》（晴助《はるすけ》）で、苗字の「簗田」と官途名《かんとめい》の「中務大輔」の最初の文字をつなげて「簗中」といっているわけです。こうした用法はほかにもあり、第九話に出てくる和久宗是の書状では、「木弥一右」「浅弾」「浅弾少」という表現が見えます（206・211ページ）。「木弥一右」は木村弥一右衛門、「浅弾」「浅弾少」は浅野弾正少弼《だんじょうしょうひつ》（長吉《ながよし》）を指しているわけです。

人の名前を短く表記することは、毛利元就の書状などではもっと頻繁に出てきます。エピローグで紹介する最初の元就書状では「才新」と「渡宗」という人物が見えます（225ページ）。このうち後者は渡辺宗兵衛で、苗字と名前の最初の文字を組み合わせた普通の表記ですが、一方の「才新」は財満《さいま》新兵衛で、苗字の最初の「財」を「才」と簡略化して「新」をつなげています。このあとに紹介した元就書状はもっと大変で、「杉次左」「彦三」「杉豊」と例の「才新」「渡宗」の、あわせて五人が登場しています（234ページ）。また同じくエピローグに出てくる正木憲時書状は、

「正大」（正木大膳亮《だいぜんのすけ》）憲時から「北丹」（北条《きたじょう》丹後守《たんごのかみ》）・「北安」（北条安芸守《あきのかみ》）あてになっています（259ページ）。

このように苗字と名前の文字の一部を繋ぎ合わせて、簡単に人名を表記することが、この時代にはかなり流行していたようです。第二話で見た「岡」（北条氏綱）から「為」（長尾為景）への書状のように（67ページ）、実名の一文字だけで名前を示すことも広く行われていました（ごく親しい間の内々の書状では、こうした書き方が一般的でした）。人名に限らず地名も一文字だけで書くことがかなりありました。こうした風潮がいつごろ始まったかはよくわかりませんが、人名や地名をわざと短く表記するのが当世風で格好がいいと、戦国の人々は思っていたようなのです。

第八話　確かな情報　――北条氏政と北条氏邦の交信――

再び、新たな時代へ

大内《おおうち》氏を滅ぼして中国地方西部一帯を手中に入れた毛利元就《もうりもとなり》・隆元《たかもと》父子は、山陰の尼子《あまこ》氏との戦いを続けるが、その渦中で隆元は急死してしまう。永禄《えいろく》六年（一五六三）八月四日、まだ四十一歳だった。誰より信頼していた息子を失った元就は、悲しみを振り切るように尼子攻撃を続け、永禄九年（一五六六）、ついに富田《とだ》城（島根県広瀬町）を落として尼子氏を滅ぼし、毛利氏は中国地方全体を支配する大大名となった。元就は元亀《げんき》二年（一五七一）に七十五歳で死去するが、吉川元春《きっかわもとはる》と小早川隆景《こばやかわたかかげ》は若い当主輝元《てるもと》（隆元の子）を支えながら、毛利領国の保持と拡大につとめた。

しかし、順風満帆な時代も長くは続かなかった。播磨《はりま》（兵庫県）に出ようとした毛利軍は、畿内を押さえ天下に号令せんとする、織田信長《おだのぶなが》の勢力とまっこうからぶつかりあうことになった。織田方の大将は信長の信頼厚い羽柴秀吉《はしばひでよし》で、両者の戦いは天正《てんしょう》五年（一五七七）から始まるが、天正八年（一五八〇）に播磨三木城《はりまみき》（兵庫県三木市）、翌年因幡鳥取城《いなばとっとり》（鳥取県鳥取市）が陥落、天正十年（一五八二）には備中高《びっちゅうたか》松《まつ》城（岡山県岡山市）を攻囲され、毛利の劣勢は覆いがたかった。信長という天下人《てんかびと》の登場によって、毛利氏は危ういところまで追い込まれたのである。

同じころ、遠く東国でも時代は大きく変化をみせていた。北条氏康《ほうじょううじやす》と武田信玄《たけだしんげん》はすでに亡く、上杉《うえすぎ》謙信《けんしん》も天正六年（一五七八）に四十九歳で死去した。謙信のあとは養子の景勝《かげかつ》と景虎《かげとら》が争い、御館《おたて》の乱とよばれる内乱が起きるが、春日山《かすがやま》城（新潟県上越市）を押さえた景勝が結局は勝利を収めた。景虎は北条氏政《うじまさ》の弟で、かつて上杉と北条の和睦《わぼく》がなされたとき、謙信の養子として送りこまれた人物だった。越後《えちご》の内乱に際して、北条氏政はもちろん弟の景虎を支援し、同盟関係にあった武田勝頼《かつより》にも出兵を求めたが、越後に迫った勝頼は、結局景勝と和を結んで引き返し、援軍を得られないまま景虎は滅亡した。北条と武田の同盟はここに破れ、上杉と武田が結んで北条に対するという構図になる。

謙信死後の越後の混乱は、勝頼にとって勢力拡大のチャンスだった。天正三年（一五七五）に三河設《みかわした》楽原《らがはら》（愛知県新城市）で織田信長と徳川家康《とくがわいえやす》の連合軍に敗れて以来、勝頼は西上をあきらめて国力の充実につとめていたが、景勝との講和によって信濃《しなの》（長野県）北部を手中に収め、天正八年（一五八〇）には上野《こうづけ》（群馬県）を押さえることに成功した。父の信玄が果たせなかった信濃全土平定と上野の接収を、勝頼はついに実現させたのである。

甲斐《かい》（山梨県）を中心に、駿河《するが》（静岡県）・信濃・上野と、武田の領国は四か国にふくれあがった。しかしその直後、勝頼は最大の危機を迎える。あの織田信長が、武田討伐を決行したのである。

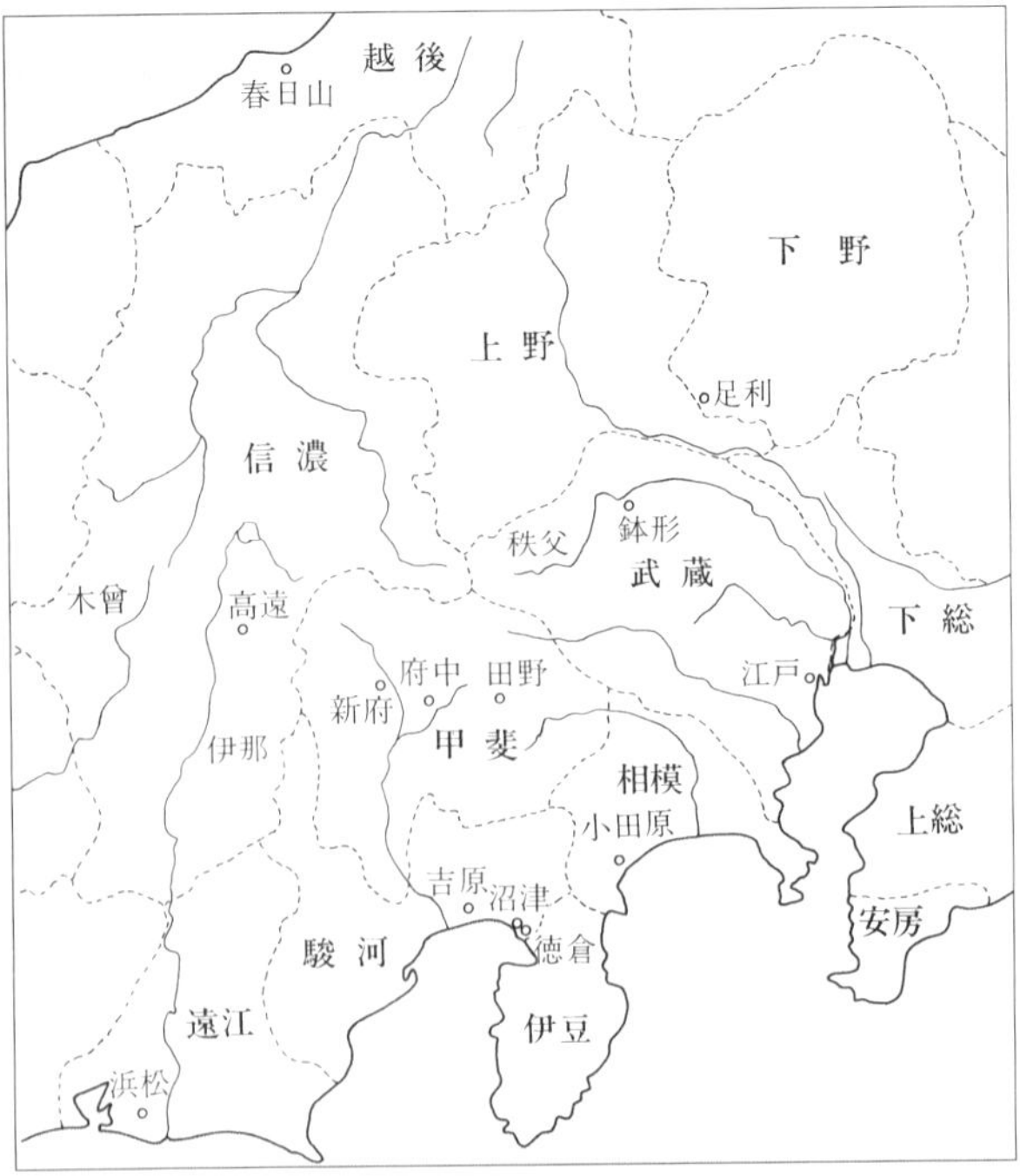

図 40　第八話関連地図

図 41　鉢形城本丸跡

鉢形からの注進

武田勝頼と断交した北条氏政は、遠く織田信長と誼《よしみ》を通じた。信長の武田討伐が実現すれば、失った上野を取り戻し、駿河や甲斐・信濃へも出ていけるかもしれないという期待を、氏政はわずかながら持っていたが、そのときは思いのほか早く訪れた。天正十年（一五八二）になると、信長は武田を攻めると公言し、氏政にも協力を求めたのである。

二月三日の辰《たつ》の刻《こく》（午前八時）、小田原《おだわら》（神奈川県小田原市）の氏政のもとに、弟の氏邦《うじくに》からの書状が届けられた。氏邦は武蔵北部の拠点である鉢形《はちがた》（埼玉県寄居町）の城主であったが、上方《かみがた》からの書状の写しと、長尾新五郎顕長《あきなが》という国人（下野足利《しもつけあしかが》を本拠とする）の書状を送り届けたのである。弟の書状に接した氏政は、その日のうちに返事を書いた。

> 晦日《みそか》の一札《いっさつ》、今三日辰《たつ》の刻、披見《ひけん》申し候。よって長新一札ならびに上方よりの書状写両通、披見申し候。勿論返札はこれあるべく候。本文《ほんもん》当地へ越す由、彼の書

図 42　鉢形城跡

状に見え候間、定めて使到来の砌《みぎり》、参るべく候条、その砌、愚意《ぐい》申すべく候。はたまた秩父《ちちぶ》谷の注進、心もとなく候。さしたる儀はあるまじき由、校量《きょうりょう》し候。長新書状、写物両通、たしかに返し進《まい》らせ候。恐々謹言。

二月三日　　　　　　　　　　氏政（花押）

安房守《あわのかみ》殿

◇晦日づけのお手紙、今日三日の辰の刻（午前八時）に拝見しました。長尾新五郎の手紙と、上方よりの書状の写し両通も、同じく拝見しました。上方への返事はきちんと出しておいてください。上方からの書状には、本文はこちらに届けるとありますから、きっと使いが来るとき届けてくれるでしょう。そのときに私見を述べます。それから秩父谷（埼玉県北西部）からの注進のこと、心配ですが、たいしたことはないと思います。長尾の書状と写し両通はたしかにお返しします。

「上方」よりの書状の中身はわからないが、織田の書状はまず鉢形の氏邦のもとに届けられ、氏邦はその内容を急いで兄に教えようとしたのである。山を越えれば信濃に入る秩父谷からの注進が来ていたことがわかるが、この段階では信濃の様子はあまりよくわかっていなかったようである。ところがこの同じ三日、鉢形の氏邦はまた書状を書き、氏政に送った。これは五日の夕刻に小田原に届き、氏政はまた返事を書いた。

三日の注進状、今五日酉《とり》の刻参着、始中終《しちゅうしゅう》披見申し候。なお正説《せいせつ》を聞き届けられ、油断なく注進あるべく候。恐々謹言。

書状はしっかり読んだ。なお「正説」を聞きたいから、油断なく注進せよ。氏政は弟に簡単に指示を加えている。鉢形の氏邦は、とりあえず得た情報を兄に伝えたが、これでは信用できないから、「正説」を聞いたうえで、きちんと注進せよと、氏政は指示したのである。

消えない疑念

氏邦からの三度目の書状（日付は六日）が届いたのは、八日の朝だった。ここにもいろいろの情報が書かれていたが、氏政は翌日の返事で、信州《しんしゅう》表《おもて》の情勢にかかわる「正説」を聞きたいと、繰り返し氏邦に指示した。「西国《さいごく》よりも近日は人下らず候間、様子聞かず候」とこの書状には見える。西国から人が来ることもなく、織田軍や武田の動きをキャッチできない氏政は、武田領に攻め込む時期を探りかねていたのである。

氏邦はこのあとも注進状を出し続けた。十三日に一通、翌十四日に一通の書状を書いた氏邦は、この両通を小田原まで届けたが、その日（十四日）の夜（戌《い》の刻）になって、必要に迫られてまた書状を出した。つぎつぎと情報が寄せられるなか、一日に二度も書状を出すことになったのである。

最初に出された両通は、十六日には小田原の氏政のもとに届けられた。ここには信州表にかかわるさまざまな情報が書かれていたが、氏政はこれでも確信を持てず、次のような返事を書いた。

十三日・十四日両日の一翰《いっかん》、披見申し候。彼の表の様子、実儀《じつぎ》にいまだ存ぜず候。実儀を聞かずして、疎忽《そこつ》の行《てだて》は如何に候。如何様にも実《まこと》を聞き届け、注進あるべく候。この方へも欠け入りの者一切これなき間、甲・駿の備え、十日以来は一切聞かず候。何とぞ手を廻し、この方よりも聞き立てべく候。敵方の模様実儀に至りては、この方の行は勿論、何分にもこれあるべく候。畢竟《ひっきょう》実儀を聞き届けずしての行は、定め難く候。西上州半手《はんて》の郷において、何と密事候とも、時々褒美《ほうび》をもって、行聞き届けべく候らわば、たやすかるべく候間、その御勘弁《ごかんべん》候らいて、手を入れ精を入れて聞き届け、注進あるべく候。恐々謹言。

二月十六日　　　　　　　　氏政（花押）

安房守殿

◇十三、十四両日のお手紙、拝見しました。彼の表（信州表か）の様子、まだ信用できません。実儀を聞かずに粗忽に軍事行動に及ぶのは、どうかと思います。どういう手段を用いてもよいので、ほんとうのことを聞き届け、注進してください。こちらにも欠け入りの者が一人もいないので、甲斐・駿河の備えの様子は、十日以来まったく情報が入ってきません。なんとか手を廻して、こちらからも聞き立て、情報を得たいと考えています。敵方の様子が、もしほんとうに話のとおりなら、出兵でもなんでもします。とにかく実を聞かずに兵を出すわけにはいきません。西上州の半手の郷において、ときどき褒美を出して聞き出せば、どんなに秘密にしていても、軍勢の動きは簡単にわかるのではないですか。このように工夫されて、手を入れ精を入れて聞き届け、注進してください。

武田の領国から当方へ欠け入る者は一人もいない。武田軍の備えがどうだか、見当がつかないし、信濃の情勢についてのあなたの注進も、まだまだ信用できない。西上州にある半手の郷の人たちから、確かな情報を聞き出してほしい。……武田と北条がせめぎあう西上州には、武田・北条の両者に属する、「半手」とよばれる郷がいくつかあった。ここには武田方の者もいるので、彼らに褒美を与えて、ほんとうのところを聞き出すよう、氏政は指示を加えたのである。

実をいうと、このとき織田軍の来襲を受けて、信濃は混乱状態にあった。木曽《きそ》（長野県南西部）を治めていた木曽義昌《よしまさ》は早くから信長に呼応し、六日には森長可《もりながよし》・河尻秀隆《かわじりひでたか》らに率いられた織田軍が木曽に入り込み、さらに伊那《いな》郡（長野県南部）も織田方の手に落ちた。こうした信濃南部の状況は、鉢形の氏邦のもとにも、さまざまな形で届いていたが、小田原の氏政はなかなか確信が持てなかった。武田が危ないというが、見限ってこちらに来る武士もいない。あやふやな情報をまにうけてうっかり兵を出したりすると、手痛い目にあうかもしれない。……あの強い武田が、そう簡単に崩壊するはずはない。氏政はそう思っていたのである。

まだ信用できない

十四日の夜に氏邦が出した書状のほうは、十八日の朝に小田原に届いた。そこには新たな情報が書かれていたと思われるが、氏政はやはり信用せず、「この月のうちには実説が聞きたい」と返事に書いた。翌十九日、氏邦からまた注進状が届き、いつものように氏政は返事をしたためた。

重ねて注進状、披見申し候。重説《じゅうせつ》の上、実儀にもこれあるべきか。しかりといえども、正説とい

図43　北条氏政
（神奈川県箱根町　早雲寺所蔵）

うところ、いまだ承り届けず候。先段幾度《いくど》申すごとく、これは安く聞かさすべき様に候。定めて半手へは□□者まかり越えべく候間、手前の者を指し越され、さてそれをこの方へ越され候らわば、糺明《きゅうめい》候らいて、疑心あるまじく候。境目の注進状を見候に、手次《てつぎ》もこれなく、何者申し□ともこれなき書に候間、何方を取りて正理というところこれなく候。如何様にも実の所を聞きたく候。弓矢の是非の際《きわ》に候間、何分にも肝《きも》を煎《い》り、御聞き届け尤もに候。さりてまた、何と分別《ふんべつ》候や、木曾敵になること必定ならば、そのまま濃州《のうしゅう》衆乱入たるべき間、何方において防ぐべく候や。我□擬《あてがい》には心得ず候。兎《と》に角《かく》に、木曾敵対必然ならば、甲州の防戦、一切成るまじく候。諸境目は各別たるべく候条、実儀をば分別申さず候。再説を待ち入り候。恐々謹言。

◇重ねての注進状、拝見しました。重ねての情報なので、真実かとも思いますが、まだ「ほんとうに事実だ」と確信の持てる情報はいただいていません。何度も言ったように、軽く話を聞いているように思えます。きっと半手の郷へも、（あまり確かでない人を）派遣しているのでしょうから、信頼できる配下を差し越され、そのうえで、この人をこちらに派遣されましたら、当方で糺明して、疑いを晴らすこともできます。境目からの注進状を見ても、仲介者もなく、誰が言ったことかも書かれていないので、どこにも確信の持てるところがありません。なんとか真相を聞きたいものです。兵を出すかどうかという、とても大事なことなので、どんなに努力しても聞き出してください。それから、あなたはどうお考えでしょうか。木曾が敵になったというのがほんとうなら、そのまま美濃の織田軍が乱入するでしょうから、どこで防ぐつもりなのか、私にはちょっとわかりません。とにかく木曾の敵対が事実なら、武田の防戦は叶わないでしょう。木曾以外の境目は、また違っているだろうから、ほんとうのところはわかりません。また情報をください。

木曾が裏切ったという情報も、氏邦のもとには届いていたのである。しかし再度にわたる氏邦の注進を、氏政はまだ信用しなかった。誰が話した情報か、いままでのものではよくわからない。出所のはっきりした確かな情報がほしい。あきれるくらい氏政は用心深かったのである。

話はほんとうだった

氏政がこの長い書状を出したまさにその日、待ち望んでいた京からのしらせが届いた。さすがの氏政も武田滅亡の近いことを確信し、翌二十日、どの方向に攻め込むべきか軍議を開いた。西上州に出るか、甲州を攻めるか、それとも駿河に進むか。一日かけても結論は出ず、とりあえずあちこちの兵に多摩川《たまがわ》まで来るように指令を出すことだけ決まった。そのうち伊勢から舟で来た人々がさまざまな情報を伝えた。信長の長男信忠《のぶただ》が十一日に出馬し、滝川一益《たきがわかずます》らの伊勢《いせ》(三重県)の衆は十二日に出発したことを、氏政はようやく知った。二月二十二日、氏政はこうした状況を氏邦に伝え、上州方面の計策に励めと指

図44　武田勝頼（和歌山県高野町　持明院所蔵）

示している。

北条軍の進路は、長々とした議論の末、結局駿河方面と決まった。二月二十八日、北条軍は駿河に乱入して徳倉城《とくら》（静岡県清水町）と沼津城《ぬまづ》（沼津市）を落とし、三月二日には吉原《よしわら》（富士市）まで進んだ。滅亡寸前の武田の軍勢は、もはや北条の敵ではなかったのである。

しかしこのとき、駿河の大半は徳川家康のものとなっていた。家康は早々と西から駿河に攻め込み、二月二十一日には駿府に入城していた。また信忠に率いられた織田軍は、高遠《たかとお》城（長野県高遠町）を陥落させ、窮した勝頼は三月三日、田野《たの》（山梨県大和村）に逃亡した。北条の来襲を待たずに、武田の運命は決していたのである。

三月十一日、勝頼は田野で滅亡した。やがて信長が自身信濃に入り、武田領を部将たちに配分した。駿河は徳川家康に与えられ、甲斐は河尻秀隆が拝領した。信濃は森長可・毛利秀頼《ひでより》・滝川一益の三人が分有することになったが、北信濃二郡を与えられた滝川一益は、これとともに上野一国の支配も認められた。上野に信濃二郡を加えた一帯を賜った一益は、勇躍上野に進み、あっさりとその領有に成功した。

武田の滅亡に乗じて領土を広げようという北条の企《くわだ》ては失敗に終わった。せっかく侵攻した駿河も、結局家康に取られてしまうし、上野も滝川のものになってしまった。北条氏政は千載一遇の好機を逸したのである。

著者のコメント

情報の確かさを疑い続けているうちに、チャンスを逃してしまった。第八話は比較的単純な話ですが、つぎつぎと寄せられる情報に、北条氏政が懐疑の目を向け続けていたことも、当時の状況を考えれば理解できます。相手の裏をかくために「偽情報《にせ》」を流すことはよくあることですし、そういうことでなくとも、なまはんかな情報が飛び交っているのが、この時代の現実でした。あやふやな情報を信じて兵を出したりしたらひどいことになるかもしれないという氏政の心配は、彼だけのものではなく、この時代の人なら誰でも持ち得たものだったのです。

それならどういう情報なら信用できるのか。信頼できる人物が、これまた確かな人から得た情報。そうでないと信用できない。氏政は長文の書状のなかでこういっています。新聞やテレビに出ていることならだいたい信用できると、私たちはなんとなく考えていますが、こうしたメディアのなかった当時、情報を信じることもなかなか難しかったのです。

鉢形と小田原の間で頻繁な交信がなされていたことも、この一連の史料からわかります。何日の書状がいつ着いたか、ときには時間も明示して書かれているので、鉢形から小田原までどのくらいかかったか、おおまかにつかめます。早ければ二日後、遅れても三日後には届いているようですが、とにかくスピードを要求されることなので、足の速い飛脚が何度も往復したのでしょう。

信州の中は大混乱なのに、確実な情報は外に漏れない。こうした状況はなぜ起きたのでしょうか。織田軍の来襲を察した勝頼が、とにかく北条に背後を衝《つ》かれることだけは避けようと、きびしい情報統制を敷いたということなのかもしれません。ほんとうに武田がおしまいなら、見限って当方に来る武士もいそうなものなのに。……こう氏政がぼやいているように、武田側の統制は結構うまくいっていたのではないでしょうか。結局は滅びてしまうけれども、武田勝頼は最後まで努力を怠らなかった。今のところはそう考えておきたいものです。

それからもうひとつ気になるのは、織田の動きです。氏政が書状で述べているように、織田方からの情報は、最初はまったく小田原に伝わらず、信忠軍が信濃に入り、武田の敗色が決定的になったところではじめて、信頼できる知らせが届くのです。もし信長が本気で北条の協力をあてにしていれば、もっと早くに東から攻め込めと指令を出してもよさそうなのに、武田をほぼ制圧した段になって、ようやく北条に状況を教えているわけです。これも武田方が努力して情報を止めていたからと考えることもできますが、北条にあまり頑張ってもらいたくないので、わざと通知しなかったという解釈もできます。北条が東から攻め込んで占拠すれば、その部分は北条に与えざるをえなくなるわけです。圧倒的な兵力を自負していた信長は、北条の手を借りることなく、あくまで自力で武田討伐を実現しようとしていたのではないでしょうか。そして事実そのようになり、北条は領国を増やせなかったのです。

もし氏政があれこれ心配せず、早めに見切りをつけて武田領に攻め入っていれば、歴史は変わっていたかもしれません。……まあ、このあとすぐ信長は本能寺《ほんのうじ》で討たれ、上野は北条のものになるので、そんなには違わないのかも。

第九話　殿下の御意

——和久宗是より伊達政宗への通信——

伊達政宗の危機

武田《たけだ》を滅ぼした織田信長《おだのぶなが》は、西の毛利《もうり》と北の上杉《うえすぎ》を標的に定め、順調に征討戦を進めていたが、天正《てんしょう》十年（一五八二）六月二日、京都本能寺《ほんのうじ》で明智光秀《あけちみつひで》に討たれる。毛利と上杉はこれで命拾いしたが、群雄割拠の状況に歴史があともどりしたわけではなかった。光秀をまたたくまに討伐した羽柴秀吉《はしばひでよし》は、翌十一年にはライバルの柴田勝家《しばたかついえ》を滅ぼし、十二年には徳川家康《とくがわいえやす》との争いを収め、天下人としての立場を固めた。そして天正十五年（一五八七）、秀吉は九州出兵を実行して島津《しまづ》氏を屈服させる。西は九州まで秀吉の勢威にひれ伏し、残るは北条《ほうじょう》領国とその東、つまり関東・東北一帯だけという状況になったのである。

ちょうどこの時期、遠く出羽米沢《でわよねざわ》（山形県米沢市）の地で、一人の若い武将が活躍を開始していた。独《どく》眼竜《がんりゅう》の異名で知られる伊達政宗《だてまさむね》である。天正十二年（一五八四）に十八歳で家督を継いだ彼は、山を越えて陸奥《むつ》南部の中通《なかどお》り地方を手中に収め、伊達の領国を大きく広げていった。

米沢の伊達氏は、京都から遠く離れたところにいたが、上方《かみがた》の情勢に無関心だったわけではなく、政宗の父輝宗《てるむね》も、信長や秀吉とは書状のやりとりをしていた。若くして当主になった政宗も、同じように秀吉のもとに使者を遣わし、秀吉やその家臣からも返札が届けられた。使者が京都に送られたのは天正十五年の冬だったが、これから前田利家《まえだとしいえ》・富田一白・斯波義近《しばよしちか》といった秀吉の重臣たちとのやりとりが開始される。政宗はこうした人々にも進物《しんもつ》を届け、前田や富田らは、早く上洛して秀吉に謁見するようにと繰り返し勧めている。秀吉と政宗の関係確保は、順調に形作られるやにみえた。しかし天正十七年（一五八九）になって事態は一転、政宗は窮地に陥ることになる。

図45　羽柴秀吉（大阪市立美術館所蔵）

その原因は政宗の会津《あいづ》（福島県西部）侵攻であった。中通りを押さえた政宗は、この年ついに会津攻めを決行、大勝利を収めて芦名《あしな》氏を滅ぼしてしまったのである。伊達の領国はここに至って大きく膨張し、政宗は米沢から会津に本拠を移した。おそまきながら広大な領国を持つ大名となった政宗は、前田利家や富田一白にあてて書状をしたため、会津討伐のことを報告したが、これが殿下《でんか》の逆鱗《げきりん》にふれたのである。

六月十六日づけの政宗の書状を京都で読んだ富田は、七月十三日に政宗にあてて書状をしたためている。ここでは「そもそも会津表《おもて》の儀、一戦に及ばれ、悉《ことごと》く平均に仰せ付けらるるの由、まずもって尤《もっと》もに存じ候」と、会津討伐の件を了解しながら、そのことについて越後《えちご》の上杉景勝《うえすぎかげかつ》から注進《ちゅうしん》があったこと、秀吉の朱印状《しゅいんじょう》が出されたことを伝えて、早く返事をすることが肝要であると勧め、「兎角《とかく》早々殿下様へ御入魂《じっこん》の御理然《ことわりしか》るべく存じ候」と助言している。会津の芦名氏は越後の上杉と親しく、上杉のほうから会津のことは報告がきているから注意せよ、とにかく殿下様にきちんと事情を説明することが肝要だと勧告したのである。

八日後の二十一日に出された前田利家の書状はもっと具体的である。会津討伐のことを秀吉に伝えたところ、芦名は前から自分と交信していて存知の者である、それを「私の宿意」で滅ぼしたというのはどういうことかと仰せられたので、さまざまにとりなしましたが、それでもきちんと説明する必要があるので、急いで使者を差し上《のぼ》せてほしい。この書状は秀吉の不満をより具体的に書いているが、翌二十二日づけの施薬院全宗《やくいんぜんそう》の書状（政宗あて）には「上意《じょうい》御機色然るべからず候」とはっきり書かれている。政宗の会津討伐の事実を知った秀吉は、「御機嫌」を悪くしたのである。

このとき政宗の書状を富田・前田・施薬院の三人に届けたのは、坂東屋道有《ばんどうやどうゆう》という人物であった。三人から返事を受け取った彼は、政宗の重臣である片倉小十郎景綱《かたくらこじゅうろうかげつな》にあてて書状をしたため、詳しくは良覚《りょうかく》（良覚院）が口上《こうじょう》で伝えるが、自分もそのうち下向して、こちらの様子を説明するつもりだと述べている。このとき伊達の使いとして京都にいたのは、道有と良覚の二人だったのである。

上郡山仲為と和久宗是

殿下が御機嫌を悪くしたという知らせに驚愕《きょうがく》した人物がいた。秀吉の命で奥羽《おうう》に下向し、京都に戻っていた上郡山《かみこおりやま》右近丞《うこんのじょう》仲為《なかため》である。彼はもともと南奥州の国人らしく、秀吉の命を受けて政宗のもとに赴き、上洛を勧める交渉をしていたが、その最中に会津攻めが決行されてしまう。現地にいながら政宗の独走を止められなかったということで、秀吉がお腹立ちだということを知った仲為は、木村《きむら》清《きよ》久《ひさ》・和久宗是《わくそうぜ》の両人と相談して、九月三日、浅野長吉《あさのながよし》あての五か条の覚をしたため、政宗の行動を弁明した。

図46　伊達政宗（仙台市博物館所蔵）

宛名の浅野弾正《だんじょう》少弼《しょうひつ》長吉（のちの長政）は、秀吉の近親で、諸事取り次ぎにあたっていた。木村弥《や》一《いち》右衛門《えもん》清久も秀吉の重臣であり、和久又兵衛入道宗是も秀吉の配下の一人だった。浅野と木村、そして和久宗是は、これから政宗やその家臣とのやりとりを始めることになる。

富田や前田の書状で、事態が容易でないことを悟った政宗は、早速事情を説明する書状を、重臣の遠藤下総入道《しもうさにゅうどう》（不入斎《ふにゅうさい》）に持たせて京都に届けた。その内容は秀吉に披露《ひろう》され、浅野や富田の奔走で、秀吉の機嫌もすこし良くなった。十一月十日、浅野・富田・木村の三人は政宗あての書状で状況を述べ、会津のことで秀吉が立腹している事情を理解して、幾重にも弁疏《べんそ》するのが肝要だと諭《さと》している。そして十日後の十一月二十日、浅野と木村の両人から政宗あての書状があらためて出されている。

そしてこの日、上郡山仲為と和久宗是との連名で、政宗の重臣三名（原田宗時《むねとき》・片倉景綱《かたくらかげつな》・桑折宗長《こおりむねなが》）あてに、五か条の覚《おぼえ》がしたためられた。浅野や木村といった部将クラスの書状と違い、この両人の覚書は細部にわたる具体的な内容になっている。一条目で秀吉の機嫌が少し良くなり、伊達と芦名の存分を聞いたうえで、会津の処分を決定することになったと伝え、二条目では北条が上洛しないので、これを征伐すると秀吉が言い出したという情報を記している。「ことさら御機嫌和《やわ》らぎ申し候といい、または北条に対せられ御腹立の時節、いよいよ仰せ分けられべき事肝心《かんじん》に候」。秀吉の怒りが北条に向いているいまがチャンスだから、きちんと弁明するのがよいと、二人は適切なアドバイスをしているのである。

さらに六日後の二十六日、仲為と宗是は片倉あてにまた書状を書いた。「先書に具《つぶさ》に申し上げ候といえども、憚《はばか》りながら御為《おため》を存じ、愚札《ぐさつ》を捧《ささ》げ候」。前に詳しく書いたけれども、やっぱり気がかりなのでもう一度書状を出しますと書き出したあと、北条征伐のことが決まりそうだから、とにかく急いで上洛するのが肝心だと、二人は熱心に説得する。「御進物の儀は、此方において如何様とも安《やす》かるべく候。左様の儀は、いささかも御手間を入れられべからず候」。殿下への進物なんかは、こちらでなんとかするから、気にしないでとにかく上洛してほしい。そうしないときっと後悔します。このように書き連ねただけでなく、北条征伐の日の近いことを証明するために、秀吉から北条にあてた弾劾状《だんがいじょう》の写しを帰国する遠藤不入斎に持たせた。これは北条の非を書き連ねた有名なものだが、写しといってもきちんと秀吉の朱印《しゅいん》が押されている。「御疑心《ごぎしん》なきの様にと存じ、御朱印これある事に候」。政宗が疑いを持たないように、証拠書類も念入りに作られたのである。

小田原参陣

北条あての弾劾状を政宗に届けるにあたって、浅野長吉・前田利家の両人も、あらためて書状を書いて、早く上洛するよう政宗に勧め、書状を受け取った政宗は、自身の上洛は先送りにしたが、前に京都に上ったことのある良覚を、再び上洛させた。年あけて天正十八年（一五九〇）正月二十日、木村清久は片倉景綱と原田宗時あてに書状をしたため、「殿下様の御内証《ごないしょう》」つまり秀吉の機嫌がとても良くなったので、秀吉が伊豆表《いずおもて》（静岡県東部）に出馬したら、できれば片倉か原田が御使《おつかい》として参上してほしいと述べ、二月二日に前田利家も書状を書いて、徳川や上杉などが先手《せんて》として出兵することを伝え、早く会津口から下野《しもつけ》（栃木県）に出てくるよう政宗を諭している。

京都にいた使いの良覚は、前田の書状を携えて下向したが、これに先立って、利家の家臣河島市祐《かわしまいちのすけ》重続《しげつぐ》が良覚に会い、政宗に伝えてほしいことを口頭で言い含め、前田軍の出兵の予定を書き出して手渡し、さらに遠藤不入斎あての書状をしたためて、前田軍が上野に入ったら、「慥《たしか》なる御使」を差し越してほしいと頼んでいる。

前田利家の軍が出兵したあとの二月二十一日、浅野と木村はそれぞれ政宗に書状を書き、秀吉が小田《おだ》原《わら》に着いたらすぐに出馬するよう勧めているが、この同じ日に、例の上郡山仲為と和久宗是も、片倉と原田あてに書状をしたためている。片倉あての書状の冒頭には「斎九兵留め置き、爰元《ここもと》の様体申し含め、指し下し候。来月朔日《さくじつ》御出馬《ごしゅつば》治定《じじょう》候間、その意を得られ、政宗様御馬を出されべきこと肝要に候」と書かれている。斎藤九郎兵衛という政宗の家臣が京都にいたが、仲為と宗是は、彼をしばらく留め置いて京都の状況を申し含め、書状を持たせて遣わしたのである。この書状には秀吉の出馬予定の日も書き込まれているが、追而書《おってがき》には「この方において折角肝煎《せっかくきもいり》候段、九兵存知の事に候。然るべく候様、御取合い進らせ入るべく候」と書かれている。両人がいろいろと努力していることは九郎兵衛がよく知っている、うまいぐあいにとりなすから信用してほしい。使者を留め置いて自分たちの様子を間近に見てもらうという方法で、両人は自己の存在を強くアピールしようとしたのである。

秀吉の出陣は、宗是らが伝えたとおり三月一日に決行された。東海道をゆっくり進んだ秀吉は、四月一日、ようやく箱根山《はこねやま》に至り、湯本《ゆもと》（神奈川県箱根町）に滞在ののち、石垣山《いしがきやま》（小田原市）に砦《とりで》を築いてここに陣を布いた。浅野長吉や木村清久、そして和久宗是も、秀吉に従い関東に入った。

北条征伐が実行されることを認識した政宗は、三月十五日に浅野あての書状をしたためたが、この書状はなぜか小田原に届くまで一か月もかかり、浅野が書状を披見したのは四月十九日だった。翌二十日、長吉は政宗に返事を書き、秀吉の軍勢が城を取り囲み、海にも数千の船が並んでいる様子を伝え、早く会津を秀吉に献上し、そのうえで出馬するようにと述べている。あわせて浅野は片倉景綱にも書状を書くが、ここには「よって小田原の儀、委曲《いきょく》この使見及《みおよ》ばれ候の間、具《つぶさ》に申し入れられべく候」と書かれている。政宗の使いが小田原の状況はよく見たから、詳しくお伝えするでしょう。秀吉の勢威がただものでないことを気づいてもらうためには、そのものを目で見てもらうのが一番だったのである。

同じく四月二十日、木村清久と和久宗是も連名で政宗あての書状を書き、会津を浅野が受け取ることになれば、そちらの願いも叶うかもしれないと述べ、片倉あての書状では、佐竹《さたけ》の次男（芦名義広《あしなよしひろ》）にもとどおりに返すことになれば、そちらも黙っていられないだろうが、浅野が受け取るのならば納得できるのではないか、まだ佐竹も到着していないから、だれよりも早くこちらに出馬されるのが肝心だと、熱心に諭している。

このとき浅野や木村・和久の書状を抱えて下向した使者は、先に登場した斎藤九郎兵衛だったが、このほかにも小田原に向かった家臣がいた。守屋《もりや》守柏斎《しゅはくさい》意成《いせい》・小関《おせき》重安《しげやす》の両人である。二人は浅野と直談《じきだん》するために出発し、四月二十一日に前田利家の陣に参じた。利家は上野《こうづけ》松枝《まつえだ》（群馬県松井田町）の城を攻

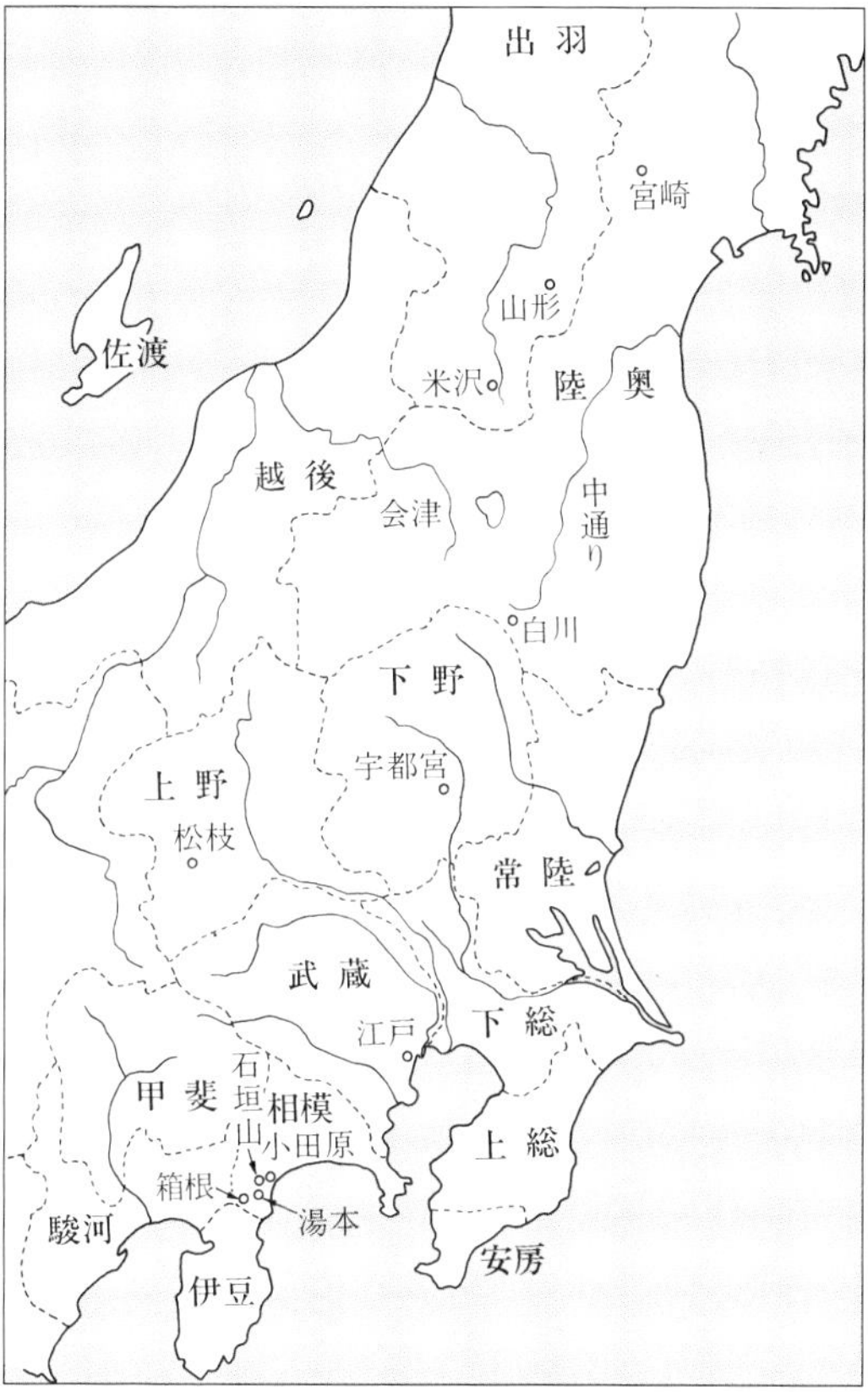

図47　第九話関連地図

囲していたが、守将の大道寺政繁《だいどうじまさしげ》がついに降参し、翌二十二日には利家とともに小田原に行くことになったので、二人もこれに同道して小田原に向け出発した。こうしたあわただしいなか、二人は二度にわたって、路次《ろじ》で見聞した状況を箇条書きで記し、政宗のもとに届けている。「小田原は見申さず候らいて、申し上げ候事、如何に候らえども、はやはや承り候分は、鬼神《きじん》なりとも、楯合《たてあ》わせ申すべく候様御座なく候と申し候」。小田原の様子を見ないのに申し上げるのもどうかと思いますが、とにかく秀吉には鬼神でもかなわないという話です。秀吉の実力を実感した二人は、とにかく早く出馬されるのが肝要だと主張する。「御上《のぼ》りが、少しも遅く候らわば、何事も違い申すべしと申され候。御やめ候事は安く候。まずまず御仕度《おしたく》候らいて然《しか》るべく候。少しも油断あるまじく候」。あとでやめることもできるから、とにかく仕度だけはしてほしいと、二人は政宗に注進したのである。

下って五月二日、政宗の使僧が上野の前田の陣に到着した。留守を預っていた河島重続は、現地の状況を詳しく記した書状（片倉・原田あて）を使僧に持たせ、早く帰って政宗に状況を伝えるよう指示した。こういう事情だから、一刻も早く参陣することが大切だ。遅れたら御前でのとりなしも難しくなるので、とにかく早くと思って使僧もすぐにお返しした。下野国の端までご出馬されたら、利家の親類衆をお迎えに遣わすから、そちらも「慥《たしか》なる近き親類中」を派遣してほしい。重続は言葉を尽くして政宗の出馬を求めたのである。

ここに至って政宗も、小田原に参陣せねばいかんともしがたいことを認識した。秀吉の実力はなかなか実感できなかったし、あの北条が簡単に滅ぶとも思えなかったが、つぎつぎに到来する書状を前にして、さすがに決断せざるをえなかったのである。会津を出発した政宗は、六月五日に小田原に到着し、九日巳《み》の刻（午前十時）、秀吉に拝謁《はいえつ》、十日の朝には茶の湯の席に招かれ、天下に三つとない名刀を賜った。会津は召し上げられたものの、奥州と出羽の仕置《しお》きを命じられ、政宗はその家を残すことに成功したのである。

殿下の御意のままに

とりあえず滅亡を免れた政宗は、まもなく会津に戻り、奥羽仕置きの準備を始めたが、その後小田原にあって状況を政宗に伝えたのは、何度も登場した和久宗是であった。七月一日、宗是は斯波義近《しばよしちか》が北条氏政父子の助命を願ったため秀吉の怒りを蒙《こうむ》ったことなどを伝えているが、この書状で上郡山仲為のことにふれ、とにかくこの人物は「御忠節」の仁《じん》なので目にかけてほしいと頼んでいる。長い間辛苦をともにした宗是と仲為は、このころには深い信頼関係で結ばれていた。

小田原城は七月五日に開城するが、その以前から秀吉の奥州下向の準備は始められていた。七月三日、小田原から会津に至る道中の普請《ふしん》にかかわる法度《はっと》が作られ、五人の道作奉行《みちつくりぶぎょう》が任命されたが、和久宗是は同じ日にこの法度（朱印状）の写しを作って政宗に届けた。続いて浅野長吉が五人の奉行の派遣を政宗に伝え、木村清久も政宗のために尽力することを誓約している。

このころ政宗は秀吉の命令に従って会津から米沢に戻り、七月十六日には五人の奉行が会津に到着した。その後、政宗は秀吉を迎えるため出発し、二十八日に宇都宮《うつのみや》（栃木県宇都宮市）で秀吉と対面した。会津の件も解決して、政宗の立場も安定したかにみえたが、この直後に事件が起きる。八月六日に白川《しらかわ》（福島県白河市）に入った秀吉が突然怒り出したのである。

秀吉が立腹されたという知らせは、その日のうちに和久宗是の書状で政宗に送られている。

今日六日、白川における御前の様子、すでに御身上もあい果て、木弥一右首を刎《は》ねられべき分に候らいつる。浅弾をも御座敷《おざしき》を引き立てられ、迷惑申され候らいき。その趣、つぶさに守柏・旧拙両人に申し候間、定めて申し入れられべく候。そもそも下劣《げれつ》のたとえに、臭きものに蓋《ふた》をし候ようなる御才覚は、毛頭《もうとう》あるまじく候。その故は、差す敵とも候らいて、その所に案内者《あないしゃ》これある物にて候。御油断候らいては然るべからず候。兎角《とかく》殿下様へ打ち任せられ、如何様の事なりとも、御意次第と仰せ上げられ候らわば、御身上もなおもって珍重たるべく候。御訴訟がましき事、仰せ上げられ候らいては、かえって御為になり候まじく候。その御分別肝要に候。かえすがえす、政宗の御事に候間、右の御機嫌もやがて直り申し、御進上の御肴酒《ごこうしゅ》をも、すなわちそれぞれに下され、御気色《みけしき》も良くなり候間、少しも御気遣《おきづかい》あるべからず候。守柏時宜《じぎ》見られ候間、御意を得られべく候。恐惶敬白《きょうこうけいびゃく》。

八月六日　　　　和久又兵衛入道

宗是（花押）

政宗様

参る人々御中

◇今日六日の白川での、御前の様子ですが、あなたの御身上も果て、木村弥一右衛門は首を刎ねられそうなありさまで、浅野弾正も御座敷を追い出され、困り果てています。そのことは守柏斎と旧拙斎の両人に申しましたので、きっと報告があるでしょう。下劣のたとえですが、臭いものに蓋をす

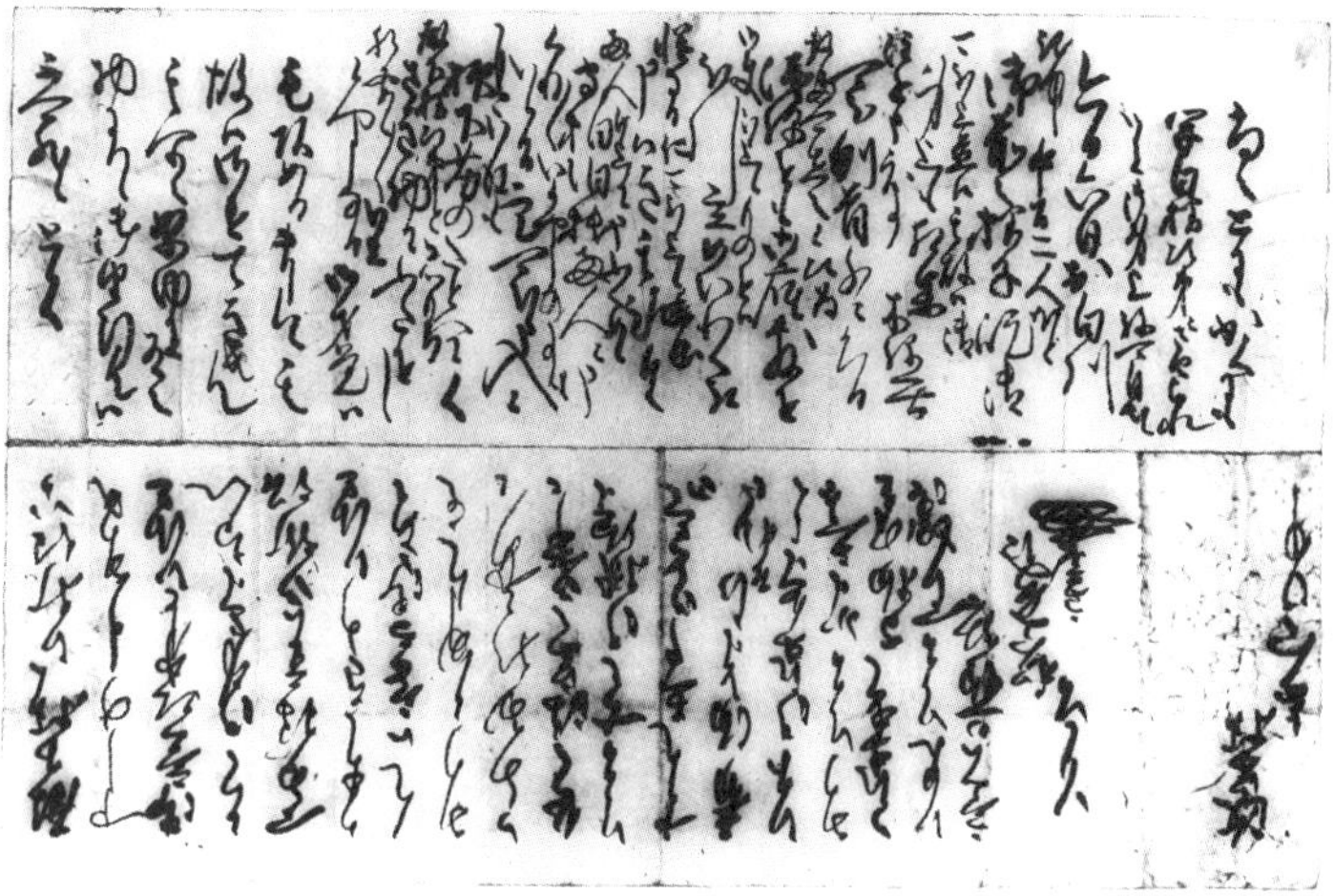

図 48　和久宗是書状（「伊達家文書」仙台市博物館所蔵）
秀吉の立腹を伝える書状．「折紙」形式で，追而書は途中から行間に書き込まれている．

るようなことをしてはいけません。あなたを陥れようとする人に、事情を知らせる族《やから》もいるのですから、油断なさってはいけません。とにかく殿下様に打ち任せられ、どんなことでも御意次第にと仰せ上げられれば、御身上も安泰です。訴訟がましいことを仰せ上げられては、かえって為になりません。このように分別されることが肝要です。ただ信頼している政宗のことなので、御機嫌も早めに直り、御進上の御肴酒も皆々に下され、御気色も良くなりましたから、少しも心配はいりません。守柏が状況をよく見知っているので、どうかご理解ください。

なにが秀吉の気にさわったのかはわからないが、伊達政宗が何事かを望み、それを白川で木村と浅野が秀吉に申し上げたところ、その怒りにふれたということであろう。このとき小田原参陣をしなかった多くの領主が所領を没収されており、政宗の縁者だった白川義親《しらかわよしちか》や石川昭光《いしかわあきみつ》も、秀吉に従ったにもかかわらず、こうした憂き目をみている。こうした処置を考え直してほしいといったことを政宗は訴えたのではなかろうか。しかしこれが殿下《でんか》の逆鱗《げきりん》にふれたのである。

それにしても和久宗是の書状は心がこもっている。いろいろ言わず、とにかく殿下の御意のままにされるのが肝心だと、言葉を尽くして述べているのである。最後まで書き終えた宗是は、また心配になって次のような追而書をしたためた。

なおなお、兎《と》にも角《かく》にも、関白様次第にさせられ候らわば、御身上いよいよ目出《めで》たかるべく候。なかんずく、中間《ちゅうげん》二人ほど上《のぼ》せ置かれべく候。その故は、御注進申したき事、数多《あまた》これあるべく候。ついで御使《おつかい》として上せられ候ものをば、慥《たしか》なる仁《じん》上せられべく候。委曲《いきょく》両人口上《こうじょう》に申し含め候。くれぐれ如何様の事も、自今《じこん》以後も、殿下様次第と、御心持ち肝要に候〳〵。以上。

とにかく秀吉の御意次第にしていれば、身上も安泰だと繰り返したあと、注進したいことがたくさんあるので、中間を二人ほど送ってほしい、御使として上る人物には「慥なる仁」を選んでほしいと、宗是は政宗に頼んでいる。秀吉とその周囲の状況を逐一報告し、政宗の善処を求めることこそ自分の使命だと、彼は考えていたのである。

殿下は政宗贔屓

宗是の書状の後半に見えるように、秀吉の怒りは早めに収まったらしく、木村や浅野が処分された形跡もない。この一件は大事に至らずに済み、奥羽仕置《おううしおき》は着々と進められた。会津は蒲生氏郷《がもううじさと》に与えられ、政宗は大崎《おおさき》氏・葛西《かさい》氏の領国を接収するために米沢を出発した。秀吉はまもなく京都に帰るが、政宗は氏郷とともに両氏の所領を収め、さらに九月には浅野長吉とともに北に進み、九戸政実《くのへまさざね》を攻め降した。十月になると大崎・葛西の遺臣《いしん》たちが一揆《いっき》を起こし、政宗はその鎮圧にあたることとなった。十一月、政宗は蒲生氏郷とともに一揆方の城を攻めるが、その過程で氏郷とたびたび書状を交わし、二十八日には起請文《きしょうもん》を交換して、互いに別心のないことを誓っている。

ところが実をいうとこの四日前、十一月二十四日に、蒲生氏郷は政宗に異心ありとの注進状を上方に発していた。そんなことは露知《つゆし》らず、政宗は起請文をしたためたわけだが、やがて上方であらぬ「雑説《ぞうせつ》」が取り沙汰されていることを知ることになる。政宗は新たな危機に直面したのである。

このときも政宗の身上をことさら心配したのは、例の和久宗是であった。当時政宗の内室が人質として大坂に出ており、三人の家臣が付け置かれていたが、宗是は彼らと相談して、早速に政宗あての三か条の書状をしたためた。

その表において政宗別心の様に、羽柴忠三より御注進候ところ、関白様御諚《ごじょう》には、政宗に限り敵心は仕《つかまつ》るまじく候。その故《ゆえ》は、小田原の城あい拘《かか》え候時、御敵申さず、かえって参陣せしめ、そのうえ会津をはじめとして城々あい渡し、忠節のところに、小田原あい果て、そもそも一揆と一味《いちみ》候らいて、逆心など仕るべき、うつけたる者にてこれなき由、一段御褒《おほ》めなされ候事、大形《おおかた》に非ず候。まことに妻子上げ置き候間、なかなか表裏《ひょうり》はあるまじき由、御諚の事に候。まことに政宗御親《おんおや》と申し候らいても、かように仰せられ候事あるまじく候。とかくかようの雑説も、会津牢人《ろうにん》申し出《いだ》すかと存ずる事に候。そのうえ先書に申し入れ候ごとく、道に人を立て置かれ候様に御注進これなきゆえに、かくの如く申し乱す事に候。

◇そちらのほう（奥州）で、政宗が別心を抱いていると、羽柴忠三郎（蒲生氏郷）から御注進があったところ、関白様は「政宗に限って敵対の心はなかろう。なぜなら、小田原城を攻めたときも敵にならず、かえって参陣したし、そのうえ会津をはじめとして、城々をこちらに渡し、忠節を励んでいるのに、小田原も滅亡の段になって、一揆と一味して逆心を企てるようなうつけものではない」と、たいそうお褒めになられ、「妻子を上げ置いているのだから、裏切ることはなかろう」と、きちんとお示しになりました。ほんとうに親であってもこのように仰せられることはないと思います。このような雑説も、会津牢人が言いふらしているのでしょう。それから、前にも言いましたが、道に人を立て置くように、頻繁な御注進がなかったので、このように讒言《ざんげん》されるのです。

氏郷からの注進にもかかわらず、関白様（秀吉）は政宗を信頼している。秀吉の発言を示しながら、宗是はこのことを伝え、二条目で「慥なる仁体早々御上せ候らいて、仰せ分けられ然るべく候」と、確かな人物を早く参上させるよう勧め、三条目の最後は「かえすがえす、色々支え申し候らえども、殿下様少しも御同心なく候。別心御座なく候らわば、くれぐれ早々、慥なる人、昼夜の堺これなきように、急々《きゅうきゅう》仰せ付けられ、御上りあるべく候」と結んでいる。いろいろ言う人がいるが、「殿下様」は政宗の味方だ。だから心配せずに使いを派遣して陳弁しなさいと、宗是は熱心に書き綴ったのである。

秘密の書状

ところで蒲生氏郷は、例の注進状を出したわずか二日後に、二通目の注進状を作り、上方に送っている。ここには政宗に異心ありという話は証拠がないといった内容が書かれてあった。前後が一貫しない注進状を送って世間を騒がせた氏郷の行動に秀吉も腹を立て、政宗の立場は少し良くなった。十二月二十六日、和久宗是はまた政宗に五か条の書状を書いてこうした事情を説明し、政宗は殿下の覚えも良いので、早く上洛して潔白を言上するよう勧めているが、このとき宗是はこれとは別にもう一通の書状をしたためた。これは十四か条に及ぶ、きわめて大部のものだが、その一か条目には次のように書かれていた。

大崎《おおさき》表《おもて》より御注進状の写、これを進《まい》らせ候。御分別のためかくの如く候。さりながら、かように写これを進らせ候事、万一人も知り、爰元《ここもと》へ洩《も》れ聞こえ候らえば、我々身上あい果つる事に候。其《そこ》元《もと》においても、浅弾少へ構《かま》えて構えて仰せられ候まじく候。いかにも御隠密《おんみつ》肝要に候〳〵。

「大崎表より御注進状」とは、二度にわたる氏郷の注進状であろうが、和久宗是は政宗を納得させるために、その写しを作って届けたのである。ただここに明記されているように、これはきわめて危険な秘密の行為だった。こんなことをしたことが人に知られ、上方に伝えられたら、自分の身上が危ない。だからそちらでも、浅野には決して言わないで、隠密にしていてほしい。秀吉の許可なくこうした行為をすることは、発覚すればたいへんなことだったが、事態の収拾のために彼は危険を厭《いと》わず写しを送り届けたのである。

二条目以降は政宗に別心ありとの説についての記述が並ぶ。在京している女性は政宗のほんとうの内室ではないとか、いろいろ金がかかって、このままでは立ち行かないので、敵対しようとしているのだといった、さまざまな風説を列記しているが、政宗の内室が偽者だということについては、たとえそうだったとしても、政宗の人質として来ているのだから同じことだと、秀吉が明言していることを、宗是はきちんと伝えている。

ただ十四の箇条がすべてこの調子ではない。政宗を信頼しながら、それでもこうした雑説が飛び交った責任は政宗にもあると、宗是はこのなかで書いている。

今度御出陣候らいて、一度も政宗より人御上せなきの由、執《と》り沙汰《ざた》候。これは先書に具に申し候ごとく、路次中人の橋をも掛け置かれ候様に、これあるべきところに、御越度《おつと》、是非に及ばず候。切々《せつせつ》御注進候らえば、いかに雑説申し候とも、なおもって殿下様御同心あるまじく候間、おのずから御前にても悪しき執り沙汰あるまじく候に、かえすがえす、人御上せなく候事、御越度に候。其方にてはいかにも御辛労させられ、御忠節候とも、時々に御注進なく候らわば、無になり申すべく候。遠き所にて候らえば、御前にて悪しく御取り成し候らいて、自然《しぜん》それを誠にさせられ、御機嫌悪しくなり候らいては、申し返す事成り候まじく候。一大事の儀と、専要《せんよう》は切々御注進させられ候事肝要に候。

前の書状にも書いたが、奥州に出陣してから、一度も人を上方に越さなかったのは、はっきりいってあなたのミスだ。ちゃんと注進していれば、たとえ雑説があっても、殿下様は信用されないだろうと思い、御前であなたの非を申す者もいなかったはずだ。そちらでどんなにがんばっても、こまめに連絡されなければ、せっかくの努力が水の泡だ。遠く離れているので、もし秀吉が讒言をまにうけて、機嫌を悪くしたら取り返しがつかない。このようにかつての政宗の非を責めたのち、殿下の機嫌が良い、いまがチャンスだから、とにかく早く上洛してほしいと、宗是は訴えかける。

此度《このたび》御上洛の事、御進物にも御取合い候まじく候。その故は、今度大崎表にて、随分精を入れ忠節致し候ところに、かえって何とやらん雑説申し候由承り候間、それを仰せ分けられべきため御上洛の由、仰せられ候らえば、何よりの御上洛進物にて候。そのうえ御身上もいよいよ良く済まし申すべく候。たとい金銀山ほど御積み候らいて御進上候とも、御上洛遅々申し、御前悪しくなり候らいては、万事入らざる事に候。かように詳しく申し入れ候事、兎角政宗遅く御上洛候らわば、また雑説出来《しゅったい》申すべきと存じ、かくのごとく候。御供の衆も大勢《おおぜい》は御無用に候。とりあえず無人にて御上洛然るべく候。御進物の事も、この方にて御馳走《ごちそう》申す衆これあるべく候。御心安《やす》かるべく候。

このたびの上洛については、御進物を調える必要もありません。大崎表でがんばったのに、不思議な雑説を立てられたので、釈明のために急いで上洛しましたと仰せられれば、それがなによりの進物です。たとえ金銀を山ほど積まれても、上洛が遅れて殿下の機嫌が悪くなっては万事休すです。御供衆も連れず、無人でよいから、上洛してください。御進物などはこちらでなんとかしてくれる人もいるはずです。政宗が意を決して上洛してくれるように、宗是は気配りのきいた懇切な書状を書き綴ったのである。

うしろのほうの一条には「この書中、人に御見せ候まじく候。面向きの状をばまたこれを進らせ候間、浅弾へも御見せ候らいて、御談合成されべく候」と書かれている。最初に注進状の写しを送ったことは内密にと書いた宗是だったが、考えてみればこの書状自体が人に見られても困るので、このように念を押したのである。ここに見える「面向きの状」とは、同日に書かれたもう一通の書状（先に見た五か条の書状）だが、こちらのほうは浅野に見せて、彼と相談してほしいと書いている。同日づけで面向きの状と隠密の状が作られ、ともに政宗のもとに届けられたわけで、政宗はこのうち後者は隠し置き、前者だけを浅野に見せたのである。

浅野長吉と和久宗是

和久宗是の熱心な書状に接し、さすがの政宗も決断せざるをえなかった。年あけて天正十九年（一五九一）正月、政宗は宗是から来た書状（もちろん「面向きの状」のほう）を浅野長吉に届け、さらに正月晦《みそ》日《か》に上方に向けて出発するという予定を伝えた。正月二十六日、知らせを受けた浅野は政宗に書状をしたためているが、この追而書には「なおなお、宗是よりの書状披見候、以上」と書かれている。宗是の指示どおり、政宗がその書状を浅野に見せたことが、この記載から知られるが、もう一通の秘密の書状があることなど、浅野は知る由もなかったのである。

二月四日に京都に入った政宗は、秀吉に拝謁ののち、会津近辺の五郡を進上するかわりに、大崎・葛西の遺領をまとめて賜わることになった。せっかく手に入れた会津とその周辺は失ったが、東方の広い領地を新たに獲得することに成功したのである。安堵《あんど》した政宗は、二月九日、浅野長吉あてに書状で報告をしている。

考えてみればこの一連の流れのなかで、一貫して秀吉と政宗の間をとりもってくれたのは浅野長吉だった。和久宗是と同じく、浅野も政宗の仲介役だという自覚を持ち、かなりの努力をしていた。宗是のもののように丁寧な文面ではないが、長吉もこまめに政宗あての書状を書き、情報をきちんと伝えていたのである。

やがて大崎・葛西の残党と、九戸政実の反乱を鎮圧するために、徳川家康と羽柴秀次《ひでつぐ》が大将として派遣され、政宗や氏郷も軍勢を出した。六月二十五日、政宗は敵方の拠点である宮崎《みやざき》城（宮城県宮崎町）を陥れ、討ち取った首を京都に送るが、これを見た秀吉はたいそう機嫌を良くし、政宗あての朱印状を発した。浅野長吉はこれを受け取り、八月三日に政宗あての書状を書くが、そこには「去る御出陣の砌、拙者《せつしや》異見申し、かくのごとく御感、我等一身の大慶《たいけい》、これに過ぐべからず候」と書かれている。こんどの出陣について、自分が意見したとおりに行動してもらい、その結果として秀吉の御感を得たことを、自分もたいへん嬉しく思っていると、長吉は言っているわけだが、このあたりの事情はこの書状の追而書の記載からもっとよくわかる。

なおなお、宗是方より、御出陣無用と申し越され候らいつる。我等御働き成され候らえと異見申し候ところ、かくのごとく上様御感、拙者一入大慶《ひとしおたいけい》、これに過ぎず候。是をもって、人のむさとしたる事申し候とも、一切実儀とは思し召すまじく候。今までは我等申し候儀、相違仕りたる事は御座なしと存じ候。

◇なおなお、宗是のほうから、御出陣は無用だと申し越されたということですが、私がきちんと出陣して戦功をあげてくださいと意見を申しましたところ、そのとおりになされ、その結果としてこのように上様の御感に預かることになりました。私としてもこれほど嬉しいことはありません。これでおわかりでしょうが、人がもっともらしいことを言っても、決してほんとうだとはお考えにならないでください。いままでのところ私が申したことで、間違ったことはないと確信しています。

長吉は和久宗是の存在を気にしていたのである。宗是が「御出陣は無用」と言ったのに、私の意見どおり戦功をあげたら、殿下は喜ばれたではないか。自分の言うとおりに政宗が行動し秀吉のお褒めに預った。浅野長吉にとってこれは自身の力量を保障する、まことにめでたい事件であった。和久宗是もあれこれと奔走してきたが、彼の言うことは信用しないほうがよいと、浅野はここで明言している。そういえば和久宗是のほうも、隠密の書状のほうは絶対に浅野に見せるなと念を押していた。これは自分の行動が露顕《ろけん》したらたいへんだという理由だけでなく、浅野に知れたらどうなるかわからないという危惧《きぐ》によるものではあるまいか。政宗への情報伝達という役割をめぐって、浅野長吉と和久宗是はともに奔走を続けてきたが、実をいうと二人の間柄は険悪だったのである。

浅野長吉と和久宗是が、あれほどまでに政宗との関係確保を重視し、書状を出し続けたのはなぜか。浅野は秀吉の近親であり、ひとかどの部将として登用されていた。和久宗是についてはどういう人物か定かでないが、秀吉のそば近く仕え、またその侍女であった孝蔵主《こうぞうす》とも親しかったことが知られる（孝蔵主から政宗あての書状は、とりあえず宗是あてに届けられていた）。秀吉という独裁者を仰ぎながら、自らの政治的立場を固めようと、二人とも必死だったのだろうが、新たに政権とかかわりを持つに至った伊達政宗という存在は、彼らにとっても頼りになるものと判断されたのではあるまいか。そして、特に伊達にターゲットをしぼって努力した二人は、必然的にライバル関係になってしまったのである。

ただ残された書状を読む限り、浅野のものは儀礼的で、和久宗是のものは懇切極まりない。遠方から事細かに情報を伝えてくれた宗是のことを、政宗はやはりありがたく思っていたことであろう。長吉と政宗の関係は複雑で、朝鮮において起きたもめごとから二人は絶交してしまうが、秀吉のもとでそれほど出世できなかった和久宗是は、やがて政宗のもとに身を寄せ、その家臣に加えられる。大坂の陣のとき、八十一歳に達していた宗是は、秀吉の恩に報いるためか、伊達軍から離れて城方に加わり戦死を遂げるが、その子の宗友《そうゆう》は生き延び、すぐに政宗に召し抱えられた。宗是の努力は自身の出世には結びつかなかったが、これがもとでその子孫は伊達の家臣という立場を得たのである。

著者のコメント

会津を討って戦国大名の仲間入りした伊達政宗が、いわゆる「惣無事令《そうぶじれい》」違反だといわれて窮地に陥り、勇気を奮《ふる》って小田原に参陣、なんとか家名を守り、その後の蒲生の讒言にも、自身上洛して陳弁したという、わりあいよく知られている話が、この第九話のベースです。ただもちろんこの話の主役は伊達政宗ではありません。秀吉の天下統一という激動のなかで、政宗の出処進退に気を配り、こまめに書状を送り届けていた数多くの人々こそ、ここでのメーンキャストです。秀吉の部将だった前田利家・浅野長吉・木村清久・富田一白・斯波義近、秀吉に仕えていたらしい和久宗是と上郡山仲為、前田の重臣の河島重続といったところが、秀吉サイドの人々で、伊達の側では使者として派遣された守屋意成と小関重安が書状を送っています。また書状は残りませんが、同じく伊達の使者をつとめた坂東屋道有・遠藤不入斎・良覚院・斎藤九郎兵衛なども情報を政宗に届けていました。この数年間の政宗の政治行動を決定したのは、無数に送り届けられる書状や、使者の口上によってもたらされる、秀吉とその周辺にかかわる情報だったのです。

これだけの人々がくりひろげた情報伝達のありさまを、全面的に再現するのはたいへんですし、そんなことをしても話がこんがらがってしまうので、ここでは和久宗是という人物にとくに光をあてることにしました。ほかの部将たちのように有名でなく、その立場もよくわからない人ですが、その書状はこまごまと気配りのきいたものです。浅野をはじめとする部将たちの書状が、どうしても短く儀礼的になるのに対して、彼の書状はとにかく懇切極まりないものだったのです。

それにしても、上方から会津や米沢まで書状が届けられるためには、かなりの日数がかかったわけで、政宗は半月も前の状況しか手にできないというのが実情でした。それでもひっきりなしに届けられる書状によって、秀吉とその周辺の様子を把握することができ、それをもとに適切な行動をしたために、伊達家は滅亡を免れたのです。考えてみれば北条討伐のとき、情勢を静観して参陣しなかった多くの領主はみな所領没収の憂き目をみたわけで、伊達政宗が大名として残ったのは奇跡的ともいえます。これも政宗の実力に期待した秀吉の政策によるのだ、と考えることもできますが、やはり秀吉の様子、とくに秀吉が政宗を贔屓しているという情報を送り続けた人々の努力によって、政宗は命拾いをしたといえるのではないでしょうか。正確な情報をどれだけつかむかが、大名たちの運命を決定づけたのです。

それにしてもこの一連の事態のなかで、秀吉の家臣たちが「殿下の御機嫌」という一事に恐ろしく敏感になっていることには興味をひかれます。秀吉の機嫌が良くなったり悪くなったりすること自体は、それほど不思議ではありませんが、こうしたことが書状の文面にこれだけ現われるというのはただごとではありません。浅野や木村、和久宗是といった秀吉の近臣にとって、「殿下の御機嫌」こそが最大の関心事で、またそのことは、政宗の出処進退を決める場合の最も重要な情報だったのです。秀吉の機嫌の良いうちに政宗が出てくれれば事はうまくいくだろうが、時間がたって機嫌を悪くしてしまってからでは手後れだ。こうした認識は彼らに共通したものでした。

そして政宗にとっても、秀吉が自分のことを信頼してくれているという知らせこそ、なによりの支えだったと思われます。まわりの人があれこれ言っても、殿下様は政宗を信用している。和久宗是から届けられたこの情報を信じて彼は動いたのです。

エピローグ

戦国時代の情報と通信

ここまで九話にわたって具体的なトピックを紹介してきたが、ここで戦国時代の通信や情報伝達のありようについて、とりあえずのまとめをしてみたい。いままでの話のなかで出てきた問題がほとんどであるが、考察の素材としては、九つの話ではとりあげられなかったさまざまな史料を活用することとしたい。

とはいっても、この研究テーマがこれまでほとんど注目されてこなかったというわけではない。一九四三年に刊行された新城常三『戦国時代の交通』(畝傍書房)は、戦国から織豊期に至る時代の交通の状況と、戦国大名や信長・秀吉の交通政策などを包括的に論じた大著であるが、交通にかかわる議論とともに、当時の情報伝達の状況についても言及され、多くの事例が紹介されている。これから述べることがらのうちにも、新城氏の研究と重なる部分が多いことを、あらかじめお断りしておきたい。

一　メッセンジャー　――使者と飛脚――

使者

一般にコミュニケーションは送り手と受け手によってなされるが、面と向かった対話の場合を除けば、両者の間には、情報を伝達する人（メッセンジャー）と、情報伝達を司る装置（メディア）が存在する。戦国時代の通信のありようを考えるにあたって、まずはこのメッセンジャーに注目してみよう。

これまで見てきたトピックからわかるように、戦国時代のメッセンジャーの主役は「使者」と「飛脚《ひきゃく》」である。史料の文面に「使者」「使《つかい》」と見えるのが使者で、「飛脚」「脚力《きゃくりき》」とあるのが飛脚と、とりあえずは定義できよう。使者と飛脚をどう区別するかということ自体大きな問題だが、そうした検討はあとに回し、とりあえず「使者」について考えてみることにしたい。

随所で見てきたように、戦国大名をはじめとする権力者相互の間の通信において使者として派遣されるのは、基本的にはその権力に仕える者、戦国大名の場合はその家臣であった。第一話に登場した榎並《えなみ》三郎左衛門《さぶろうざえもん》・榎並下総入道《しもうさにゅうどう》・安本彦左衛門《やすもとひこざえもん》（いずれも畠山卜山《はたけやまぼくざん》の使い）、第二話の岩堀《いわぼり》（北条氏綱《ほうじょううじつな》の使い）などがこれにあたる。また大名などに信任された僧侶が使者をつとめることも多く、こうした人は「使僧《しそう》」とよばれる。将軍暗殺の真相を質すために上杉輝虎《てるとら》が朝倉に派遣した「使僧」（第五話）をはじめとして、使僧の活躍の様子はいままで紹介したストーリーのなかにも各所に見られる。

使者はこのように大名や領主に仕える人々が、主人の命令を受けて担っていたわけだが、毛利《もうり》家の場合は、使いの仕事が毛利家家臣の「役《やく》」として認識されていたことが史料に見える。よく知られているように、毛利元就《もとなり》は天文《てんぶん》十九年（一五五〇）に重臣の井上元兼《いのうえもとかね》とその一族を誅伐《ちゆうばつ》するが、その直後に作成された元兼の罪状書のなかに次のような記事がある。

一、元就儀をあい伺わず、隠居《いんきょ》と号し、陣立《じんだて》・供使《ともつかい》以下、一円つかまつらず候事。あまつさえ給地《きゆうち》をば子孫には譲り渡し候らわで、悉皆《しつかい》申し付け、公儀《こうぎ》ばかりを隠居と称し、奉公つかまつらず候事。

実際には所領をすべて支配しているのに、表向きには隠居したといって、「陣立・供使以下」をまったくつとめない。これが井上元兼の罪状のひとつに挙げられているわけだが、ここで「陣立」と並んで「供使」が書かれていることは注目すべきである。「陣立」というのは合戦のとき軍勢を率いて参加することで、いわゆる「軍役」にあたると思われるが、一方の「供使」は主人の命令を受けてお供や使いをすることであろう。軍役はもちろん家臣の最も重要な「役」（義務）であるが、「使者」をつとめることもこれと同じく扱われるような、家臣に課された大事な「役」だったのである。井上元兼はこの重要な「役」を長年サボタージュしていたわけで、そのことも理由で誅伐されてしまうのである。

この罪状書の日付は八月四日であるが、少し前の七月二十日、福原貞俊《ふくはらさだとし》を筆頭とする毛利の家臣たちは、連名の起請文《きしょうもん》で十八か条にわたるとり決めを行っている。その最後の二か条には次のように見える。

一、内々御動《おはたらき》の用意候らいて、仰せ懸《か》けられ候らわば、すなわち罷《まか》り出《い》づべきの事。
一、御使《おつかい》の時、同前の事。

元就父子から出陣命令が出されたら、すぐに参陣すること、「御使」の命令が出されたときも、同じくすぐに出頭すること。この二つを並べて家臣たちは誓約しているわけで、「御使」が軍役と並ぶ奉公だったことが、これからもわかる。

使者の有能さとは

ところで、毛利家に残された数多い文書のなかには、「使者」についての面白い記述を含むものがかなりある。まず次の文書を紹介したい。

また平賀《ひらが》・木梨《きなし》は、申し候ごとく、隆景同前に、はや三山《みやま》にあるべく候間、彼《か》の表《おもて》へ、軽々《かるがる》と御使者一人遣わさるべく候。いかにも足速《あしばや》の衆《しゅう》ならではにて候〳〵。
一、神辺《かんなべ》外郡衆へは、一人遣わさるべく候。これはちとちと物をも申し分け、げにげにしく候らいずる衆にてありたく候〳〵。神辺外郡衆馳走《ちそう》候らわば、一方の勢数にてあるべく候〳〵。よくよく馳走候らいて、早々明日仰せ遣わされ候らわではにて候〳〵。この御使肝心に候〳〵。勢数たるべく候〳〵。

これは毛利元就から長男の隆元《たかもと》にあてた自筆の書状であるが、例によって月日が書かれていない（第七話参照）。冒頭から「また……」と書かれているから、この前にもう一通書状を書いていて、これはその追仲にあたるものであろう。ここでは三山（岡山県美星町）方面と神辺（広島県神辺町）外郡衆への使者派遣にあたっての指示が見えるが、その内容は次のようなものである。

◇平賀と木梨は、もう隆景《たかかげ》（小早川《こばやかわ》）といっしょに三山にいるだろうから、そちらの方面に「軽々と」使者を一人遣わせ。この使者は「足速の衆」でなくてはならぬ。
神辺外郡衆へは使者一人を遣わせ。こちらはちょっと物を弁《わきま》えて、「げにげにし」い者を派遣せよ。あの衆が味方になれば、かなりまとまった軍勢になる。なんとかがんばって、明日にでも使者を遣わせ。この使者の仕事が肝心だ。大軍を味方にできるかどうか、これにかかっている。

有能な使者には二つのパターンがあった。足の速い者と、理解力や交渉能力のある者である。そしてとにかく早く情報を伝えなければならない場合は前者を使い、具体的な交渉が必要な場合は後者を登用せよと、元就は隆元に指示しているのである。

第一話で登場した榎並や安本、第二話の岩堀などは、このうちの後者、すなわち交渉能力に富む使者の例として位置づけられよう。大きな勢力を味方に誘い、援軍派遣を依頼するといった重大な使命は、かなりの手腕を持つ人物でないとつとまらなかったのである。

ただこうした有能な使者は、多数いたわけではなく、各所に派遣するとすぐに払底《ふってい》してしまうという問題点を含んでいた。このことは第一話でもふれたが、毛利家でも事情は同じだったとみえ、とくに有能な使いと、そうでない「並の使い」を使い分けるという手段を用いている。

雲州《うんしゅう》へは此度公事あるまじく候。ただただ礼儀ばかりにて候の間、永興《えいこう》までも候らわず候。彼の仁は御嗜《たしな》み候らいて、何方へなりともやられ候べく候間、まず雲へは別人然るべく候。誰々にてあるべく候や。下衆《しもしゅう》などにて候とも、唯今よりよばれ候らわば、頓《やが》て上るべく候や。また備後・当国の間にもあるべく候や。

◇出雲《いずも》（尼子家《あまこ》）へは、このたびはさしたるもめごとはなく、ただ礼儀ばかりであるので、永興（永興寺）を派遣するまでもない。彼の仁は嗜み深くして、どこへでも使者に立てるので、出雲への使いは別人でよい。誰がよいだろう。下衆などであっても、いまから呼んだら急いで来てくれるだろうか。それとも備後と当国（安芸）の間あたりで誰かいないだろうか。

これは毛利元就が隆元にあてた書状の一部で、出雲（島根県）の尼子への使者の選定にかかわる内容である。このときはたいした問題が起きそうになく、ただ礼儀のための使者派遣であるから、永興寺を遣わすこともないので、誰か別人を考えろと指示している。永興寺という使僧がとびぬけて有能だったので、これを無駄使いしないようにと元就は考えたわけだが、いざ別人をということになると、適任者はすぐには思いつかなかった。外交使節を難なく果たせる人物はそう多くはいなかったのである。

有能な使者のもうひとつのパターン、つまり「足の速い者」についてもいくらか史料がある。

下口の事、神田・松山への普請《ふしん》を、まず香春へ仰せ付けられ候らいて然るべきの由、才新申し候。これまた左ありそうに候。しかる間、渡宗所へこの儀を早々仰せ遣わされたく候。いかにもいかにも軽々としたる使一人、入り申すべく候。これも急ぎ候らわではの事に候の間、内々御案あり、仰せ付けらるべきために候〳〵。……

これも元就から隆元にあてた自筆の書状だが、普請の件についての「才新」（財満新右衛門《さいましんえもん》）の意見を、「渡宗」（渡辺宗兵衛《わたなべそうべえ》）のところに緊急に伝達する必要があるので、「いかにもいかにも軽々としたる使」を用立ててほしいと指示している。とにかく早く用件を伝えるためには、足の速い人物を選ばねばならなかったのである。

あとで詳しく検討する「飛脚」も、足が速いという特技の持ち主であり「足の速い使者」と「飛脚」の区別はなかなかつけにくい。実際、北条氏関係の史料には、この両者を合体したような「飛脚使」という用法が見える。次のプロットで紹介する中村平四郎《なかむらへいしろう》や石巻伊賀守《いしまきいがのかみ》は、「飛脚使」をつとめたことを理由に恩賞を与えられており、この用法から見て、彼らがそれなりに足の速い、有能な使者だったことがうかがえる。ただ中村や石巻は普通の「飛脚」ではなく、れっきとした北条氏の家臣なので、この「飛脚使」も「使者」に含まれるとみてよかろう。

使者の危険性とその補償

このように交渉能力があったり、足が速かったりする家臣、あるいは僧侶などが、この時代には使者として起用され、活躍していたわけである。ただ多くの大名や国人たちが対立関係にあり、相手方の情報伝達の中身をキャッチしようと皆が躍起《やっき》になっていた時代であるから、使者をつとめることは、本人にとってはきわめて危険に満ちた仕事だった。裏切りを確認し、決行時の動き方を指示した密書が奪われてしまったという第三話のストーリーは、使者や飛脚が捕えられ、情報が奪われるということが、かなりの確率で現実に存在していたことを示している。使者が危険な仕事だということは皆がわかっていたわけだが、それでも戦局を有利に展開し、勢力を広げるためには、誰かに使者に立ってもらわなければならない。大名はどのような手段を用いて、家臣にこの危険な仕事を頼んだのであろうか。この問題を解く手がかりを与えてくれる史料があるので紹介したい。

今度大事の使申し付け候。涯分《がいぶん》相違なく走り廻るべく候。しかれば一廉《ひとかど》扶助を加えべく候。もし路《ろ》次《じ》において、身命無曲《しんみようむきよく》致し候らわば、子を引き立てべく候。よって状くだんの如し。

氏康《うじやす》（花押）

酉《とり》閏三月十三日　　氏政《うじまさ》（花押）

高橋郷左衛門尉殿

これは永禄《えいろく》四年（一五六一）のもので、高橋郷左衛門尉あての北条氏政の判物《はんもつ》だが、袖の部分に北条氏康（氏政の父）の署名と花押《かおう》があるから、氏康・氏政の父子から与えられたものとみてよかろう。面白いのはその文面である。

◇このたび大事な使いを申し付けました。一生懸命、まちがいないようがんばってください。そうしてくれたら、きちんと恩賞《おんしよう》を与えます。もし路次において身の上に万一のことがあったら、子を引き立てます。

「大事の使」の役目をきちんと果たしてくれたら、相応の恩賞を用意する。もし使いの仕事の途中で、路次で落命したりしたら、あなたの子を取り立てる。氏康と氏政はこうした補償を約束して、使者となることを了承してもらったのである。

戦国の戦いに詳しい方ならお気づきかもしれない。この永禄四年というのは、越後《えちご》（新潟県）の長尾《ながお》景虎《かげとら》（上杉政虎《まさとら》）の軍勢が小田原城（神奈川県小田原市）を包囲した年である。この文書が書かれた閏三月は、長尾軍が小田原城下に迫っている、まさにそのときであった。「大事の使」の使命の中身はわからないが、遠方の大名・国人《こくじん》への救援依頼か、北条方への内応を説くものだった可能性が高い。そのために選ばれた使者は、長尾軍の間隙《かんげき》をぬって目的地に進まざるをえず、途中で敵方に捕まる危険性はきわめて高かった。

こうした状況だから、「途中でもしものことがあったら、子を引き立てる」といった約束をする必要があったのである。詳しい経緯はわからないが、使者を命じられた高橋が、出発にあたって証文がほしいと訴え、それならということで氏康父子が文書を作って高橋に渡したというのが実情かと思われる。つとめを果たしたら恩賞を与える。落命したら子を引き立てる。――こうした約束をとりつけたうえで、高橋郷左衛門尉は危険な仕事についたのである。

使者というつとめを果たすのは、家臣としては当然のことともいえるが、やはりそれなりのメリットを与えなければ、この危険な業務を担ってもらうことはできなかった。大名も結構気をつかっているのである。

ところで例の高橋郷左衛門尉の運命は……と気にされる向きもあろうから、この一件のその後の経緯を紹介したい。ご心配なく。彼はなんとか無事につとめを果たしたようで、翌永禄五年（一五六二）三月には、武蔵国《むさしのくに》都筑郡《つづきぐん》吉田郷《よしだごう》（神奈川県横浜市）の八十二貫文《かんもん》あまりの所領を与えられている。北条父子はきちんと約束を守ったわけである。そして使いとしての能力をいっそう買われた郷左衛門尉は、五年ほどあとにも危険をはらむ使者の役を命じられ、前と同じように、次のような文面の氏政の判物を獲得している。

今度使を致すところに、万一没身《ぼっしん》せしむる儀これあらば、実子源七郎に、一跡《いっせき》の儀、相違なく出し置くべきものなり。

もし使いの途中で落命することになったら、その所領は実子の源七郎にまちがいなく安堵するという氏政の証文をもらったうえで、郷左衛門尉は使者に立ったのである。

ところで使者をきちんとつとめた褒美として恩賞を与える例は、ほかにもいくらかあげることができる。

日来《ひごろ》飛脚使致し、走り廻る間、増給として、大森《おおもり》知行《ちぎょう》平沢《ひらさわ》の内社家《うちしゃけ》分において二十五貫の地、出《いだ》し置き候。いよいよ奉公を遂ぐるに至りては、連々引き立てべく候状、くだんの如し。

永禄四年辛酉《しんゆう》

八月十一日　　　　氏政（花押）

中村平四郎殿

◇常日頃から飛脚使をつとめ、がんばってくれているので、増給として、大森が知行していた、平沢の内社家分において、二十五貫文の地を与えます。今後いっそう奉公を尽くされた場合は、どんどん引き立てます。

駿相の飛脚使、年来これを致すにつき、今度氏真懸河籠城《うじざねかけがわろうじょう》、これにより下知《げち》の如く、海陸の難所を凌《しの》ぎ、速やかにあい移り走り廻り候。まことに忠信の至りなり。よって太刀一腰ならびに五千疋の地、これを遣わし候。よって状くだんの如し。

永禄十二年己巳

五月廿三日　　　　　　　氏政（花押）

石巻伊賀守殿

◇駿河《するが》（今川氏）と相模《さがみ》（北条氏）の間の飛脚使を、長年つとめていただいていたので、このたび今川氏真が遠江《とおとうみ》懸河（静岡県掛川市）に籠城ということになり、（今川への使いをあなたに命じましたが）命令どおりに海陸の難所を凌ぎ、速やかに移動し、奔走していただきました。ほんとうに忠信の至りです。そこで太刀一腰と五千疋の地を与えます。

中村平四郎も石巻伊賀守も、ともに「飛脚使」とよばれている。前述したように、これは「飛脚」の任務を帯びた「使」という意味であろう。中村平四郎は日頃から「飛脚使」をつとめている功績を認められて新たな給地を得ているし、石巻伊賀守も長年駿河への使者をつとめ、この永禄十二年（一五六九）にも遠江懸川への使者を、困難を克服して果たしたことを賞せられて、太刀と給地を与えられている（武田信玄の軍勢が駿河に攻め込んで、今川氏真が懸川に逃走したときのことである。石巻は敵である武田軍に捕まらないように工夫して懸川まで赴いたのであり、まさに命がけの使者であった)。

前に見た高橋もそうだが、この中村や石巻も、常日頃から使者の役目を果たしていたのである。前述したように、使者の役は家臣一般が担うべきものではあったが、やはり向き不向きがあった。そして有能と認められた家臣は、日常的に使者をつとめることで大名を信任を得、その所領を増やしていったのである。

飛脚と飛脚役

続いて「飛脚」について見ていこう。この時代の文書には「飛脚」もしくは「脚力」という形で飛脚が登場する。これはもちろん俊足を利用して情報(主として書状)をすばやく届けることを仕事とする人だが、先に見たような「足の速い」使いと、いわゆる「飛脚」がどう違うかが問題である。両者の違いをはっきり示してくれる史料はなかなかないので、自信を持って発言できないが、「使者」はきちんとした立場を持つ個人(家臣や僧侶)だが、一方の「飛脚」は名前を表に出さない、身分の低い人々によって構成されていたのではないかと考えられる。使者は文書に名前が表われることがあるが、飛脚は名前が出ないのである。

「飛脚」がどのように調達されたかを考えるうえで、まず見ておくべきなのは、北条氏関係の史料に主として見出される「飛脚役」の制度である。

当寺の飛脚ならびに諸役等の事、永代《えいたい》これを停止《ちょうじ》し候ものなり。恐々謹言。

明応《めいおう》九庚申《こうしん》　早雲庵《そううんあん》
十一月廿日　宗瑞《そうずい》（花押）
行学院《ぎょうがくいん》

これは明応九年（一五〇〇）に、北条氏の祖である伊勢宗瑞（早雲庵）が伊豆《いず》（静岡県東部）の行学院にあてて出した文書で、行学院に対して「飛脚ならびに諸役」を課すことをしないと約束したものである。行学院は「飛脚」の役を免除されることになったわけだが、裏を返せば、こうした証文を持たない寺は「飛脚」の役を懸けられていたということになる。

こうした飛脚役免除の証文は、このあとも多く残っている。伊勢宗瑞が軍勢を東に進めて鎌倉を勢力下に収めたのは永正《えいしょう》九年（一五一二）のことだが、その二年後、彼は鎌倉の本覚寺《ほんがくじ》にあてて次のような文書を出している。

制札　本覚寺

右、当寺へ陣僧《じんそう》・飛脚・諸公事《しょくじ》、堅く停止《ちょうじ》せしめおわんぬ。もし横合《よこあ》いの義申し懸《か》くる族《やから》これあらば、速やかに罪科《ざいか》に処すべきものなり。よって件《くだん》の如し。

永正十一年甲戌《こうじゅつ》十二月廿六日　（花押）

これは「制札《せいさつ》」または「禁制《きんぜい》」とよばれるもので、寺などの権益と安全を守ることを約束した文書であるが、ここで宗瑞は本覚寺に対して「陣僧・飛脚・諸公事」を課すことはしないととり決めている。「陣僧」というのは戦陣に赴く僧侶のことであるが、これと並んで「飛脚」が書かれていることは、寺の人（僧侶が多いか）が命じられて飛脚をつとめることが一般的に存在したことを示している。このとき宗瑞は三浦《みうら》氏との戦いを続けていたから、寺の僧侶を陣僧や飛脚として徴発することが多く行われていたのであろう。

このとき飛脚役を免除された本覚寺に対しては、宗瑞のあとを継いだ氏綱《うじつな》や、そのあとの氏康《うじやす》からも同様の制札が出されているが、降って弘治《こうじ》三年（一五五七）十一月、朱印状《しゆいんじよう》の形であらためて諸役免除の証文が本覚寺に与えられており、そこには「飛脚・陣僧の事、沙弥《しやみ》・小僧等に至り、細事候とも、申し付けべからず候事」と、詳しい記載が見られる。「沙弥」というのは一応剃髪《ていはつ》しているが、一般の生活をしている人で、正式の僧侶ではない。「小僧」は修行を始めたばかりの若い僧のことだろう。こうした人々に対して、ちょっとしたことを頼むこともしないと契約しているわけだが、これから「沙弥」や「小僧」が陣僧や飛脚の役を担っていたことを逆にうかがうことができる。寺に対して飛脚役を賦課《ふか》するといっても、住職本人が飛脚をつとめることはあまりなく、寺にいる年の若い僧や、檀徒《だんと》のなかの「沙弥」が選ばれて任務にあたったことが多かったのではあるまいか。

必要に応じて飛脚の役を寺に課す制度を、北条氏は早い時期からとりいれていたが、寺だけでなく宿の町人も飛脚役をつとめる場合があった。元亀《げんき》二年（一五七一）六月、北条氏は武蔵松山本郷《むさしまつやまほんごう》（埼玉県東松山市）の町人たちの「詫言《わびごと》」を受けて、さまざまな役の免除を約束しているが、そのなかに、

飛脚の義、もっとも指し置き候。去り難き時分《じぶん》は、町人の中へあい頼み、申し付けべき事。

という一条がある。「飛脚」についても、「詫言」に任せて免除するが、どうしても必要なときは、町人

たちに頼んでつとめてもらうと、とり決めているわけで、これから町人が飛脚の役を担う場合があったことがわかるのである。

松山は北条氏の支城《しじょう》のひとつで、その城下である本郷には宿場が形成され、市が立って交易がなされていた。松山は陸上交通の要衝《ようしょう》だったわけで、そこの町人に対して飛脚役が課されることは、いかにもありそうなことである。すべての町人に課されたわけではなかろうが、幹線道路上の宿場の町人に対しては、飛脚役の賦課は一般的になされていたのではあるまいか。

飛脚がどのように調達されたかということについて、毛利家の事例もひとつ、とりあげてみたい。

杉次左に対し、彦三跡《あと》二百貫の事、その儀あたわず候、豊前《ぶぜん》国にて杉豊千貫のかたさりにて馳《は》籠《こ》むべきの由、杉次左事請け候条、まず彦三跡二百貫の事は申し渡し候らわで、控え候らいて然るべき由、才新申し候。それにつき、渡宗所へこの儀急度《きっと》急度申し遣わされ候らいて然《しか》るべく候条、奉行衆奉書《ほうしょ》遣わさるべき事、肝要に候。飛脚は才新仕立つべきの由申し候。奉書御認《したた》めさせ候らいて、遣わさるべく候〳〵。明日飛脚立つべく候〳〵。かしく。

これも元就から隆元あての自筆書状である。前段の意味はとりにくいが、「彦三跡二百貫」の地の取り扱いについて「才新」（財満新右衛門）がとりおさめて元就に「申し」てきたということである。そして後段で元就から隆元への指示が記される。

◇そういうことなので、渡宗（渡辺宗兵衛）のところへ、このことを緊急に連絡しなければならない。奉行衆の奉書を遣わすことが肝要だ。飛脚は才新（財満新右衛門）が仕立てると言っているので、（奉行衆に）奉書を作成させて、（渡辺に）送り届けよ。明日飛脚を立たせるようにせよ。

財満と渡辺は前にも登場したが、ここでも渡辺のところへ早く情報を届けるための方策が語られている。前の文書では使者だったが、ここでは「飛脚」によって目的が果たされている。そしてその飛脚は財満が急いで「仕立て」、翌日には出発する手筈になっていたのである。飛脚を「仕立てる」というのが、具体的にどういうことかはわからないが、努力すればすぐに飛脚を調達できるシステムが存在したことがこの記事から知られるのである。

早飛脚と続飛脚

大名間の政治的交渉などは、重臣や僧侶が使者として派遣され、彼らが主人の内意を口頭で述べる形でなされるのが本式であったが、戦国も時代が下るにつれて、飛脚が大名の書状を携えて相手方に急いで届けるという方法が広くとられるようになっていった。第一話で見たように、口頭で対外交渉を行う能力を持つ家臣は多くはなく、政治情勢が複雑化して多方面と頻繁に連絡をとらざるをえなくなると、使者はすぐに払底してしまい、飛脚に多くを依存しなければならなくなっていったのである。

また情報をとにかく早く届けるということだけでいえば、俊足には自信のある飛脚のほうが都合がよかった。北条や武田・上杉などの東国大名関係文書のなかに見える「飛脚」の語は、大名の割拠状況が本格化する永禄のころになって急速に増加していく。この時代以後は、この一帯におけるメッセンジャーの役目のほとんどを飛脚が担うようになっていったのである。毛利家の場合には使者のウエイトが高いように思えるが、それでも飛脚の活躍のさまは多くの文書からうかがえる。

ところで戦国争乱が本格化するころから、史料のうえに「早飛脚《はやびきゃく》」という表現が目立つようになる。「不審《ふしん》の条々、早飛脚をもって、申し越されべく候」（永禄十一年七月の武田信玄書状）、「早飛脚をもって申し越す子細、聞き届け候」（永禄十二年二月の上杉輝虎《てるとら》書状）、「敵出張《しゅっちょう》《でばり》の義、承り届くにおいては、夜通し早飛脚をもって申し入れべく候」（元亀二年四月の北条氏政書状）といった具合であるが、単に「飛脚」ではなく「早飛脚」と表現しているのにはそれなりの理由があろう。「飛脚」ももちろん俊足だが、特別に足が速く、先方にすぐに書状を届けることのできる「早飛脚」を必要とする時代になっていたのである。先に見た三通目の史料に見えるように、こうした「早飛脚」は夜通し走って、一刻も早く情報を伝えることを要請されていた。

またこの「早飛脚」と並んで、「続《つぎ》飛脚」も史料に見えるようになる。これは複数の飛脚をバトンタッチさせながら働かせることだが、飛脚を交代させながら情報を伝達する方式もすでに採用されていたのである。

信玄駿州《すんしゅう》へ出張《しゅっちょう》必然に候。昨日までは、本陣富士《ほんじんふじ》と号する地に候。定めて駿・豆両国に向かい、村押しの動《はたらき》たるべきか。しからざれば、地利《ちり》を築かれべきか。このとき輝虎一途《いちず》の御行専要《おてだてせんよう》に候。信州衆は払って立つ由、申し来り候。なお興国寺《こうこくじ》よりの注進状《ちゅうしんじょう》、其方《そのほう》披見のため、これを進《まい》らせ候。夜通し倉内《くらうち》へ注進あるべく候。是よりの飛脚労《いた》わり候らわば、続飛脚あるべきこと専一《せんいつ》に候。

恐々謹言。

十一月廿八日　卯刻《うのこく》　　氏政（花押）
由良信濃守《ゆらしなののかみ》殿

◇（武田）信玄が駿河に出てくるのは必定だ。昨日までは富士というところに本陣を構えていた。駿河や伊豆に向かって村々を押えながら進軍するつもりだろうか。それともどこかに要害を築く作戦だろうか。……こういう状況だから、いまこそ（上杉）輝虎が軍勢を出してくれることが肝要です。信州衆は皆（信玄に従って）出払っているということです。（だから、いまが信州口への出兵のチャンスです）……興国寺（静岡県沼津市）からの注進状を、あなたに見てもらうためにお届けします。夜通し（飛脚を走らせて）倉内（群馬県沼田市）に注進してください。こちらから派遣した飛脚が疲れていたら、続飛脚を差し向けてください。

図 49　北条氏政書状
（「上杉家文書」米沢市〈上杉博物館〉所蔵）

これは北条と武田の間でにらみあいがなされていた永禄十二年（一五六九）のもので、差出人は北条氏政、宛名の由良《ゆら》信濃守（成繁《なりしげ》）は上野新田《にった》（群馬県太田市・新田郡）の国人である。

もともと北条と武田は同盟関係にあったが、永禄十一年の暮れに武田信玄が駿河に出兵し、今川氏真を遠江懸川に追いやったことから同盟は破綻する。北条氏康・氏政父子は信玄と断交し、長年争ってきた越後の上杉輝虎と手を結ぼうとし、積極的な和睦《わぼく》交渉を展開する。そしてこの交渉において、小田原《おだわら》と越後の中間にいた新田の由良成繁と倉内（沼田）の上杉家中《かちゅう》の武士たちが重要な役割を果たす。

この氏政書状はこうした状況のなかで出されたものである。信玄が駿河・伊豆方面に出てきそうな状況だが、いまこそ輝虎の出兵を実現させたい。だから由良から情勢を倉内まで急いで注進してほしいと氏政は頼んでいるわけだが、こちらから派遣した飛脚が疲れていたら、続飛脚を差し向けるようにと末尾で指示していることが、ここでは注目される。小田原から新田まで走っていった飛脚はきっと疲労困《こん》憊《ぱい》していることだろう。だから由良から倉内までの伝達は彼にはさせず、別の飛脚にやらせるようにと、氏政は気を回して指図している。一刻も早く書状を先方に届けるためには、元気な飛脚に働いてもらうほうがよいという判断は理解しやすいが、由良がこうした飛脚を頼むのに時間がかかっていたら、迅速な情報伝達は望めない。おそらく由良は常日頃から飛脚を抱えており、だからこそ氏政も続飛脚による情報の送信が可能であるとの判断を下したのであろう。

目的地が遠方の場合、一人の飛脚が走り続けるより、中間点で交代しながら進んだほうが効率的であり、そのためのシステムはこの時代にはかなりの程度できあがっていた。円滑な情報伝達のために、飛脚の能力を有効活用するすべを、戦国大名たちは模索していたのである。

其地《そのち》番油断なく申し付け候や。其元《そこもと》の様体《ようたい》、くわしく申し越すべく候。また岩付《いわつき》への飛脚、此方《このほう》のは労《いた》わるべく候間、其方中間《そのほうちゅうげん》に持たせ、早々指し越すべく候。この飛脚をば其地にあい留め、返事此方の飛脚に差し越すべく候。謹言。

六月十九日　　氏政（花押）

岩本太郎左衛門尉殿

◇そちらの番は、油断なく申し付けたでしょうか。そちらの様子を詳しく連絡しなさい。また岩付への飛脚ですが、こちらから派遣した飛脚はきっと疲れているだろうから、（書状は）そちらの中間に持たせ、早く岩付まで差し越すように。この飛脚はそちらに留めておいて、返事がきたら、こちらの飛脚に持たせて差し越すように。

北条氏政から家臣の岩本太郎左衛門尉（定次《さだつぐ》）にあてた書状で、小田原から岩付（埼玉県岩槻市）への情報伝達にかかわるものである。岩本がどこにいたか（文中の「其地」がどこか）はよくわからないが、小田原と岩付の中間地点だから、江戸ではないかと推測される。氏政は岩付にあてて書状を書き、これを飛脚に持たせたが、その際に中間地点にいる岩本あての書状も同時に作成し、同じく飛脚に渡している。ここで紹介した文書がそれにあたるが、そこには岩付までの書状の送り方についての指示が書かれていた。小田原から「其地」まで走っていった飛脚は、きっと疲れているだろうから、岩付への書状の運送は彼には頼まず、岩本のほうで自分の中間に命じて行ってほしい。そして例の飛脚は「其地」で留めておき、岩付からの返事が届いたら、彼に持たせて小田原まで運ばせてほしい。氏政はこうした細かな指示を岩本に与えていた。

「其地」から岩付への書状運送は岩本の「中間」が担ったが、これも「続飛脚」といえなくもない。この二人目の飛脚は、岩付の城主に氏政の書状を届け、返事をもらって岩本のもとに帰るわけだが、岩付からの返事が着くころには、一人目の飛脚の疲労も癒《い》えているだろう。だから、返事はこの飛脚に持たせて小田原に届けるように。書状を早く目的地に届けるために飛脚をいかに使うか、氏政は工夫を凝らしていたのである。

二　メディアとメッセージ——口上と書状——

口上の世界

大名や国人たちの間のコミュニケーションを担っていたのは、使者や飛脚などのメッセンジャーだったが、それでは彼らが運んだメッセージはどのようなもので、情報伝達のためにどのようなメディアが用いられたのであろうか。

使者や飛脚は一般に「書状」を運んでいるから、「書状」が通信のメディアで、書状の文面がメッセージだと、とりあえずはいえよう。ただ、所々で示したように、大名の意を受けて派遣された使者は、口頭で主人の気持ちを相手方に伝え、場合によっては対面交渉をして政治的課題を実現させる任務を帯びていることが一般的であった。このような場合には重要なことは使者の「口上《こうじょう》」によって伝達されるわけで、書状の文面はいたって簡略なことが多い。第一話で紹介した畠山卜山の長尾為景《ながおためかげ》あての書状は、わりあい簡単で要を得た内容だったが、榎並三郎左衛門・榎並下総入道といった名だたる家臣が使者として派遣され、細かなニュアンスは使者によって口頭で伝えられていたから、書状の文面は簡単でよかったのである。

　こうした使者による「口上」は、当然のことだがその痕跡を残さない。発せられた言葉はその瞬間に消えてしまうからである。使者による「口上」のありようを具体的にうかがうことはこうした制約があるのできわめて難しいが、内容が単純な場合はともかく、伝達することが多い場合は、概要（多くの場合は見出しのみ）を箇条書きで列記したメモを携え、それを見ながら「口上」を披露したものと考えられる。第一話で見た「手日記」がこれにあたる。

「口上」を主軸とする伝達の場合、主たるメディアは使者自身、メッセージは使者の口上ということになろうか。長い道のりを進みながら、主人の内意を忘れずに旅をし、無事先方に着いたらこれを開陳《かいちん》し、さらによりつっこんだ交渉までしなければならない。こうした任務を十全に担える人物は、当時としては相当の才覚の持ち主といわざるをえない。そしてしばしば述べたように、畠山・北条・毛利といった名だたる大名家でも、このような人物は多くはいなかったのである。

　こうした状況も影響して、通信の中心はしだいに飛脚による書状の運送に移っていくが、それでもやはり信頼できる使者による、面と向かっての口頭伝達こそが、理想的なコミュニケーションの方法であるという認識は崩れることがなかった。信用できる人物のもたらした情報だけが、厳密な意味では信を置けたわけであり、最も信頼感のあるメディアは、やはり顔を見知っている人間だったのである。

書状の世界

このようにコミュニケーションの基本は「口上」による伝達だったが、そうした場合でも一方できちんと「書状」が届けられていたことの持つ意味を忘れてはならない。こうした書状は、概して要点だけ記した簡略な内容のものだが、そうしたものであっても、とにかく書状を書いて届けるという行為自体は大きな意味を持っていたのである。

そして戦国の争乱状況が深刻化するに伴い、書状の文面が詳細かつ具体的になっていく。このあたりの事情については第二話などでふれたが、「口上」を果たせる有能な使者が払底するなどの事情によって、メッセージのすべてを書状に盛り込み、これを適当な人物（飛脚など）に託して運ばせるという方法をとらざるをえなくなったという筋道を考えることができる。この場合の使者や飛脚は、単なる文書運搬人にすぎないから、発信者のメッセージは、そのすべてを書状のなかに盛り込まなければならないのである。

「口上」による伝達能力を期待できない出羽山伏《でわやまぶし》を使者に起用せざるをえなかった北条氏綱の書状は、政治情勢と自身の行動、およびその理由をきわめて論理的に示した内容のものだった（第二話）。長尾為景にあてた長尾顕景《あきかげ》の救援依頼の書状も、きわめて細々とした文面である。とにかく助けてくれという泣き落としの箇所もあるが、決して動転しているわけではなく、為景が救援軍を送るべきだということを、理屈っぽく書きしたためている。心情を吐露しながらも論理的な文章で綴られた書状が多く登場するのがこの時代の大きな特徴である。

こうした純粋に書状のみによるコミュニケーションの場合、伝達のメディアは書状という様式（あるいは紙と墨という物体)、送られるメッセージは書状に盛り込まれた文章そのものである。お互い周知の間柄で、頻繁に顔をつきあわせていれば、書状の中身も「例の件よろしく」といった類のもので済んだかもしれないが、遠く離れた大名に対する伝達などであれば、こうしたことはできなかった。こちらの状況について、とりあえず相手はなにも知らないことを前提として書面を作り上げねばならない。だからこうした書状では、自分をとりまく政治状況をまんべんなく紹介し、そのうえでみずからの希望を示し、相手方がこれを受け入れてくれるように、さまざまな理屈を連ねるという形がとられたのである。まさしく書状の文面こそが大事だった。文章で熱意を示しても効果はないのかもしれないが、それでも心のこもった書状を書くしか方法がなかったのである。

こうした書状によるコミュニケーションは、遠い大名間だけではなく、身近な関係にある人どうしの間でも行われた。第七話で紹介した毛利元就と隆元の交信は、そのきわだった例ということもできよう。この両者の間の意思疎通はもっぱら書状によってなされたが、先に詳しく見たように、この通信においてはあらかじめ決められたルールがあった。もらった書状は読んで早めに返すというのがそれである。書状の内容の多くは他見を憚るものだったから、絶対に他人に見られないために、元就はこうした方策を講じ、それを実行したのである。

口頭によるものであれ書状によるものであれ、通信には秘密保持の問題が存在するが、普通に考えて書状による伝達のほうが内容露見の危険性が大きい。文書が誰かに奪われてしまったら、それで万事休すである(第三話を見よ)。文書を散らかしておけば誰かに拾い読みされる可能性があるし(第七話)、また使者や飛脚が文書を覗き見したりすることも考えられないわけではない。こうしたなかで秘密保持のためのさまざまな手立てが講じられることになる。

開封した手紙を人に見られないためには、きちんと保管することが必要であるが、場合によっては読んだらすぐに火に入れて書状の存在自体を消すという方法がとられた。また毛利家のように、出した書状を早めに戻させるという形で情報の露見を防ぐ場合もあった。それでは作成した書状の中身を第三者に知られないための算段はどのようにとられたのであろうか。

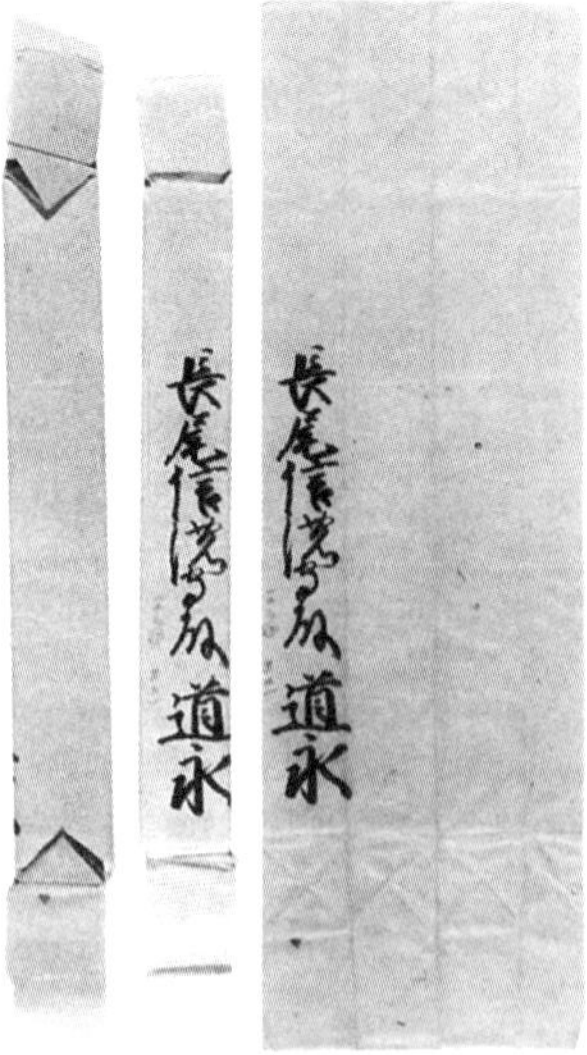

図50　捻封

封紙の上下を斜めに数回折って封をする．封紙をひろげると，上下に折り目が残る．長尾為景あて細川道永（高国）書状．（「上杉家文書」米沢市〈上杉博物館〉所蔵．新潟県立文書館提供資料）

残されたこの時代の書状の多くは、表装されて原形を留めないケースが多いが、そういうことをせずに当時の状態のままで保管されているものもないわけではない。これまでも随所で紹介した上杉家に残された文書はその好例であり、そうした「なま」の状態の文書から、当時の書状の封のしかたがかなりわかる。最も一般的なのは「端裏切封《はしうらきりふう》」という封式で、文書の右端に竪《たて》に下から切り込みを入れて紐（紙の紐）を作り、これを文書に巻きつけて結び、結び目に墨でチェックを入れるというやり方である（7ページの図1参照）。この方法は糊《のり》を使わずにきちんと封ができる、きわめて合理的手法である。また文書の上下に捻《ひね》りをいれて固定する「捻封《ひねりふう》」という様式もある（図50参照）。端裏切封は最後に墨でチェックを入れ、捻封はきつく結んでいる（墨引《すみびき》が入る時もある）から、途中で誰かが故意に開封した場合、原形に戻してなにもなかったようにとりつくろうのは結構難しかった。ただ上手にすればできないことではないから、絶対に中身を見られないためには、やはり糊を使って封をするという手段がとられた。「糊付《のりづけ》」と文書のなかでよばれているのがこれにあたる。

内容を見られないための算段はきちんとなされていたから、使者や飛脚が文書を開封することはできなかったし、そもそもそういうことは禁止されていた。第二話で見た出羽山伏は、自分の理解能力が劣っているということが書かれている書状を一生懸命運んだわけで、彼が書状の中身を見ることははじめから想定されていなかった。この出羽山伏は一応使者といえるが、運送のみを業《なりわい》とする飛脚が書状の内容を知っていたとはいよいよもって考えられない。

使者が文書の中身を知りえなかったことを示す事例をひとつ紹介したい。時期は少し遡るが、延徳《えんとく》三年（一四九一）三月のこと、益斎《えきさい》という人物から、越後の国人である長尾豊前守孝景《ぶぜんのかみたかかげ》にあてて一通の書状が出された。これは「大和守《やまとのかみ》」の所領である越後赤谷《あかたに》（新潟県栃尾市）の代官職を孝景に与えることが決まったので、年貢の未進分などを「割符《さいふ》」（小切手）の形でいただきたいという要請が書かれており、「使者」によって孝景のもとまで届けられたが、この書状の終わりのほうに次のようなことが書かれている。

なおなお、堺《さかい》への割符、この文箱《ふばこ》に入れられたまうべく候。使者にも割符とは仰せ付けられべからず候。御返事の分にて給わるべく候。

例の「割符」は、使者が持参した「文箱」に入れてほしい。そのとき使者には割符だとは決して言わないで、「これは返事です」と言って文箱に入れてください。……割符は今で言えば小切手のようなものだが、これも文書の一種なので、外見だけでは普通の書状と区別がつかない。だから「返事だ」と言って文箱に入れれば、使者も割符とは気づかないだろうと益斎は考え、こうした指示をしたのである。もしこれが割符だとわかれば、使者がこれを盗み取ってどこかに逐電《ちくでん》してしまうかもしれないと、彼は疑っていたのであろう。

「使者には嘘をつけ」と指示しているわけだから、使者が文書の中身を見ないことが前提になっていると考えざるをえない。あたりまえのことかもしれないが、文書を運ぶ使者や飛脚はその内容を見ることを許されていなかったのである。

音声と文字

使者や飛脚を介してなされるコミュニケーションのありさまを追いながら、口頭による「口上」と、文字による「書状」の世界を見てきたが、音声によるメッセージの表現と文字によるそれが、この時代にどのような状況を呈していたか、その一端を示してくれる史料もそれなりに存在する。しばらくこの「音声」と「文字」の問題について考えてみよう。

これまで紹介したエピソードのなかにも、音声に基づく言葉の持つ意味にかかわることがかなり出てきた。長尾為景に救援を依頼する書状のなかで、長尾顕景は「かつて名湯草津《くさつ》の地（群馬県草津町）で会《え》下僧《げそう》に対して発せられた「御出語」をよもやお忘れではなかろう」と念を押している（第三話）。為景は草津において、顕景のために尽力することを口頭で表現していたのであろうが、まさにこのことを持ち出して、顕景は救援依頼をしているのである。口頭でなされた大名の発言が、それだけで大きな意味を持つことをこの記事はよく示している。

話し言葉によるコミュニケーションは、両者が面と向かっていることが基本なので、いつでも可能というわけではないが、充分な意思疎通を行うためにはこれに優る方法はなかった。第七話で見たように、あの筆まめな毛利元就も、密々の相談は「面談」で行いたいと言っている。盗み聞きの危険は伴うが、文字で残すよりは機密漏洩の心配はないし、細かなニュアンスを伝えなければならない場合などには、やはり面と向かって、言葉と身体を使うしかなかったのである。

文字で気持ちを表現する場合は、かなりの工夫と手腕を要するが、対面してのコミュニケーションならば、言葉だけでなく表情やしぐさといったあらゆるものを動員できる。だから言葉による表現のほうが、文字によるものよりも豊かな内容を持つということが、一般的にはいえよう。しかし文字による表現にもそれなりの利点があり、口頭では表現しにくいことでも文字でなら示せるという場面も結構あった。第七話で見たように、毛利元就は隆元にあてた書状のなかで繰り言を並べ立てたうえで、「口上などり物語りには成らざる事に候間、筆に任せ候」と弁解している。とても口上では言えないことなので、書状に書いたが、調子に乗って書きすぎたかもしれないというわけである。

文字を媒介とするからこそ伝えることのできたメッセージもあったのである。そして「書く」という行為がさらなる「書く」ことを導く。これは印象にすぎないが、この時代の長文の書状を読むと、最初のほうは淡々と始まっているのに、だんだん表現が激烈になっていくものが多いような気がする。みずから自筆で文字を書いたり、右筆《ゆうひつ》に書かせたりしているうちに、しだいに意識が覚醒《かくせい》され、感情が激化することがあったのではなかろうか。

音声によるメッセージの伝達と、文字によるそれとは、それぞれ固有のメリットを持っていた。戦国に生きた人々は、この両者を巧みに使い分けながら、効果的なコミュニケーションを展開したのである。

三　通信をめぐる環境 ——交通事情と通信のスピード——

戦国時代の交通事情

発信者から放たれたメッセージが、使者の身体（言葉）や書状というメディアを用いて、使者や飛脚というメッセンジャーの手で、相手方まで届けられる。戦国時代の通信のありようはこのように整理できようが、問題はこれに止まらない。使者や飛脚が遣わされるといっても、彼らが順調に進むためにはそれなりの交通システムの展開が必要である。この時代の通信の実情を考えるためには、情報伝達を遂行するための環境、とくに交通事情に目を向ける必要があろう。

現代の郵便物は車や鉄道、あるいは航空機によって目的地まで届けられているが、古い時代にはどうだったのか。当然のこととして空の道はないから、ありうるのは陸路と、川や海を進む水路だけである。それから蒸気機関もまだないので、陸路ならば人の足もしくは馬、水路ならば船が運送手段ということになろう。

戦国時代に至るまでの交通の発達を全面的にとらえることは困難だが、現在と比較して、この時代の人や物の移動が大きく水上交通に依存していたことは認めてよかろう。川幅の広い河川にはかなりの船が往来していたし、太平洋や日本海などの海洋をまたにかけて進んだ船もかなりあったことが、いままでの研究で確認されているのである。

ただここで考えねばならないのは、陸上交通と水上交通のそれぞれの特性である。たしかに大量の年貢や商品を運ぶ場合には、陸路をとるよりも、船で運ぶのが適当であるケースが多かったと思われる。ただ船による移動には「天候」という不安定要素がつねにからんでいる。海が荒れればかなりの日数船を出すことができなくなるのである。

ここまで扱ってきた、使者や飛脚によって送られるものは、年貢や商品ではなく、「情報」である。贈答品などが付随することはあるが、大事なのは書状などに示されたメッセージであり、それ自体は重いものではない。派遣されるのも使者や飛脚といった人間にすぎない。重要なのは相手方に確実に早く届けることである。こうした情報伝達においては、天候に比較的左右されない陸路を使うほうが一般的であったと、とりあえずは考えてよかろう。

戦国時代において陸路がどこまで整備されていたかは、具体的になかなかわからないが、北条氏の領国などでは、幹線道路沿いの要所に宿が置かれ、そこには運送用の馬（伝馬《てんま》）を常備するといったシステムができていたことがわかるから、陸上交通もかなりの程度整えられていたと考えてよかろう。

しかし戦国時代の交通は、きわめて深刻な問題を抱えていた。道路自体は整備されてきているが、遠隔地間を安心して通行できるような状況ではとてもなかったのである。大名が各地に割拠し、それぞれ覇《は》を競って争いあうなか、対立している大名の領国間の交通は、ほぼ完全に遮断されるに至った。第二話で見たように、北条氏綱は遠く離れた越後に使者を派遣するにあたって、普通の道ではなく山越えをさせるしかなかった（だから出羽山伏が起用される）。まっすぐ進めば、敵である上杉氏（山内《やまのうち》・扇谷《おおぎがやつ》上杉氏）の領国を通らねばならなかったからである。この時代の文書の文面には「路次断絶」という表現が随所に見られるようになる。「路次断絶」状況は一般的に広がっており、遠方の勢力との通信は大きな困難に直面していたのである。

通信のスピード

こうした状況であるから、敵方の領国をはさんだ者どうしの通信には、かなりの時間がかかるのが普通だった。第一話の冒頭で見たように、長尾為景の越中《えっちゅう》（富山県）での戦勝報告が、紀伊《きい》（和歌山県）や堺（大阪府堺市）の畠山卜山のところに届くまでには相当の日数がかかり、書状が着く前に風聞の形で情報が伝わることもあったのである。第二話で見た上杉朝興《ともおき》の書状の場合は、四か月もたってやっと越後《えちご》府中《ふちゅう》（新潟県上越市）まで届いている。

普通にしていれば通信にはかなりの時間がかかるというのが、当時の一般的傾向だったが、一方で通信の時間を大幅に短縮する努力が傾注されたのもこの時代であった。たしかに「通路断絶」になっている場所は多いが、大名の領国内の交通路は飛躍的に整備されていったし、ほかの大名領国でも、その時点で同盟関係にあれば、そこを通過するのは簡単である。戦乱状況が長引くなかで、情報をとにかく早く伝える必要性が急速に増大し、そのための対策が講じられることになった。交通路の整備はそのひとつであるが、前に見た早飛脚の確保や、続飛脚という方法の採用によって、前代とは比べものにならないほど通信のスピードは速くなったのである。

ただ、すべてのメッセージが早く届けられたわけではない。緊急を要する政治的・軍事的な情報は、とにかく早く届くように工夫がなされたが、それほど急がない用件であれば、やはりかなりの時間がかかるのが普通だった。

……去年四月廿三日の御状、七月到来候。委曲披見《いきょくひけん》候。すなわち御報申すべきのところ、彼の使者罷《まか》り来らず候。また幸便《こうびん》存ぜざるにより、打ち過ごし候。しかれば、只今罷り下るの者候。啓《けい》せしめ候。

これは亮 秀《りょうしゅう》という人物（京都の東寺金剛珠院〈京都市南区〉の住持らしい）から箱根（神奈川県箱根町）の金剛王院《こんごうおういん》の住持《じゅうじ》にあてられた書状の冒頭部分であるが、ここで返事が遅れた理由を次のように弁解している。

◇去年四月二十三日づけの御状は、七月に到来しました。詳しく拝見しました。すぐに返事をと思ったのですが、そのときの使者がいなくなってしまい、また幸便も思い浮かばなかったので、月日を過ごしてしまいました。いまそちらの方面（箱根方面）に向かう者がいるので、この書状を託してお届けすることにします。……

この書状の日付は三月十四日であるから、七月に届いた書状の返事を八か月もたってから出したことになる。書状を持参した使者がいなくなってしまい、幸便も思い浮かばなかったというのが遅れた事情である。「幸便」というのは都合よく便りを届けてくれるメッセンジャーを得ることをさすから、亮秀はこの返事のためにわざわざ使者を確保しようとせず、ほかの用件で関東方面に向かう人がいたら、その人物に書状を託そうと考えていたことになる。しかしそうした人はなかなか現われず、八か月もたってやっと関東下向の者を見つけ、これに書状を渡すことになったわけである。

緊急を要することならともかく、それほどでもない用件は、このように「幸便」を利用する形で伝えられていたのであろう。特別に用意された使者や飛脚による通信ではなく、遠方へ旅をする人物が、さまざまなところから書状の配送を頼まれ、いくつもの書状を抱えながら動くといった方法で、通信がなされることも多かったと思われる。第四話で紹介した「唐人十一官」の活動もその一例であるが、この時代の書状運送の全体を想定すれば、こうした悠長な方法をとるケースのほうが圧倒的に多かったと推測できよう。

ところで先に見た亮秀の書状には、変わった追而書《おってがき》（追伸）がある。「なおなお、委《くわ》しく申すべく候といえども、此《こ》の仁《じん》、下懸《したがけ》に来られ候間、是非に及ばす候。兼ねてまた、地蔵院《じぞういん》方の儀は当寺」と書かれて、それで終わっているという、しりきれとんぼの追而書であるが、こんな体裁になった事情は、まさにその追而書の文面のなかに示されている。

◇なおなお、詳しく書きたいのですが、この仁（書状を託する人）が下懸まで来てしまったので、時間がなくて書けません。そうそれから、地蔵院のことは、当寺のほうで……

亮秀がこの書状を書いている最中に、関東に下向する人物が書状をもらいに来てしまったのである。

より詳しく書きたいところだが、そういう事情なので書けないと弁解したあと、地蔵院のことを思い出して書き始めたところでタイムアウトになってしまったのであろう。

早く書状を準備していればよいのに、使者がくる寸前になって書き始めるあたり、なんとも牧歌的なものである。こうしてなんとか書状は発送したものの、この使者がいつ先方に届けてくれるかはまったくわからなかった。箱根から東寺にあてた書状も、着くまでには三か月もかかっているから、この書状が届くまでにもその程度の日数が費やされるかもしれない。仮に三か月とすれば、箱根に着くのは六月だから、金剛王院から書状が出されてから一年二か月も経過している。金剛王院の住持は、一年二か月たってようやく返事を手にすることができた、ということになるのである。

特別の算段をつければ、スピーディーな情報伝達も可能だが、そうでなければ遠隔地間の通信はひたすら遅れたのである。早く書状を届けるためには使者や飛脚を誂《あつら》えなければならないが、それはかなり費用のかかることだったと思われる。安上がりに書状を送るには、なにかの用で目的の方面に向かう人を探し出し、その人物に頼むという手段によらざるをえない。迅速な情報伝達のためには、熱意だけでなく「お金」も必要だったのである。

通信の費用

ここまで話が進めば、それなら当時の通信、使者や飛脚による伝達には、いったいどれくらいの費用がかかったのかという疑問に当然行き着く。こうしたことがらにかかわる史料はなかなかないが、まれに次のようなものもある。

三河《みかわ》へ登る料足《りようそく》の事、笠原《かさはら》・清水《しみず》両人所より百貫文《かんもん》参るべく候。これは相良庄《さがらのしよう》の去年の未進《みしん》にて候。其方・高橋両人して請け取り、田原《たはら》の使山臥《つかいやまぶし》にあい渡され候らいて、請取を取り候らいて、此方へ給わるべく候。このほか二十貫文、山中所より請け取られべく候。これは堀越殿よりの田原への使十五人の分、四月・五月・六月三ケ月の分堪忍《かんにん》に合力《ごうりき》申し候。恐々謹言。

三月廿五日　　　　氏綱（花押）

野辺殿

高橋彦四郎殿

◇三河（愛知県）へ上る料足（費用）のことですが、笠原・清水の両人の所から、百貫文が届けられるでしょう。これは（遠江の）相良庄（静岡県相良町・御前崎町）の年貢のうち、去年の未進分です。其方（野辺）と高橋の両人で受け取り、（三河）田原（愛知県田原町）の使いの山伏にお渡しになり、請取（領収書）を受け取って、こちらに持ってきなさい。このほかに、二十貫文を山中の所から受け取りなさい。これは堀越殿から田原への使い十五人の、四月・五月・六月の三か月分の費用の足しにするために合力するものです。

北条氏綱から野辺・高橋の両人に与えられた書状で、文中に見える笠原・清水・山中は北条氏の重臣クラスの人物である。前半は遠江相良庄の年貢未進分百貫文を、野辺と高橋の両人で受け取って、三河田原の使いの山伏に渡せと指示しており、山伏が使者になっている点が興味深いが、ここで問題にしたいのはむしろ史料の後半部である。この百貫文のほかに野辺と高橋は二十貫文をもらっているが、これは堀越殿の所用で田原まで派遣される使者十五人の、三か月分の費用にあてられるものであった。十五人三か月で二十貫文だから、一人一か月に換算すると四四四文になる。これだけの費用を氏綱は支給しているわけだが、これは堀越殿から渡された費用の不足分を補塡《ほてん》するのものだったと考えられるから、この使いが得た金銭はもっと多かったと思われる。この史料だけではなんともいえないが、遠方への使者派遣に結構な費用がかかったことはまちがいなかろう。

使者や飛脚の費用としては、彼らの日当と、いわゆる交通費が考えられる。この交通費は、いまなら鉄道や航空機、あるいは高速道路の利用代金ということになろうが、戦国時代においては関所の通行税すなわち「関銭《せきせん》」が交通費の中心だった。したがって戦国大名などが安上がりに情報伝達を行うためには、公用の使者や飛脚には関銭をかけないようにと関所に命令すればよかった。このような関銭免除を命ずる史料がこの時代には多く見うけられる。

たとえば天正《てんしょう》二年（一五七四）六月に武蔵平井郷《むさしひらい》（東京都日の出町）の伝馬奉行《てんまぶぎょう》にあてられた北条家の朱印状には、次のような箇条が見える。

一、飛脚以下には一里一銭を除くべし。印判文言《いんばんもんごん》にこれを顕《あら》わされべき間、見届け申すべき事。

「一里一銭を除く」というのは、当時の文書によく見える表現で、要するに交通費をとらないということである。飛脚には関銭をかけるなと、北条氏は平井郷の伝馬奉行に指示しているのである。そのあとの「印判文言にこれを顕わされべき間、見届け申すべき事」は、「関銭免除のことは飛脚が持っている文書（印判状）に書いてあるはずだから、きちんと点検せよ」という意味である。おそらく飛脚は自分が飛脚であることを証明してくれる文書（印判状）を北条氏からもらい、それを携えて仕事をしていたのであろう。そしてその文書のなかには、「一里一銭を免除する」という文言が書かれていたのである。

こうした文書は、いわゆる通行手形で、当時は「過所」または「手形」とよばれていた。これはいわば免許証のようなもので、これを持っていなければ関所で関銭を取られたのである。この「手形」の調達にかかわる史料をひとつ紹介しよう。

この書状、先日の飛脚召し寄せ、玉縄《たまなわ》へ越すべく候。山中の役所の事は、井田村《いたむら》頼み候らいて、手形を取り越すべく候。新左衛門沼津《ぬまづ》へ帰り候らわば、小田原へ越す飛脚の由申し候らいて、其方文を越し、手形を取り候らいて越すべく候。不案内の者にて候間、よくよく申し教え、越すべく候。恐々謹言。

九月十日　　　　信君（花押）

佐野兵左衛門尉殿

◇この書状を、先日の飛脚を召し寄せ、玉縄（神奈川県鎌倉市）へ届けてほしい。山中の役所（関所か）は、井田村に頼んで「手形」を作ってもらい、これを越えさせてほしい。新左衛門が沼津（静岡県沼津市）に帰ったら、「小田原へ行く飛脚だ」といって、あなたのほうで書状を新左衛門に届け、「手形」を調法してもらって、飛脚が越えられるようにしなさい。この飛脚は不案内の者なので、よくよく申し教えて、山を越えられるように算段してください。

差出人の穴山信君《あなやまのぶきみ》は、甲斐《かい》河内地方（山梨県南部）の領主で、武田家の重臣であったが、この書状を書

図51　穴山信君（清水市 霊泉寺所蔵）

いた当時は駿河の江尻（静岡県清水市）にいて、武田氏の駿河支配を担っていたらしい。そして北条領国内の玉縄まで書状を送る必要があり、飛脚を派遣することになったわけだが、江尻から玉縄まで行くには、どうしても山中の関所（箱根または足柄）を通らねばならず、飛脚が無事ここを通過するためには、事前に「手形」を作ってもらう必要があった。そして手形作成の手続きについて信君は佐野兵左衛門尉に事細かく指示したのである。

確実にしかも安価に書状を届けることは、結構たいへんだったのである。この時代の手紙の運送は、現在とは比較にならないほど費用と手間がかかった。こうした状況だから、書状を送る必要があるときにすぐに使者や飛脚を用立てることができるのは、大名や重臣クラスなどの限られた階層の人に限られていたのである。

四　情報の信頼性

風聞の世界

書状を媒介とする通信のありようを、さまざまな角度から見てきたが、この時代の情報確保の手段は書状だけではなく、音声で伝わる情報もかなりの位置を占めていた。第一話で見たように、人の口を介して伝えられる「風聞《ふうぶん》」は、書状による注進よりも早く届けられていたし、また政治状況にかかわるさまざまな情報も、その多くは口コミの形でもたらされていたと思われる。

ただこうした口コミの情報は、その信頼度がきわめて低いし、これをもとに作成された書状の文面も、にわかには信用できない。将軍義輝《よしてる》謀殺の正確な情報を集められずに朝倉義景《あさくらよしかげ》が苦労していたり（第五話）、武田の滅亡が迫っているという知らせを北条氏政がなかなか信用できなかったこと（第八話）からうかがえるように、信頼できる情報を得ること、そしてもたらされた情報を信じることは、この時代にはきわめて困難だったのである。

鉢形《はちがた》（埼玉県寄居町）からのたび重なる注進をなかなか信用できず、武田領への出兵の機を逸してしまった北条氏政の行動を見て、「まったく優柔不断だ」と感じられるかもしれない。しかし、もしこの情報が偽りだったらどういうことになるか。敵は無力と信じて出兵したら、実は万全の体制で待ち構えていたということもありうるのである。最後まで決断を渋った氏政の行動は、この時代の情報の不確かさを考慮に入れれば、容易に理解できるものなのである。

「風聞」をはじめとする怪しげな情報が、当時は蔓延《まんえん》していたわけだが、ときには故意にこうした「風聞」を撒《ま》き散《ち》らす、あるいは「風聞」を起こさせるという作戦をとる場合もあった。次の史料を見てみよう。

越府《えっぷ》篇《へん》御念《ごねん》を入れられず、叶《かな》わざる事に候。一、当春中、たとえ御越山の義罷り成り難き様に候とも、貴所年来別して申し合わせ候上は、如何様にも御調え頼み入り候。もしまた御力に罷り成らざる様に候らわば、当春夏の間に、必ず御越山の様に、其口をば御取り成し尤もに候。この様子相州へ風聞候らわば、氏政調義の事、見合わすべく候間、その篇の計義までに候。この趣越府へも申し達し候。かえすがえすこの使者急度《きつと》参府せしめ候様に任せ入り候。事々後音《こういん》を期せしめ候。恐々謹言。

正大

正月廿日　憲時（花押）

北丹

同安　御宿所

これは天正五年（一五七七）のものと推定される、安房《あわ》（千葉県南部）の里見《さとみ》氏の重臣、正木憲時《まさきのりとき》の書状で、宛名は上杉謙信の重臣で、上野厩橋城《こうづけまやばし》（群馬県前橋市）にいた北条高広《きたじょうたかひろ》・景広《かげひろ》父子である。安房の里見氏は長年にわたって北条氏と敵対しており、これを牽制するために越後の謙信と結び、その出兵要請をたびたび行っている。この文書もそうした内容のものであるが、とりあえず現代語訳すると次のようになろう。

◇越府（越後府中の上杉謙信）のほうでは、こちらのことをあまり深くお考えでないようで、しかたのないことです。この春中の（謙信様の）御越山は難しいということであっても、あなたとは年来特別に連絡をとりあっている間柄なので、なんとかして（謙信様に）越山をお願いしていただけないでしょうか。もしそれが無理なら、この春か夏の間に、必ず越山があると、厩橋のあたりに連絡を回していただけませんか。こうした様子が相模に「風聞」の形で伝わったら、氏政もこちらへの出兵を見合わすだろう、ということで、お願いしているわけです。このことは越府へもお願いの書状をしたためました。かえすがえす、この使者が急いで参府できるようにとりはからってください。ご連絡をお待ちしています。

北条氏の出兵を防ぐため、正木憲時（里見氏）は低姿勢で頼み込んでいる。なんとか謙信様の越山を実現させてくれないか。もし無理なら、せめて越後軍が春か夏にはやってくるという情報を流してほし

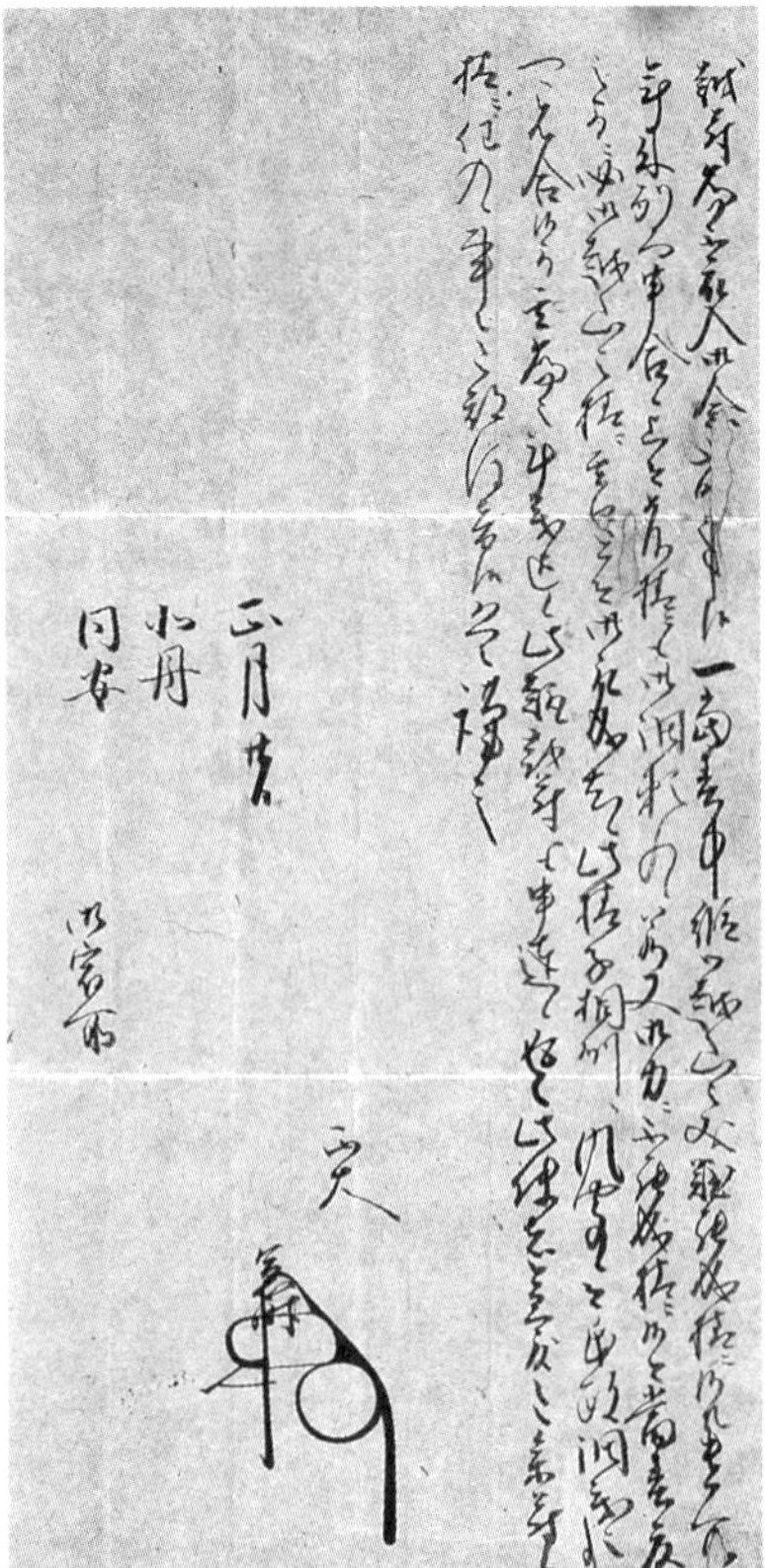

図52　正木憲時書状

竪切紙で，小さく折りたたまれている．
（「上杉家文書」米沢市〈上杉博物館〉所蔵）

い。このことが噂に立って小田原まで届いたら、北条氏政もきっと出兵を見合わせるだろう。……信頼度が低いとはいえ、伝わってきた「風聞」には、大名の政治行動を左右する力があったことがこれからうかがえる。実際に兵を出さなくても、出兵するという情報を流すだけで、敵方が恐れをなして退却するということもありえたのであり、だから偽の情報を発することも頻繁に行われた。大名たちはもたらされた情報の正しさを吟味し、判断を迫られる場面に常日頃から直面していたのである。

戸次道雪の宣言

いろいろのところからくる怪しい情報を信用するか、しないか。ここのところが大名や武将の資質を問われるところだったが、こうした情報は信じないと書状のうえで宣言した武将がいた、大友宗麟《おおともそうりん》の重臣で、筑前立花城《ちくぜんたちばな》（福岡県福岡市東区および新宮町・久山町）の城主だった戸次道雪《べっきどうせつ》である。

高野山清泰院《こうやさんせいたいいん》と申す聖《ひじり》、爰元《ここもと》へ罷り越したきの由候らいて、十時和泉守《とときいずみのかみ》所までの一通披見せしめ候。この七八ケ年以前、麓辺勧進《ふもとへんかんじん》仕廻り候由申し候。我等は、八幡候、参会致したる事これなく候。彼の一通の趣は、我等をも知人の様に書き載せ候。おかしく候。御存知の如く、我等は生得後生の儀は毛頭存ぜす候。さ候間、高野聖など知音の儀、隙明《ひまあ》け候。哀れ爰元《ここもと》へ罷り越し候らえかし、海に逆付《さかづけ》致し候らいずるものをと申し居り候。おかしく候。京都の儀、中国辺・山東の事共、定めて物語あるべく候らえども、このごろ赤馬へ逗留の由に候間、よくよく稽古《けいこ》候らいて、爰元にてもぬかされ候らいずる間、一つとして真《まこと》はあるまじく候。所詮《しょせん》入り立てざるが一の手にて候。万《よろず》御心得候らいて、仰せ遣わされべく候。……

これは道雪から家臣の薦野増時《こものますとき》にあてた書状で、「高野山清泰院」という聖の処遇について意見を述べたものである。とりあえず彼の言い分を聞いてみよう。

◇高野山（和歌山県高野町）の清泰院という聖が、こちらに罷り越したいということで、十時和泉守にあてた書状を、拝見しました。この七、八か年前に、麓のあたりを勧進して廻っていたと申しています。しかし私は、八幡の神に誓って、この聖と参会したことは決してありません。あの書状には、私を知り合いのように書き載せていますが、まったくおかしな話です。ご存知のように、私は生来後生のことはなにも考えていない人間なので、高野聖と知り合いになることなどありえません。こちらにやってきたら、海に逆さ付けしてやろうなどと考えている次第です。きっと京都のことや、中国辺・山東のことなど、いろいろ物語りするでしょうが、このごろ赤馬（山口県下関市）に逗留しているということなので、よくよく稽古して、こちらでも同じようにしゃべるつもりでしょうから、ひとつとして真実のことはないと思います。とにかくこうした人物とはかかわらないのがなによりです。このことをお心得になって（十時に）指示してください。

ここに出てくる十時和泉守も道雪の重臣であるが、高野山の清泰院という聖が十時あてに書状を出し、立花に行って道雪に会いたいと申し入れたので、十時から薦野を介してその書状が道雪のもとに届けられたのである。書状を読んだ道雪は、こんな人物は知り合いでもないし、会って話を聞いたところで信用できることはないだろうから、こうした申し出ははっきり拒絶するのがよいと薦野に指示している。

図53　戸次道雪（柳川市 福厳寺所蔵）

それにしても道雪書状の文面は激烈である。この高野聖は、京都や中国方面のことなどをいろいろ話すつもりだろうが、どうせいいかげんな話に決まっている。念入りに稽古しながら、あちらこちらでもっともらしい話をしているに違いない。こうした族にうかつに会ったりすると、なまじ怪しい情報を与えられて心を惑わすことになりかねない。……

確かな情報がなかなか得られなかったこの時代、そうした状況を逆手にとって、「情報」を売り物にして動き回っている人々がいた。彼らは大名や武将たちのところを転々としながら、途中で見聞きしていた面白いことがらを語り、そのことをもとに生計を立てていたわけである。彼らがもたらした情報のなかには、大名の政治的行動に影響を及ぼすようなことがらも含まれていたと思われる。

しかし、こうした遍歴する人々の語る情報がいかに危ういものか、歴戦の名将は鋭く見抜いていた。この書状を書いたとき（天正十二年）道雪は七十二歳、長年の経験によって、根拠のない情報の持つ危険性を熟知していたのであろう。確かな知らせはなかなか得られないが、怪しげな情報は決して信じてはならぬ。これが戦国乱世を生き抜く術なのだと、老将は書き遺したのである。

五　むすび——戦国時代の位置——

書状を中心とする文書を読み解きながら、戦国時代の情報のありようと、通信の展開について見てきた。最後にメディアや通信の歴史のなかにおける戦国時代の位置づけについて考えてみたい。

口頭や書状を媒介とするコミュニケーションが、使者や飛脚によって行われるというのは、考えてみれば前近代社会に共通してみられることである。風聞による情報が広くいきわたっているとか、書状による情報伝達にかなりの時間がかかるといった現象も同様である。明治初年に近代的郵便制度が成立し、着実で安価な通信システムが構築される以前は、人間や馬、船による水陸の交通に依存した通信が長くなされていたわけで、古代から近世に至るまで、それなりの発展を遂げたとはいえ、ベースのところでは共通していたととらえることもできる。だから、いままで見てきたさまざまな現象も、戦国時代特有のものか、それとも古代・中世・近世を通じてみられることなのか、なかなか判別しがたいわけだが、それでもこれまでの考察から、戦国時代における通信状況の急速な展開を読み取ることができよう。

まず当時の通信において主たるメディアとなった「書状」について考えてみたい。本書における分析の素材となったのは、戦国大名やその家臣たちの書状だが、こうした書状は、相当の分量で現在まで残されている。いわゆる「文書」は大きく分けて、権利を保障する証書（証文）と、意思や情報を伝えるのみの書状（手紙）とからなり、残された文書のありようを見ると、室町時代までは前者すなわち証書類がほとんどで、戦国時代になると書状のウェイトが急速に大きくなるということができる。もちろん書状自体は古くから存在したわけだが、戦国時代の書状は前代に比べてとにかくよく残っているのである。

戦国時代の書状が現在に至るまで残された要因はなにか。まず考えられるのは上杉・毛利・伊達といった、近世大名となった家において、家伝の文書をよく保存したことがあげられよう。所領の権利を保障する証書類とは異なり、臨時の通信の手段でしかなかった書状は、そのうち廃棄されるか再利用される（紙背《しはい》を日記などに利用するなど）のが普通であったが、戦国大名から近世大名へと転進した家では、集積されていた書状類を捨てずに保存し、やがてはそれを再編集し、家譜の編纂などに利用していった。こうした事情で戦国時代の書状は多く残されたと、まずは考えることができよう。

ただ、保存されたから多いのだというだけでは、この時代の書状の世界の広がりをとらえることはできない。本書を通してみたように、戦国大名やその家臣たちは、政治状況の複雑化に対応してさまざまな書状を作成していたわけで、その回数は格段に増えていたとみてまちがいなかろう。大名が割拠し、同盟と争覇を繰り広げるなか、書状を出さねばならない機会がとにかく多くなっていったのである。戦国時代も後半になると、日付だけでなく時間も明記したものがよく見うけられるが、一日のうちに何度も同じ相手に書状を出すことも結構あったようである。

こうした通信回数の増加は、これを媒介するメッセンジャーの世界にも影響をもたらす。使者による口頭での伝達を基本とするコミュニケーションは、回数の増加と有能な使者の払底という状況の中で限界を露呈し、飛脚が書状を携えて走る形の通信がその比重を増していく。そしてその結果、書状の文面はきわめて詳細なものになっていく。メディアの世界の変化（書状の増加）がメッセンジャーの世界を変え（飛脚の増加）、メッセンジャーの変貌が、またメディアの転換をもたらす。こうした展開が短時日のうちになされた時代として、戦国時代を位置づけることができよう。

戦国時代は約百年にわたり、だいたい三世代分に相当する。たとえば東国の大名でいえば、北条氏綱・今川氏親・武田信虎・長尾為景が第一世代、北条氏康・今川義元・武田信玄・上杉謙信が第二世代、北条氏政・今川氏真・武田勝頼・上杉景勝が第三世代ということになろうか。そして、これまで見てきたように、それぞれの世代で政治や社会の状況はまったく変わっていたのである。さきに見た通信の転換も、この三世代のうちに急激な勢いでなされたことがらだった。中世社会のしくみが大きく解体し、生き残りをかけた大名相互のせめぎあいが深刻さを増していく。安定した将来展望を見出せない時代であったが、そうした緊張した状況にあったからこそ、大名や家臣たちは確実な情報をすばやく捕捉し伝えることに努力を傾注していった。そしてそうしたもろもろの願望と努力の集積の結果、通信世界の飛躍的発展がもたらされたのである。

参考文献

この本を書くために利用した史料と研究成果を、プロットごとにまとめて紹介したいと思います。戦国時代の史料はほとんどが漢文調で書かれていて、そのまま提示してもなかなか読みにくいので、本書では史料引用の際にはこれを読み下して示すことにしました。ただ、この「読み下し」というのがなかなか難しく、まちがいも多々あろうかと思いますので、ほんとうは史料の原文にもどって考えることが必要です。各所で出した史料の本文がどういう書物に収められているか、そのおおよそをここで書いておきますので、意欲のある方はぜひ原典にあたってください。

プロローグ

本能寺の変直後の政治情勢にかかわる史料は、東京大学史料編纂所編『大日本史料』第十一編之一（東京大学出版会より復刊）の天正十年六月三日条に収められています（「川角太閤記」もその一つ）。また越中魚津城の落城については、『越佐史料』巻六（名著出版より復刊）の天正十年六月三日条に関連史料が収録されています。

第一話　風聞と注進──畠山卜山と長尾為景の交信──

ここで利用した基本史料は、出羽の米沢藩に伝えられた「上杉家文書」（現在、米沢市〈上杉博物館〉所蔵）ですが、これを翻刻《ほんこく》したものとしては、東京大学史料編纂所編『大日本古文書』家わけ第十二（上杉家文書〈東京大学出版会より復刊〉）と、『新潟県史』資料編3（中世一、文書編Ⅰ）があります。前者は編年に文書を並べ、後者は江戸時代に整理されたときの箱や袋の順に配列しており、どちらもきわめて有益な史料集です。各所で引用したり、叙述に利用した史料がどれにあたるかは、編年になっている『大日本古文書』（上杉家文書）の、該当年月日あたりを捜せば見つかるでしょう。また『新潟県史』にも巻末に編年目録がついているので、これから検索することもできます。

またこの時期の越後の政治情勢については、『越佐史料』巻三が参考になります。『越佐史料』は『大日本史料』にならって編年で事件の概要を示し（この文章を「綱文《こうぶん》」といいます）、そのあとに関連史料を列記する形をとる史料集で、政治的事件の筋道を追うには格好の書物です。また『大日本史料』第九編ではこの時代の史料が全国的に収められていて、越中の一件だけでなく、畠山卜山の動きを詳しく知ることもできます。

ここで引用した史料のほとんどは「上杉家文書」ですが、七月十日づけの畠山勝王書状（中条藤資あて）は中条家に伝えられた文書です（反町英作氏所蔵「三浦和田中条氏文書」）。これは『越佐史料』にも載っていますし、『新潟県史』資料編4（中世二、文書編Ⅱ）にも収録されています。

史料の典拠は以上の通りですが、畠山卜山の動きと神保慶宗の乱の叙述に際しては、『富山県史』通史編Ⅱ（中世）の第三章第一節「応仁の乱」（熱田公・久保尚文両氏の執筆）と第二節「越後長尾氏の越中侵攻」（久保氏の執筆）を参考にしました。

第二話　出羽山伏――北条氏綱と長尾為景の交信――

ここで利用した史料はみな「上杉家文書」で、『大日本古文書』（上杉家文書）および『新潟県史』資料編3に収録されています。

第三話　密書――長尾顕景と長尾為景の交信――

本文でも書いたように、長尾顕景書状と長野方業書状は、従来から知られた「上杉家文書」のなかにあり、『大日本古文書』と『新潟県史』に収録されていますが、徳雲軒性福条書写はこれには含まれず、「黒漆掛硯箱」と題された箱の中にあり、内容は未紹介のものです。この史料の存在については、米沢市上杉博物館主任学芸員の角屋由美子氏からご教示いただきました。

このうち長野方業書状は、『大日本古文書』『新潟県史』ともに「長野方斎書状」として紹介されていますが、「斎」と読まれてきた字は、書体から見て「業」と読むほうが妥当と判断して訂正しました。

長野氏については『群馬県史』通史編3（中世）で検討が加えられていますが（第五章第四節の四「長野氏・小幡氏の発展」、峰岸純夫・森芳子両氏の執筆）、これによると、榛名町の長年寺にある長野氏系図に「左衛門大夫」の「方業」という人物が見えるということです。『群馬県史』では「斎」と「業」はともに「なり」と読むので、「上杉家文書」に見える長野方斎は、系図にみえる長野方業と同一人物であると推測されていますが、実際に文書の写真を見ると、「方斎」と読まれてきた文字は「方業」と読むべきことがわかるのです。

ところでこの長野氏系図によると、方業は箕輪長野氏の分流で、厩橋長野氏の祖とされています。また『群馬県史』では惣社攻略の一件で方業と協力した「厩橋宮内大輔」を方業の子と推定しています。ただ徳雲軒性福の条書の宛先が「箕輪へ」とあることから見て、首謀者の長野方業は当時箕輪にいたと考えるのが自然ではないかと思います。

一方の長尾左衛門大夫顕景も、その実像がなかなかわからない人物です。惣社長尾氏についても同じく『群馬県史』に詳しい記述がありますが（第五章第四節の二「総社・白井・足利の三長尾氏」、峰岸氏執筆）、惣社長尾氏の本流は忠景―顕忠―顕方と続く一流で、顕景はその傍流とされています（顕景自身は忠景の孫で顕方のいとこにあたる）。ただ当時惣社にいたのが顕景であることは明らかなので、孫四郎顕方が山内上杉氏の家老として活動し、左衛門大夫顕景は惣社を守っていたとみるのが適当と思います。

第四話　書状の集積――白川晴綱と北条氏康の交信――

ここで利用した史料のほとんどは「白川文書」（遠藤敬止氏旧蔵）で、白川晴綱あての結城政勝書状（三月二十六日づけ）のみ「白川文書」（熱海孫十郎氏旧蔵）です。ともに『福島県史』第7巻（資料編2、古代・中世資料）に収録されています。

『福島県史』の解説によれば、両者ともに仙台の白川家の文書で、明治以後に分散したものということです。東京大学史料編纂所に影写本が架蔵《かぞう》されており、『福島県史』でもこれをもとに翻刻がなされています。

またここで見た史料は、『神奈川県史』資料編3（古代中世3下）にも収録されています。これは神奈川県にかかわる戦国時代の史料を編年で配列した史料集で、北条氏の動きを知るには格好のものです。

第五話　情報の錯綜——朝倉義景と上杉輝虎の交信——

ここで見た二点の史料は、いずれも「上杉家文書」で、『大日本古文書』と『新潟県史』に収録されています。

第六話　飛脚の才覚——上杉謙信と佐竹義重の交信——

ここでも「上杉家文書」を主として利用しましたが、霜月二十四日づけの上杉謙信書状（佐竹義重あて）は「宇都宮家所蔵文書」に含まれています。これは前記した『越佐史料』に紹介されていますが、関宿合戦をめぐる謙信の行動を全体的にとらえるためにも『越佐史料』は有益です。

第七話　書状の重み——毛利元就と毛利隆元の交信——

ここで扱った史料はすべて「毛利家文書」（毛利博物館所蔵）で、『大日本古文書』家わけ第八（毛利家文書之二）に収められています。ただ本文でも書いたように、ほとんどが無年号文書なので、紹介した史料が何号文書にあたるかは、簡単にはわかりません。そこで内容を引用したものに限って、『大日本古文書』中の文書番号を示したいと思います。

毛利隆元事書案（一、我々が足らざる所を仕立ててくれ候らわんとの事…）　五三八号

毛利元就書状（今朝の御状、具に披見候。元春・隆景に対し、御存分…）　五三九号
毛利元就書状（巻物の内に申すべく候らえども、この儀肝心に候…）　四〇六号
毛利隆元書状（この通り、去年の御書、具に拝見仕り…）　五四二号
毛利元就書状（先度御返事ながらこれを進らせ候らいつる書状…）　五二〇号
毛利元就書状（またこれ等の儀について、去年これを進らせ候書状…）　五四三号
毛利元就書状（書状以上九通、その内、また内に入れ候状一通…）　四一六号
毛利元就書状（彼の返事のごとく、大小の事ともに…）　四一五号
毛利元就書状（夜前の御両通、披見申し候…）　四六八号

毛利元就の書状についてはさまざまな研究がありますが、永井路子『戦国武将の素顔——毛利元就の手紙を読む——』（NHK人間大学テキスト、一九九七年）はとくに参考になります。元就が亡妻がいてくれたらと愚痴をこぼし、「こういうことは口で物語りはできないから、筆で書くのだ」と書いていることは、ここですでに指摘されていますし、また元就が隆元の使者の「口上」の中身まで細かく指示を加えていたなど、重要な論及もあります。

第八話　確かな情報——北条氏政と北条氏邦の交信——

ここでも第四話と同様、『神奈川県史』資料編3（古代中世3下）を参考にしました。引用した史料は「三上文書」（『埼玉の中世文書』〈埼玉県立図書館刊〉所収）もしくは「武州文書」所収の「秩父郡三上亀吉所蔵文書」です。

第九話　殿下の御意―和久宗是より伊達政宗への通信―

ここで利用した文書はみな「伊達家文書」(仙台市博物館所蔵)で、『大日本古文書』家わけ第三(伊達家文書之一、二)に収録されています。若干出入りはありますが、おおむね編年に配列されているので、その年月日のあたりの史料を探せば、叙述の根拠となった文書は見つかるでしょう。

エピローグ―戦国時代の情報と通信―

ここで紹介した史料のうち、毛利家にかかわるものは、みな『大日本古文書』(毛利家文書之二)に収められています。第七話の場合と同様、引用史料の文書番号を列記してみます。

毛利元就井上衆罪状書(一、元就儀をあい伺わず、隠居と号し…)　三九八号
福原貞俊以下家臣連署起請文(一、内々御動の用意候らいて…)　四〇一号
毛利元就書状(また平賀・木梨は、申し候ごとく…)　四二七号
毛利元就書状(雲州へは此度は公事あるまじく候…)　四八七号
毛利元就書状(下口の事、神田・松山への普請を…)　四三二号
毛利元就書状(杉次左に対し、彦三跡二百貫の事…)　四五二号

このほか延徳三年の益斎書状、永禄十二年の北条氏政書状と天正五年の正木憲時書状は「上杉家文書」(『大日本古文書』および『新潟県史』所収)で、最後の戸次道雪書状は『大日本史料』第十一編之二十に収められていますが(二四三ページ、「立花文書」)、それ以外の史料は、みな『神奈川県史』資料編3(古代中世3下)に収録されているものです。そのほとんどは年月日がわかるので捜すことができますが、いくつか年未詳のものがあるので、文書番号を示しておきます。

北条氏政判物（今度使致すところに、万一没身せしむる儀これあらば…）　七五二五号

北条氏政書状（其地番油断なく申し付け候や…）　七六〇三号

亮秀書状写（去年四月廿三日の御状、七月到来候…）　七三一〇号

北条氏綱書状（三河へ登る料足の事…）　六七三三号

穴山信君書状写（この書状、先日の飛脚召し寄せ、玉縄へ越すべく候…）　八三六一号

あとがき

書状による正式な知らせが届くより前に、噂のほうが先に流れ着く。第一話の冒頭で紹介した史料から、こうしたことが言えるかもしれないと気づいたのが、そもそもの発端だった。職場の一階で書類のコピーをしていたとき、なぜかひらめいたのである。

戦国時代、書状はどのように届けられたのか。このことに意識を集中して史料を読み直してみようと思い、とりあえず『上杉家文書』の、長尾為景や上杉謙信のころの文書を繰ってみると、意外に多くの発見があり、いくつかの「小噺」がまとまった。気をよくして『神奈川県史』や『毛利家文書』『伊達家文書』と解読作業を進め、新たな「小噺」を追加していった。本書の第一話から第九話までは、この「小噺」を並べたものである。また、まとまったストーリーは構成できないが、個別に面白い史料は、最後の「戦国時代の情報と通信」で利用した。

政治的事件の確定といった一般的なアプローチではなく、少し変わった角度から戦国時代の史料を読み直してみたわけだが、ちょうど「情報」をめぐる議論が日本史の分野でもなされ始めた時期だった。『歴史学研究』誌上で「情報と歴史学」という特集が組まれ、歴史学研究会日本中世史部会でも「情報」をテーマとした大会報告が企画された。そのなかで、狭義の「伝達」や「コミュニケーション」に限定されない「情報」をめぐる諸問題が提起され、豊かな成果を得たが、こうした動きを見ながら、「情報」論の基本をなす「伝達」や「コミュニケーション」自体を解明する必要がまだあるのではないかという思いをむしろ深くした。古い時代の「伝達」や「通信」の実態については、近世以降はかなり明らかにされているようだが、中世については研究がそう多くはなく、未解明の部分が広がっているように思えたのである。

史料を読み解きながら、戦国大名や武将たち、そして通信の担い手となった使者や飛脚の動きや心の内に思いを巡らせながら、話を組み立てていったが、そのなかでさまざまなことを考えた。通信をめぐる環境が整わないなかでの行動は失敗も多かったが、そうした状況だったからこそ、豊かな想像力を働かせて、往時の人々は「情報」に真剣に向きあっていたといえるのではないか。情報過多のなか、データの吟味を忘れてしまいがちな現代人にとって、戦国時代の人々から学ぶべきものは、けっこう多いような気もするのである。

本書の企画は、酒井紀美氏の『中世のうわさ』につながるものとして、戦国時代の情報通信についてまとめられないかというお勧めによるもので、全体の構想のおおよそは早い時期に出来ていたが、文章化するのには時間がかかった。その間、さまざまな機会に「小噺」の中身を口頭で披露し、聞き手の反応に勇気づけられ続けてきたが、そのつど「ところでその話はいつごろ発表するんですか」と尋ねられ、確答できないでいた。なんとか全体をまとめ終えて、ようやくご返事ができると、胸をなでおろしている。話につきあって励ましていただいた多くの方々と、企画立案以来エールを送り続け、編集作業万般を担っていただいた吉川弘文館の斎藤信子さんに、心よりお礼を申し上げたい。

二〇〇一年十一月

山田邦明

『戦国のコミュニケーション』の制作事情

山田邦明

『戦国のコミュニケーション』は不思議な本だ。目の前に現物はあるし、苦労してまとめあげた記憶も鮮明なのだけれども、どういう事情でこんな本を書こうと思うようになったのか、そこのところが自分でもよくつかめないのである。きっとさまざまな関心や思いが交わりあって、いつしか一冊の本になっていた、ということなのだろう。

今から十六年も前のことだが、初めての著書（『鎌倉府と関東』）をまとめて、卒論以来の研究に一区切りをつけたとき、なんともいえない解放感に浸っていたことを思い出す。室町時代の関東の研究をとりやめるつもりはないが、しばらくはいろいろのことに関心をもって、知的世界に遊んでみよう。そんなふうに考えて、楽な気分で逍遥《しょうよう》しているうちに、いくつか面白いテーマを見つけた。そのうちの一つ、「情報と通信」というところが実を結んで、こうした本をまとめることになったと、とりあえずはいえる。ただ事情はもうすこし複雑で、それまでに育んできた「書状」や「言葉」についての思い入れが基盤にあり、これが大きく作用して本ができた、という側面もまちがいなく存在する。

＊　＊

修士論文では戦国大名の後北条氏を扱い、郷里の新潟県の自治体史などでも戦国時代の部分を担当し、職場の東京大学史料編纂所では『大日本史料』第十一編（秀吉の時代）の編纂に携わった。こうしたなかで戦国時代の史料にふれ、その解読を続けながら、とくにこの時代の「書状」に対する思い入れが強くなっていったようだ。

「恐々謹言《きょうきょうきんげん》」や「謹言」で終る形式の、書状とよばれる文書は、もちろん古くからあるが、戦国時代の書状は前代とは比較にならないくらい多く残っている。この時代の実情を知るためには、こうした書状を読み解かなければならないが、これがなかなか難しいのである。たとえば下文とか下知状・御教書といった文書は、きちんとした書式があって、これを理解すればとりあえず表面的な読解はできる。ところが書状というのはただの手紙なので、決まったフォーマットがない。発給者が自分の力で文章を生み出し、文字に定着させたわけだから、内容を理解するためには、とにかく目の前の文章にきちんと取り組むしかない。一言一句をおろそかにしないで、しかも全体の論調をつかみながら、発給者の気持ちと文意を明らかにするという作業は、けっこうきつかったが、それだけに解読できた（と思った）ときの満足感も大きかった。

戦国時代の書状を読むときにいちばん苦労したのが、文章の中に出てくる語句や言い回しが独特で、辞書を引いても意味がわからないことが多い、ということだった。たとえば軍事行動を指す「行《てだて》」は、この時代の書状によくみかけるキーワードの一つだが、『日本国語大辞典』を見てみても、「行」の字では項目が立てられていない。「迷惑」「退屈」といった、今でも普通に使われている漢語も、当時の意味は現在のそれとは大きく違っていて、注意が必要になる（迷惑は「困った」、退屈は「引退する」などの意）。さらにもっと多くの文字が並べられた言い回しになると、辞書にはほとんどとりあげられていないので、とにかく用例を集めて自分で判断しなければならなくなる。

こんなふうに苦闘しているうちに、「迷惑」や「退屈」といった漢語の意味が、時代を経ていつしか変わっていく、というのはとても面白いことではないかと思うようになった。もともとは個々の漢字の語意をそのまま反映させた意味だったものが、長く使用されているうちに、いつしか特定の意味合いでのみ、その言葉が使われるようになる。はじめは「迷い惑う」という広い意味だった「迷惑」は、今では「誰かの心ない行為によって被害をこうむる」という、狭い意味になっているし、「退き屈する」という意味だった「退屈」は、「なにもすることがなくてつまらない」状態を指すことに限定して使用されるようになった。漢語の意味が時代を経て限定されるという現象は、ほかにもよくみられる、ごく一般的なことのようで、なにやら面白いと感じるようになったのである。

書状を読むときのコツや、個々の言葉の意味などについては、授業の中で先生に教えていただいたり、史料調査や読解などの作業の際に先輩方の会話を聞いたりして、なんとなく身に着けていったが、ほとんどが口伝の世界で、こうしたものを文字に定着させたテキストのようなものはあまりなかった。いろいろ経験を重ねていくうちに読めるようになるというのもいいかもしれないが、もう少しみんなが依拠できるテキストがあってもいいのでは、という思いも芽生え始めていったようである。

＊　＊

歴史学研究会の機関紙『歴史学研究』誌上で、「情報と歴史学」という特集が組まれたのは、一九九一年のことだが、このころから「情報」というものが歴史研究のうえでも意識されるようになっていったように思う。歴史や社会をとらえるときの新たな切り口として、「情報」は新鮮だったからだろう。私も歴史学研究会（歴研）にはお世話になっていて、二年間委員をつとめたあと、大会報告もさせていただいた。「情報と歴史学」の特集が出されたのはそのすぐあとのころである。この後も歴研日本中世史部会の一員として、仲間といっしょに勉強を続けていったが、「情報」というテーマはそのなかでも議論の対象としてとりあげられるようになり、一九九八年の大会では、中世史部会として「情報」をテーマに掲げ、「中世社会における情報の受容・変成・蓄積」というタイトルのもと、大会報告と討論がなされた。

私もこのころには「情報」とか「書物」といったものに関心をもつようになっていて、大会の準備過程でも議論に加わったし、『歴史学研究』の誌面での報告批判を担当することになったので、その準備という意味も込めて、大会終了後の部会の例会で、大会報告に対するコメントをさせていただいた。幸いなことにそのときのレジュメが残っているので、当時自分が何を考えていたかがよくわかる（記憶だけではどうしようもない。文献がないと自身の過去さえ認識できないのである）。「情報」というとまずはコミュニケーションを中心とする世界が思い浮かぶが、それだけに限定せず、「知識」なども含んだ「知的営為の総体」としてとらえようという指向性が報告では提示されていたので、自分なりに論点整理を行い、あわせてとくに興味を持っていた「書物」や「読書」について言及するというスタイルでコメントをしているが、いろいろ述べたレジュメの最後の部分で、「それでもやはり狭義の「情報」と「知識」や

「学問」を含みこむ概念の関係は気にかかる。狭義の「情報」にかかわる議論ももっと必要なのではないか」と書いている。「情報」をめぐるさまざまな議論に参加するなかで、そもそも「情報」といわれてまず思いうかべるコミュニケーションの世界を具体的に解明する必要があるのではないかと、このころには真剣に考えるようになっていたようである。

＊　＊

たしか一九九五年の年末のことだと思うが、ちょっとした出来事があった。「上杉家文書」の中にある畠山卜山の書状をとある機会にとりあげることになり、内容を読み込んでみた。長尾為景にあてられた八月二十三日づけの書状だったが、この文書を含む書類を職場のコピー室で複写していたときに、「これは面白い文書かもしれない」という神の声が聞こえた。為景が境川で勝利したということが書状には書かれているが、子細に読むと、これは風聞で（「その聞こえ比類なく候」とある）、卜山はたしかな情報がほしいと切望している（「なお慥《たしか》なる注進待ち入り候」）ようだ。文書にかかれている政治的事件よりも、このことのほうが実は面白いし、重い意味をもっているのではないか。なぜかわからないが、一瞬そんな思いが頭をめぐったのである。

もちろんちょっとした思いつきに過ぎないし、急いで論文をまとめる必要もなかったので、時間のあるときに「上杉家文書」をめくって、畠山卜山と長尾為景の交信にかかわる史料をひととおりながめてみた。事件の流れをつかむ、ごくふつうの読み方ではなくて、この書状がどのように作られ、どのように先方に届けられたか、人はどう動いたか、そうしたところに意識を集中して文書を読んでみると、予想以上に具体的なことがわかってきた。末尾に書かれている「委細なお〇〇申すべく候」とか、冒頭の

「急度《きっと》飛脚をもって申し候」といった文言から、通信の実態を読み解く作業は、集中力を必要としたが、正直いってとても楽しかった。

これに気をよくして「上杉家文書」を読み進めていくと、ほかの場面でも同じように通信の実態がわかるケースがあることに気づいた。北条氏綱が長尾為景に書状を届けるときに「出羽山伏」を起用したことや、長尾顕景が裏切り者を抹殺した正当性を示すために、奪い取った密書を長尾為景に届けていたことなど、面白い小噺がつぎつぎにできていった。こうした話を周囲の方々に話しているうちに、情報や通信にかかわる本を一冊まとめてほしいというお誘いを受けたように記憶している。

＊　＊

戦国時代の文書と格闘するなかで書状や言葉にかかわる関心が生まれ、一九九〇年代になると「情報」という切り口にも興味をもつようになった。一九九五年に論文集をまとめて、しばらくはいろいろのことにベクトルを向けてみようと考え、あれこれ模索していたところ、畠山卜山書状の面白さに気づいて、「上杉家文書」を軸に戦国時代の情報伝達や通信にかかわる小噺をいくつか作っていった。そうした中で本をまとめる話が決まり、また情報にかかわる議論に参加するなかで、狭義の「情報」であるコミュニケーションの問題を具体的に解明する必要があるという思いを深めていった。本書が生まれるきっかけをつくったことがらを、とりあえず時間軸にまとめるとこんなふうになるのかもしれない。

このあとはこうした小噺をたくさん作らなければということで、戦国時代の史料集をつぎつぎにめくっていった。そしてなんとか九つの小噺をまとめることができ、ようやく本は制作段階に入った。読者に注目してもらえるよう、ちょっと変わった形式の本にしたいという「いたずら心」もあって、かなり好き勝手なことをさせていただいたものだと、目の前の本を見ながら実感している。小噺の集まりなので「第一話」「第二話」……といった構成にして、それぞれの話の末尾に「著者のコメント」をつけ、書状やことばについての具体的な知見については「書状の読み方」「ことばを読み解く」というコラム欄を作って書き入れた。前に述べたように、コラムで示したことがらのなかには、もちろん先生や先輩から教えていただいたものも多く、あたかも自分が発見したことのように本に書くのは気が引けたが、やはりこういうことがらを文字化したものも必要だと思って、あえて特別のコラムを設けた。

『戦国のコミュニケーション』ができるまでの経緯は、だいたいこんなところだったようだが、久しぶりに読み直してみて、やはりこれは不思議な本だという印象をもつ。書いている中身はとにかく細かなことで、誰がどうしたかくどくどと書き込んでいる。それでいながら、全体の構想は大きく持ちたいという指向性がはっきりうかがえ、なんとかして論理的展開ができないかともがいている。こうした二面性が本書の特徴だが、考えてみればこれは自分自身の性質そのものなのかもしれない。自分で自分の本を論評するというのは恥ずかしい限りだが、目の前にあるこの本はまぎれもなく私が書いたもので、十年前の、今より少し若くて元気のあった時代の自分の姿そのものだと思えるのである。

〈二〇一一年八月〉

著者略歴
一九五七年　新潟県に生まれる
一九八四年　東京大学大学院人文科学研究科博士課程中退
東京大学史料編纂所教授などを経て
現在　愛知大学文学部教授、博士(文学)

〔主要著書〕
鎌倉府と関東　日本軍事史(共著)　戦国の活力
室町の平和　鎌倉府と地域社会　享徳の乱と太田道灌

戦国のコミュニケーション〈新装版〉
情報と通信

二〇一一年(平成二十三)十月二十日　第一版第一刷発行
二〇二〇年(令和　二　)一月二十日　新装版第一刷発行

著　者　山《やま》田《だ》邦《くに》明《あき》
発行者　吉川道郎
発行所　株式会社　吉川弘文館
郵便番号一一三―〇〇三三
東京都文京区本郷七丁目二番八号
電話〇三―三八一三―九一五一〈代表〉
振替口座〇〇一〇〇―五―二四四
http://www.yoshikawa-k.co.jp/
印刷＝株式会社　精興社
製本＝誠製本株式会社
装幀＝清水良洋

ISBN978-4-642-08374-4

戦乱の中の情報伝達 使者がつなぐ中世京都と在地（歴史文化ライブラリー）

酒井紀美著　四六判・二五六頁／一八〇〇円

応仁の乱前夜、備中国新見庄と東寺の間では頻繁に文書が行き交い、情報交換が行われた。その担い手である使者たちの活動を追いつつ、在地の人びとの思想と行動を分析。鄙と京をつなぐコミュニケーションの実態に迫る。

室町の平和（日本中世の歴史）

山田邦明著　四六判・三一二頁・原色口絵四頁／二六〇〇円

室町幕府の政治とはどのようなものだったか。足利義詮から義満、義教へ至る権力をめぐる駆け引きを明らかにする。大きな戦乱に見舞われることのなかった時代を、東アジアの動向を背景に、地域社会と民衆の活気を交えて描く。

享徳の乱と太田道灌（敗者の日本史）

山田邦明著　四六判・二四八頁・原色口絵四頁／二六〇〇円

鎌倉公方足利成氏と関東管領上杉氏が争いあった享徳の乱。上杉氏の重臣太田道灌の活躍で乱は鎮静に向かうが、道灌が謀殺されたのち上杉氏も分裂し、内乱状況が続くことになる。一五世紀後半の関東戦乱の歴史を描く。